Fantastik im

Gregor Reichelt

Fantastik im Realismus

Literarische und gesellschaftliche
Einbildungskraft bei Keller, Storm
und Fontane

Verlag J. B. Metzler
Stuttgart · Weimar

Die Deutsche Bibliothek - CIP-Einheitsaufnahme

Reichelt, Gregor:
Fantastik im Realismus : Literarische und gesellschaftliche Einbildungskraft
bei Keller, Storm und Fontane/Gregor Reichelt.
- Stuttgart ; Weimar : Metzler, 2001
Zugl.: Konstanz, Uni.Diss. 2000
(M-&-P-Schriftenreihe für Wissenschaft und Forschung)
ISBN 978-3-476-45275-7
ISBN 978-3-476-02846-4 (eBook)
DOI 10.1007/978-3-476-02846-4

M & P Schriftenreihe für Wissenschaft und Forschung

© 2001 Springer-Verlag GmbH Deutschland
Ursprünglich erschienen bei J.B.Metzlersche Verlagsbuchhandlung
und Carl Ernst Poeschel Verlag GmbH in Stuttgart 2001

Inhalt

1. Einleitung: Literarische Fantastik und gesellschaftliches Imaginäres

1.1 Besonderheiten der realistischen Fantastik, Erläuterung des Erkenntnisinteresses

Wenngleich die Phänomene des Fantastischen Realität im Sinne des common sense und der modernen Naturwissenschaften negieren, sind sie immer auch auf ihre Zugehörigkeit zu jener Welt hin befragt worden, der sie als scheinbar Externes gegenüberstehen. Psychologische Erklärungen erlaubten es, das 'Irreale' als Bewußtseinsrealität von Traum, Wahnsinn oder Halluzination zu lesen. Historische Erklärungen versuchten, die fantastische Literatur aus mentalen Bedingungen der aufgeklärten Gesellschaft und des in ihr Verdrängten, oder, mit dem Verlust der realen Gespensterfurcht, des von ihr als Angstlust erst Ermöglichten heraus zu verstehen.[1]

Auf die natürliche, nicht eine übernatürliche Wirklichkeit verweisen schließlich auch bevorzugte Themen des Fantastischen, wie Tod, Sexualität, Wahnsinn, Grausamkeit etc. All diesen Erklärungen und Systematisierungen liegt - wenigstens implizit - die Annahme zugrunde, daß die fantastische Literatur nicht primär von einer ontologischen Verunsicherung über die physikalische Natur der Wirklichkeit zeugt, sondern diese Verunsicherung für andere Darstellungszwecke oder Wirkungsabsichten gebraucht.

Hinzu kommt, daß die literarischen Texte sich nie *unmittelbar* auf die Natur als ontologische oder physikalische Gegebenheit beziehen, wie sie sich einem privaten Autorsubjekt darbieten mag. Die Texte bewegen sich in einem Diskursraum, der die Entfaltung der Einbildungskraft kulturellen Restriktionen unterwirft. Ein fantastischer Text besitzt daher als Referenzpunkt nicht, wie es die Lektüre Todorovs und verwandter Ansätze nahelegen könnte, nur eine externe Realität, die mimetisch dargestellt oder fantastisch verfremdet, und vom Leser dann auf die Existenz des Übernatürlichen hin befragt werden könnte, sondern auch jene Diskursregeln, nach denen literarische Texte sich

---

[1] Vgl. Richard Alewyn, "Die Lust an der Angst", in: ders.: *Probleme und Gestalten. Essays*, Frankfurt/M. 1982, S. 307-330.

der jeweiligen historischen Situation gemäß konstituieren und die sich der Unterscheidung von legitimer von illegitimer Einbildungskraft bedienen.

Wovon, abgesehen einmal von der motivischen Konkretion, fantastische Texte *handeln*, läßt sich daher unterschiedlich beantworten, je nachdem welchen Bezugspunkt der Analyse man wählt. Für einige Autoren handeln sie von okkultem Wissen, für andere sind sie Chiffren gesellschaftlich erzeugter Ängste. Wieder andere versuchen sie, wie eingangs angedeutet, von ihren Wirkungen auf den Leser her zu verstehen oder sehen in ihnen eine Reflexion fiktionaler Konstitutionsbedingungen. Die Reihe läßt sich fortsetzen, was ausführlich in dem folgenden Kapitel über Fantastik-Konzepte geschieht. An dieser Stelle sollte lediglich deutlich werden, daß die Wahl des vorliegenden Themas angesichts der Vielfalt dessen, was als Fantastik in der Literaturwissenschaft thematisiert worden ist, nicht schon einen bestimmten Zugang, eine sich selbstverständlich aufdrängende Perspektive oder Fragestellung impliziert.

Für die Wahl der hier vorgenommenen Perspektivierung der realistischen Fantastik waren daher zwei Gesichtspunkte von grundsätzlicher Bedeutung: einmal die Besonderheiten, die sich aus der realistischen Fantastik ergeben, desweiteren die Definition des Erkenntnisinteresses, ohne die eine Schwerpunktsetzung unmöglich ist. Dabei entwickelte sich das Erkenntnisinteresse zunächst aus Besonderheiten der realistischen Fantastik, die sich am leichtesten aus Vergleichen erschließen und im folgenden kurz umrissen seien.

In E.T.A. Hoffmanns *Die Elixiere des Teufels* oder dem *Sandmann* bildet die Fantastik ein zentrales Thema, ihre Relevanz für die Bedeutung der Texte wird jedem Leser offensichtlich erscheinen. Realistische Texte hingegen, die fantastische Elemente enthalten, sind auf diese hin viel weniger 'zentriert'. Sie enthalten neben den fantastischen Motiven Handlungsstränge, die nicht nur restlos natürlich erklärbar sind, sondern bei denen sich die Frage nach einer natürlichen oder übernatürlichen Erklärung gar nicht erst stellt. Der Chinese in *Effi Briest* ist ein zentrales Motiv des Textes, aber nicht ein zentrales Element der Handlung innerhalb der Gegenwart des Erzählten. Der den Chinesen betreffende Plot liegt außerhalb der Gegenwart des Erzählten und ist nur noch in gegenständlichen Zeugnissen wie Photographie und Grab oder den lückenhaften Erzählungen greifbar. Er greift nicht auf jene unmittelbare Weise in die Kausalität der Handlung ein, wie dies aus romantischen oder modernen Beispielen vertraut ist.

Es ist daher kein Zufall, daß das (im Sinne Todorovs) zentrale fantastische Ereignis in Storms *Schimmelreiter*, die Unschlüssigkeit hinsichtlich der Existenz des Übernatürlichen, von der Binnenerzählung der Novelle in den Rahmen ausgelagert ist, besteht es doch in der anfänglichen Begegnung mit der spukhaften Erscheinung, die dann zum Anlaß für die - damit ebenfalls historisch distanzierte - Binnenerzählung wird. Zwar sind auch in die Binnenerzählung allerlei fantastische Motive geknüpft, etwa der Schimmelkauf als Teufelspakt, aber das Teufelspaktmotiv wird als literarische Anspielung eingeführt und bricht damit den Illusionismus, den viele der romantischen Vorbilder kennzeichnet. Es ist undenkbar, daß im Realismus eine fantastische Begebenheit innerhalb des Plots eine analoge erzähllogische Stelle einnähme, wie es im *Sandmann* für die Genese des Wahnsinns, die Begegnung mit dem zerstörten Automaten oder die abschließende Turmszene zutrifft, oder, in Chamissos *Schlemihl,* für die Auftritte des "Grauen". Die Fantastik erweist sich in ihrer realistischen Erscheinungsform gewissermaßen zurückgenommen, sie gruppiert sich um die realistischen Plotkerne herum.

Das muß die Bedeutung dieser Elemente nicht schmälern, aber es zwingt zu einer praktischen Konsequenz, was die Lektüre betrifft. Will man die fantastischen Elemente im Text nicht bloß identifizieren, sondern auf ihre Bedeutung befragen, dann scheint es unumgänglich, den *Zusammenhang* mit den nicht-fantastischen Themen und Motiven zu untersuchen, die diese Texte dominieren: also etwa die Frage zu klären, welche Funktion der Fantastik innerhalb des Fontaneschen Gesellschaftsromanes zufällt, oder bezüglich des Rechtsthemas in Gottfried Kellers *Romeo und Julia auf dem Dorfe.* Nicht als im Text isolierbares, sondern als relationales Phänomen soll daher Fantastik in der vorliegenden Arbeit perspektiviert werden. Die ausschließliche Fokussierung der fantastischen Elemente, wie sie in Arbeiten eines Todorov, Caillois, Vax etc. begegnen, die allein untersuchen wollen, was sich am Fantastischen selbst zeigt, erschiene angesichts der Erscheinungsformen der *realistischen* Fantastik wenig fruchtbar.

Diese Tatsache wiederum zwingt dazu präziser zu fassen, was im jeweiligen Text als bedeutungskonstitutive Kontexte des Fantastischen zu betrachten ist. Wenn in der fantastischen Literatur Realität und Einbildung problematischen Vermischungen ausgesetzt werden, dann sind zumindest jene Teile der Texte, die von diesem Thema handeln, bedeutungskonstitutive Kontexte des Fantastischen. Da das Fantastische die Dichotomie von Realität und Einbildung, von gesunder und krankhafter Einbildungskraft thematisiert, scheint es naheliegend, zu seiner Lektüre Elemente einzubeziehen, denen ebenfalls eine Thematisierung dieser Dichotomie zugrundeliegt, etwa bezüglich der Ehre als bloßer Vorstellung in *Effi Briest,* oder bezüglich anderer gesellschaftlicher Phantasmen, Ideologien und Kollektivideen.

Nicht weil sich entsprechende Phänomene aus heutiger Sicht als Kollektividee, Ideologie oder Phantasma klassifizieren lassen, werden sie zu bedeutungskonstitutiven Kontexten, sondern weil sie in ihrem imaginären Gehalt, als Krisensymptome, literarisch virulent werden, auch wenn dies nicht mittels jener theoretischen Konzepte geschieht, die wir heute zu ihrer Analyse verwenden. Zentral für die vorliegende Arbeit ist also neben der Fantastik, in ihren Berührungspunkten dazu, die Kategorie des gesellschaftlichen Imaginären. Einerseits legen dies die Besonderheiten der realistischen Literatur nahe, andererseits ist dies als Definition des Erkenntnisinteresses im bezeichneten Sinn zu verstehen.

Bezogen auf das gesellschaftliche Imaginäre sind zwei Ebenen voneinander abzuheben, die Thematisierung des Imaginären in den Texten selbst und jene schon angesprochenen Diskurse, die über den gesellschaftlich verträglichen Gebrauch der Einbildungskraft befinden, als 'literaturnahe' etwa Poetik, Literaturkritik und Programmatik, daneben Anthropologie und Epistemologie.[2]

Mit diesen beiden Polen des Imaginären, dem textimmanenten und den externen, bildet die Fantastik eine Art 'Dreiecksverhältnis'. Welche Funktionen ihr dabei zufallen - reaktionäre (Gustafsson), subversive (Jackson) oder häretische (Lachmann) - welche Gegenwelten entstehen und welchen gesellschaftlichen Ort die literarischen Texte diesen gegebenenfalls zuweisen, gilt es im Einzelnen zu überprüfen. Dies geschieht im zweiten Teil (Kapitel 4-7). Klärungsbedarf ergibt sich jedoch zunächst hinsichtlich einiger Fragen, die

---

[2] Daß in diesen Zusammenhang auch Psychiatrie und Psychologie gehören, dürfte seit den Arbeiten Michel Foucaults ein Allgemeinplatz sein.

das gesellschaftliche Imaginäre betreffen: Welcher *Art* sind die bedeutungs-konstitutiven Kontexte, d.h. genauer, welche theoretischen Konzepte können dazu dienen, sie zu perspektivieren, und was bedeutet es begrifflich, sie dem Imaginären zuzuordnen?

1.2 Zum Begriff des Imaginären

Drei unterschiedliche Ebenen der Einbildungskraft sind für die vorliegende Arbeit von Bedeutung: die Ebene der *literarischen* Einbildungskraft in Aus-einandersetzung mit dem Mimesisgebot, das die realistischen Poetiken, wie zu zeigen sein wird, weitgehend in Form tradierter Denkfiguren bestimmt, die Ebene des fiktiven *individuellen Bewußtseins* der literarischen Figuren, die an der Verläßlichkeit ihrer Sinne zu zweifeln beginnen - dies ist die Ebene, auf die Todorov die Behandlung der Fantastik beschränkte - und die Ebene des *gesellschaftlichen* Imaginären in Form von Kollektivideen wie Individuum, Ehre, Recht, Natur, Eigentum oder Bildung, die ebenfalls die Frage nach dem Verhältnis von Realität und Vorstellung aufwerfen.

Auf solche Kollektivideen und habituelle Formationen verweisen in der Epoche des bürgerlichen Realismus recht heterogene Phänomene. Teilweise betreffen sie die Vertauschung von Natur und Kultur bzw. die Ideologisierung der Kultur als Pseudonatur (im Sinne Roland Barthes'), beginnend mit den "guten Umgangsformen", denen die Aufgabe zufällt, das Kultivierte als das Natürliche erscheinen zu lassen, bis hin zu den Enklaven des gleichwohl für natürlich gehaltenen ungleichen Rechtes.[3] Zu nennen sind ferner fiktive Selbstbilder, die zu Mystifikationen geraten, die Bildungsideologie, die Sa-kralisierung des Eigentumes, das Konzept von "Realpolitik" in seiner "my-thenbildenden Substanz" oder "Stammesgötzen der Historiker" wie das Indi-viduum.[4]

---

3 Zur Stilisierung der bürgerlichen Umgangsformen vgl. Ulrike Döcker, *Die Ordnung der bürgerlichen Welt. Verhaltensideale und soziale Praktiken im 19. Jahrhundert*, Frankfurt New York 1994, S. 277 u. 282, zu den Enklaven ungleichen Rechtes; Dieter Grimm, "Bürgerlichkeit im Recht", in: *Bürger und Bürgerlichkeit im 19. Jahrhundert*, hrsg. v. Jürgen Kocka, Göttingen 1987, S. 149-188, S. 170 f.
4 Zur Mystifikation fiktiver Selbstbilder; Erving Goffman, *Wir alle spielen Theater. Die Selbstdarstellung im Alltag*, München 1969, S. 62ff., zur "Realpolitik", Michael Thormann, "Der programmatische Realismus der Grenzboten im Kontext von liberaler Politik, Philoso-

Die Virulenz einer derealisierenden Einbildungskraft läßt sich daher weder auf Seiten der literarischen Fiktion im Unterschied zur gesellschaftlichen Realität lokalisieren, noch innerhalb dieser Fiktion umstandslos den fantastischen im Unterschied zu den nicht-fantastischen Elementen zuordnen. Denn derealisierend sind diese Konzepte gerade darin, daß sie ihren imaginären Gehalt verleugnen und historische, gesellschaftliche, kulturelle Konzepte im Sinne der Common-sense-Logik als natürlich erscheinen lassen. Die verfestigten Formen des gesellschaftlichen Imaginären entfalten daher eine derealisierende Kraft in dem Moment, wo die vermeintliche Selbstverständlichkeit ihres gesellschaftlichen Seins fraglich wird. Und von genau diesem Prozeß handeln nicht zuletzt die Texte des Realismus. Anders gesagt: die im Zusammenhang des Imaginären sich vollziehende Derealisierung bahnt sich in der Naturalisierung dessen an, was Castoriadis "Illusion" nennt.[5]

Wenn dem Begriff des Imaginären in meiner Arbeit die Funktion zufällt, nicht-fantastische Themen wie Ehre oder Eigentum aufgrund ihrer fantastikaffinen Struktur als bedeutungskonstitutive Kontexte der fantastischen Elemente zu perspektivieren, kann an drei miteinander zusammenhängende Verwendungen des Begriffes angeknüpft werden: an das Imaginäre im Sinne der Annales-Schule, die Arbeit von Castoriadis und schließlich das Element von Schein, Täuschung oder Verkennung, das dem Begriff in seiner kritischen und auch der alltäglichen Verwendung anhaftet. Gemeinsam ist Castoriadis und den Vertretern der Annales-Schule bezogen auf diese dritte Verwendung, daß mit ihnen eine solche 'Verkennung' nicht einem Bereich jenseits der 'Realität' zuzuordnen wäre, bezogen etwa auf Traum oder Tagtraum, einem sich der Realität entziehenden individuellen Bewußtsein, wie es Iser beschreibt, sondern daß sie das Imaginäre als Konstitutionsbedingung der Realität selbst untersuchen.

---

phie und Geschichtsschreibung", in: *IASL 18 (1993)*, S. 37-68, S. 61, zum Eigentumsverständnis; Marianne Wünsch, "Eigentum und Familie. Raabes Spätwerk und der Realismus", in: *Jahrbuch der Deutschen Schillergesellschaft 31 (1987)*, S. 248-266, zu Simiands Ausführungen über die "Stammesgötzen der Historiker"; Peter Burke, *Offene Geschichte. Die Schule der Annales*, Berlin 1991, S. 15.
[5] Vgl. Cornelius Castoriadis, *Gesellschaft als imaginäre Institution. Entwurf einer politischen Philosophie*, Frankfurt 1984.

Als Mangel an Sein verweist der Schein auf den Ideologiebegriff, der mit dem Idol eine den Imagines des Imaginären entsprechende ethymologische Verbindung zum Vorstellungs-*Bild* aufweist.[6] Wichtige Theoretiker des Imaginären in diesem Wortsinne waren Zeitgenossen der realistischen Autoren; Marx mit seinen Analysen zum Fetischcharakter der Ware, Feuerbach mit seinem Projektionsbegriff, Nietzsche u.a. mit der Kritik des historischen Bewußtseins.[7]

Auch wenn einige der bekanntesten Arbeiten von Bloch, Delumeau oder Le Goff zum Imaginären das Mittelalter und die frühe Neuzeit betreffen, etwa kollektive Ängste, wie sie das System der Dämonologie oder die Erfindung des Fegefeuers bezeugen, ist seine Präsenz nicht an eine frühneuzeitliche oder vormoderne Form des Denkens gebunden. Das Imaginäre endet nicht mit jener rationalen "Kritik der Vorstellungskraft" eines Montaigne oder Malebranche, die Delumeau als Zäsur in der Geschichte kollektiver Ängste beschreibt - schon deshalb nicht, weil in der Moderne neue Lebensbereiche zum Gegenstand imaginärer Überformungen werden, z.B. die Technik und die neuen Kollektivsymbole, die sie erzeugt.[8] Ehre und Fegefeuer sind, auch wenn der Vorstellungs*inhalt* im zweiten Fall ein transzendenter ist, in gleicher Weise imaginär, und sie waren zu ihrer Zeit in gleicher Weise *real*, nämlich wirkmächtig.

Die Wirkmächtigkeit reiner Vorstellungen benennt zugleich jenen Aspekt, der das Imaginäre davor bewahrt, begrifflich den Gegenpol zur Realität gänzlich aufzusaugen. Das wird bei Castoriadis deutlich, der das Imaginäre als eine Grundkategorie des gesellschaftlichen Seins bestimmt, die die materielle Kultur prägt, Bedürfnisse, Weltbilder und Rituale modelliert und Identifikationsmodelle bereitstellt. Begrifflich bedeutet 'imaginär' hier 'erfun-

---

6 Zu den "Idolen" als Götzenbildern und Vorurteilen bei Bacon vgl. Raymond Boudon, *Ideologie. Geschichte und Kritik eines Begriffs*, Reinbek bei Hamburg 1988, S. 49 ff.

7 Eng verwandt ist dieser Begriff des Imaginären daher auch dem der Ideologie im traditionellen Sinne der 'Verkennung'. Die Rolle, die das Wahrheitskriterium in den unterschiedlichen Ideologiebegriffen spielt, behandelt Boudon (1988).

8 Jean Delumeau, *Angst im Abendland*, Reinbek bei Hamburg 1989. An die Annales-Schule und ihren Begriff des Imaginären knüpft an: Birgit Wagner, *Technik und Literatur im Zeitalter der Avantgarden. Ein Beitrag zur Geschichte des Imaginären*, München 1996. Vgl. auch: Frank Becker, Ute Gerhard, Jürgen Link, "Moderne Kollektivsymbolik. Ein diskurstheoretisch orientierter Forschungsbericht mit Auswahlbibliographie (Teil II)", in: *IASL* 22 (1997), S.70-154.

den', ohne daß eine ontologisch vom Imaginären abgesonderte Sphäre des Realen bestünde. Gemeint ist vielmehr, daß sich Entwicklungszustände von Gesellschaften niemals aus biologischen oder ökonomischen Gesetzen hinreichend erklären lassen.[9] Verdinglichung beispielsweise ist imaginär, weil sich nicht als *notwendiges* geschichtliches Phänomen begreifen läßt, daß Menschen einander plötzlich nicht mehr nur als Verbündete, Feinde oder Rivalen, sondern analog besitzbarer Objekte betrachten. Als imaginäre Kategorie erweist sich Verdinglichung gleichzeitig aber auch "realer als das Reale", eben insofern sie sich als *wirkmächtig* erweist, wie es das Kastenwesen, die Nation oder das Königtum sind. Sie sind nicht natürliche oder notwendige Realitäten, sondern als "Illusionen" ausschlaggebend dafür, als was die Gesellschaft den Einzelnen "instituiert". Castoriadis Begriff des Imaginären negiert also nicht die Realität, sondern kehrt die übliche Hierarchisierung der Dichotomie um, die auch die literarische Fantastik in weiten Teilen bestimmt. Er eröffnet damit ein Analogon zur Struktur der Fantastikbestimmungen und ermöglicht zugleich eine andere Perspektivierung des dem Phänomen zugrunde liegenden Binarismus.

Ein Konzept wie Ehre verweist daher im Rahmen der vorliegenden Arbeit in mehrfachem Sinne auf ein gesellschaftliches Imaginäres. Zunächst verweist es auf eine Kollektividee im Sinne der Annales-Schule. Mit Castoriadis betrachtet, ist es damit nicht Element einer begrenzten Klasse von Vorstellungen, die von dem abhebbar wäre, was sich als Realität der bürgerlichen Gesellschaft am Ende des 19. Jahrhunderts begreifen ließe, sondern Bestandteil dessen, was *als Imaginäres* diese Gesellschaft und ihre Realität *konstituiert*.[10] Auf einen *Mangel* verweist das Konzept schließlich dort, wo die imaginären Elemente des vorgeblich Realen verkannt werden zugunsten jener Dichotomie, die den Diskurs der Fantastikkritik bestimmt. Hier wird die Einbildungskraft in ihren nicht domestizierten, bzw. den Binarismus von gesund und

---

[9] Vgl. Castoriadis (1984). Castoriadis attackiert daher sowohl "Symbolismus" und Strukturalismus (S. 254), Funktionalismus (S.257), ökonomischen Determinismus (S.260) oder die biologische Fundierung der Bedürfnisse (S.261). Vgl. zu diesem Zusammenhang auch S. 236, 240, zum Begriff des Imaginären, S. 218 f.

[10] Eine analoge Frage stellt Sartre, wenn er "die 'imaginäre gesellschaftliche Welt' der verträumten Bourgeoisie von 1848" in seinem Flaubert Buch untersucht. Vgl. Jean-Paul Sartre, *Das Imaginäre. Phänomenologische Psychologie der Einbildungskraft*, Hamburg 1971, S.26.

krank infrage stellenden Anteilen, als etwas Fremdes aus sich heraus zu setzen versucht.

"Imaginär" im Wortgebrauch der vorliegenden Arbeit sind daher nicht "Vorstellungen" im allgemeinen. Es handelt sich um zentrale Kategorien der Selbstvergewisserung und als solche um Vorstellungen, denen entweder kein externer Gegenstand korrespondiert, weil der Gegenstand - gesellschaftlich geformt - durch die Vorstellung selbst gegeben ist (Ehre), oder um Vorstellungen, die im Denken an die Stelle der Dinge treten, auf die sie sich beziehen oder diese überformen (Sakralisierung des Eigentums).

1.3 Abgrenzungen: Mediale Simulation als Kontrastfolie des gesellschaftlichen Imaginären

Konzepte, die dem Realitätsprinzip opponieren oder es aufzulösen trachten, werden im theoretischen Diskurs der Literaturwissenschaft heute nicht in erster Linie dem Fiktionsbegriff, dem Imaginären oder der Fantastik zugeschlagen, sondern entstammen meist der medientheoretischen Reflexion. Diese versucht, die mit Auftreten der neuen Medien beobachteten Derealisierungseffekte zu beschreiben und die praktischen oder theoretisch faßbaren Rückwirkungen auf die Literatur und ihre Begrifflichkeiten zu erfassen.

So haben Baudrillard und andere Medientheoretiker Derealisierung als eine Folge neuer Technologien beschrieben und entweder als Befreiung zum konstruktiven Umgang mit pluralen Realitäten gutgeheißen oder pessimistisch als Agonie des Realen verbucht.[11] Da Derealisierung gegenwärtig vor allem im Zusammenhang der neuen Simulationstechnologien betrachtet wird, scheint es nützlich, die 'Derealisierungseffekte', die die Präsenz des gesellschaftlichen Imaginären begleiten, mit denen der neuen Medien zu vergleichen, um auf diese Weise einen Anknüpfunspunkt an die gegenwärtige Theoriedebatte zu gewinnen.

---

11 Vgl. Jean Baudrillard, *Das perfekte Verbrechen*, München 1996, Paul Virilio, *Ästhetik des Verschwindens*, Berlin 1986, Norbert Bolz, *Theorie der neuen Medien*, München 1990, Dirk Vaihinger, "Virtualität und Realität", in: *Künstliche Paradiese, virtuelle Welten. Künstliche Räume in Literatur -, Sozial- und Naturwissenschaften*, hrsg. v. Holger Krapp und Thomas Wägenbaur, München S. 19-43.

Auch das gesellschaftliche Imaginäre in der beschriebenen Form besitzt eine mediengeschichtliche Komponente, die in der Epoche des Realismus für eine Inflation der Bilder durch das neue Medium der Fotographie oder durch die Familienzeitschriften als Publikationsorte der realistischen Autoren sorgte.[12] Doch erst die späteren Technologien schaffen Simulakra, die ihren Abbildcharakter so wirkungsvoll verbergen, daß von einer "Geisterbeschwörung" in Kino und Fernsehen die Rede sein konnte.[13] Ihre Vorläufer finden sich in den "Phantasmagorien" des 19. Jahrhunderts, den Panoramen und Passagen.

Auch wenn erst das Fernsehen das *Leben* "in den Simulationsräumen der Einbildung"[14] geschaffen hat, bleibt davon die Tatsache unberührt, daß für die Benutzung heutiger Simulationsmedien in einem Punkt dasselbe gilt wie für die Lektüre illusionistischer Romane. Eine Benutzung solcher Medien verbindet sich, solange es sich um fiktionale Erzeugnisse handelt, mit dem Wissen des Rezipienten, einem Inszenierungsgeschehen beizuwohnen, auch wenn dieses Wissen *während der Nutzung* im Bewußtsein partiell ausgeblendet bleibt. Wer im 19. Jahrhundert ein Panorama aufsucht, weiß, wo er sich befindet, er weiß als Mitglied seiner Kultur, was ein Panorama ist, ebenso wie der Kinobesucher weiß, daß auf der Leinwand keine Menschen sterben. Daß dieses Wissen im Bewußtsein unterdrückt wird, ändert nichts daran, daß es als Wissen erhalten bleibt. Daß die Abbilder die Wirklichkeitsbilder prägen und *in diesem Sinne* mit ihnen verwechselt werden, ist eine von der Effizienz der Simulationstechnik unabhängige Tatsache. Als 'Abbilder' der Realität wurden zu ihrer Zeit auch die Romane der Empfindsamkeit oder die Ehebruchsromane des 19. Jahrhunderts gelesen, und dies hat als Ursache nicht primär die *medialen* Komponenten der Romanpublikation, deren Bedeutung eher darin lag, einen Markt und Distributionsbedingungen zu schaffen oder in Gestalt der

---

12 Vgl. mit näheren Literaturangaben dazu: Gregor Reichelt, "Theodor Storms Bildgebrauch im Kontext des Zeitschriftenmediums", in: *Theodor Storm und die Medien. Zur Mediengeschichte eines poetischen Realisten*, hrsg. v. Gerd Eversberg u. Harro Segeberg, Berlin 1999, S. 81-102, S. 81 f.

13 Vgl. Joachim Paech, "Vom Leben in den Bildern", Antrittsvorlesung an der Universität Konstanz, 5.11.1990, Manuskript, S. 2.

14 Paech schreibt, bezogen auf das Fernsehen: "Mit dem Fernsehen hat sich das Leben in den Simulationsräumen der Einbildung endgültig durchgesetzt. Es wäre ein Irrtum zu glauben, daß wir mit den Bildern des Fernsehens im Haus leben; wir leben in den Bildern im Haus des Fernsehens, das unser Fenster zur Welt ist, eben der Blick in die Ferne als häusliche Nähe." (1990, S.14).

Bildungspresse als thematisches Umfeld Inhalte zu strukturieren oder zu kontextualisieren, sondern illusionistische Strategien der Schreibweise.

Das gesellschaftliche Imaginäre verhält sich also zur Realitätskategorie anders als die (medial-) technische Simulation. Das Imaginäre wird, im Unterschied zur Leinwandfiktion, im Bewußtsein mit dem Realen *identifiziert*, ohne daß ein Wissen im Alltag dies gleichzeitig als Verkennung, Täuschung oder Schein durchschaute, wie Roland Barthes dies beispielhaft in seinen *Mythen des Alltags* beschreibt.[15] Demgegenüber hebt die Simulation eine Differenz im Bewußtsein auf, ohne das Wissen um diese Differenz auszulöschen. Im Imaginären, nicht in der Simulation, droht daher das Reale vollständig zu verschwinden. Es gibt kein Analogon zum Knopf am Fernseher oder dem Ausgang des Kinos, an dem die Ware aufhörte ein Fetisch, oder die Ehre aufhörte, eine Vergesellschaftungsform zu sein.

Aus den bisherigen Ausführungen geht bereits hervor, daß in der vorliegenden Arbeit das Imaginäre nicht primär als Material der Fiktion oder, wie es bei Iser heißt, der "Akte des Fingierens", also im Zusammenhang einer Anthropologie der Literatur betrachtet wird. An dieser Stelle ist nicht eine eingehende Auseinandersetzung mit der Iserschen Begriffstrias von Realem, Fiktivem und Imaginärem beabsichtigt, sondern lediglich, um terminologischen Verwechslungen oder Irritationen vorzubeugen, eine Abgrenzung zu jenen Ansätzen, die den Begriff des Imaginären primär als Konstitutionsbedingung der *literarischen Fiktion* untersuchen oder als etwas, das erst im Rahmen der Fiktion überhaupt gegenstandsfähig wird.[16]

Das Reale als einer vermeintlichen Realität des Wirklichen bei Iser weicht hier der gesellschaftlichen Realität des Imaginären. Das Imaginäre liefert nicht als Summe amorpher Bewußtseinszustände *neben* dem Realen 'Stoff' für Akte des Fingierens, sondern ist in beidem (begrifflich) gleichermaßen

---

15 Vgl. Roland Barthes, *Mythen des Alltags*, Frankfurt/M. 1964.

16 Über das Imaginäre schreibt Iser: Es "ist in seiner uns durch Erfahrung bekannten Erscheinungsform diffus, formlos, unfixiert und ohne Objektreferenz. Es manifestiert sich in überfallartigen und daher willkürlich erscheinenden Zuständen (...)" Der fiktionale Text bezieht sich auf "Wirklichkeit, ohne sich in deren Bezeichnung zu erschöpfen". Da das Fingieren aus der "wiederholten Wirklichkeit" nicht ableitbar ist, "bringt sich in ihm ein Imaginäres zur Geltung, das mit der im Text wiederkehrenden Realität zusammengeschlossen wird." Wolfgang Iser, *Das Fiktive und das Imaginäre. Perspektiven literarischer Anthropologie*, Frankfurt/M. 1993, S. 20 f.

enthalten. Es ist nicht diffus oder unbestimmt, sondern ebenso sehr *geformt* wie die Fiktion, nämlich gesellschaftlich und kulturell. Funktion der Selbstbilder bürgerlicher Identität ist es ja gerade, eine scheinbare *Kohärenz* zu stiften für das, was sonst von 'Diffusion' bedroht wäre. Imaginäre Anteile empfängt daher das Reale nicht erst aus einer Wechselwirkung mit der Fiktion, die Imaginäres darstellbar und erfahrbar macht und so zur Redefinition des Realen auffordert; imaginär ist vielmehr dieses "Reale" selbst.[17]

1.4 Die theoretische Domestizierung der Einbildungskraft in Poetik, Epistemologie und Anthropologie

Fantastik bezieht sich niemals nur als Darstellung auf eine fiktive, mit unserer gewohnten Sicht inkongruente Welt, auch nicht lediglich auf andere Texte oder fiktionale Gattungen, sondern immer auch auf einen poetologischen Diskurs, der von der Grenze legitimer Einbildungskraft handelt und der die für die Literatur verbindliche Grundlage eines Realitätskonzeptes bildet, das bestimmte Formen von Vorstellungen als wesensfremd aus sich herauszusetzen versucht. Poetik muß deshalb in dem Zusammenhang gesehen werden, den sie mit Anthropologie und Epistemologie bildet, als eine Diskursformation, die den legitimen Ort der Einbildungskraft durch verbindliche Anweisungen und Auslegungen regelt.

Den neuzeitlichen Umgang mit dem Imaginären kennzeichnete dabei sowohl in kontinentaleuropäisch rationalistischer wie in angelsächsisch empiristischer Perspektive bei allen Unterschieden im Detail eine doppelte Geste: eine *integrative*, die die Einbildungskraft im Zusammenspiel der Erkenntnisvermögen lokalisierte und sie somit als erkenntniskonstitutiv vereinnahmte. Hierzu dienten Anthropologie und Epistemologie. Und eine *ausschließende* Geste, die alle Produkte der Phantasie betraf, die das in der Theorie prästabilisierte Verhältnis von Subjekt und Objekt irritierte und die sich als diskursivem

---

17 An die Isersche Position knüpft an: Winfried Fluck, *Das kulturelle Imaginäre. Eine Funktionsgeschichte des amerikanischen Romans, 1790-1900*, Frankfurt/M. 1997, S. 19 ff. Auch Gerhard Plumpe bindet in seiner Arbeit über Kellers Novelle "Pankraz der Schmoller" die Realität des Imaginären an die Fiktion. Gerhard Plumpe, "Die Praxis des Erzählens als Realität des Imaginären. Gottfried Kellers Novelle 'Pankranz der Schmoller'", in: *Wege der Literaturwissenschaft*, hrsg. v. Jutta Kolkenbrock-Netz u.a. Bonn 1985, S. 163-173.

Ort - neben der Pathologisierung des abweichenden Verhaltens innerhalb der medizinischen Disziplinen - auch der Poetiken bediente.[18]

In den solchermaßen abgesteckten Grenzen wurde die Einbildungskraft als ein Vermögen gewürdigt, das es ermöglicht, einen Gegenstand in seinen unterschiedlichen und notwendig partiellen Ansichten zu einem Bild der Ganzheit zu synthetisieren und auch in seiner Abwesenheit in einer Gegenstands*vorstellung* zu vergegenwärtigen, also Gedächtnisbilder als 'Abbilder' der Realität bereitzustellen.[19] Vorstellungen, die keine bloßen Reproduktionen des sinnlich wahrgenommenen sind, wurden als Neukombinationen der teilweise durch Tilgung gewonnenen Elemente konzipiert, wie es das empiristische Modell der Ideenassoziation vorsieht, etwa bei David Humes tugendhaftem Pferd.[20]

Der Ort, von dem aus die komplementären Operationen von Integration und Ausschließung durchgeführt wurden, erschien hingegen als den Tücken der Einbildungskraft weitgehend enthobener Ort vernünftiger Reflexion und

---

18 So heißt es bei Schings etwa zu Weikard: "Als Aufklärer kann Weikard nicht am Phänomen der gesellschaftlichen Scwärmerei vorbeigehen. Und als Arzt hat der dafür eine bündige Diagnose parat: Milzsucht". Als Folge der empirischen Psychologie der Aufklärung beobachtet Schings mit August Wilhelm Schlegel eine "Pathologisierung des Außerordentlichen und der Phantasie und der allenthalben rasch verfügbare Verdacht auf Schwärmerei, auf Melancholie, auf Wahnsinn". Hans Jürgen Schings, *Melancholie und Aufklärung. Melancholiker und ihre Kritiker in Erfahrungsseelenkunde und Literatur des 18. Jahrhunderts,* Stuttgart 1977, S. 21 u. 39. Innerhalb der Dichtungstheorie wirkte vor allem das Mimesis-Konzept im Sinne einer Zügelung dichterischer Phantasie, wobei das ausgeschlossene amimetische unterschiedlich bestimmt werden konnte. Die rhetorische Tradition beschreibt es (bei Quintilian) als Entähnlichung des Bildes in der visio insana. Vgl. Renate Lachmann, "Exkurs: Anmerkungen zur Phantastik", in: *Einführung in die Literaturwissenschaft,* hrsg. v. Miltos Pechlivanos u.a., Stuttgart 1995, S. 224. In den Poetiken variieren die Bestimmungen entsprechend dem Wandel des Mimesisbegriffes selbst und den Kristallisationspunkten entsprechender poetologischer Debatten (mögliche Welten-Lehre, das Wunderbare, Geniegedanke, Ästhetik des Häßlichen usw.). Noch die Rehabilitierung des Abweichenden, so in der (partiellen) Rehabilitierung des Häßlichen bei Friedrich Schlegel im Bezug auf das Erhabene, zeugt vom Legitimationsdruck, den die kulturell dominanten Mimesiskonzepte bewirkten. Zum Häßlichen bei Schlegel vgl. Werner Jung, *Schöner Schein der Häßlichkeit oder Häßlichkeit des schönen Scheins,* Frankfurt/M. 1987, S. 41.
19 Vgl. die Artikel "Einbildung, Einbildungkaft", "Imagination" und "Phantasia" in: *Historisches Wörterbuch der Philosophie,* hrsg. v. Joachim Ritter, Bd. 2 Basel 1972, Sp.346-357; Bd. 4 (1976), Sp. 217-220 u. Bd 7. (1989), Sp. 516-535.
20 Vgl. David Hume, *Eine Untersuchung über den menschlichen Verstand,* mit einer Einleitung hrsg. v. Jens Kuhlenkampff, Hamburg 1984, S.19. Zum Pegasus-Beispiel bei Locke und Tetens vgl. Wolfgang Iser (1993), S. 303 f.

vorurteilsloser Wirklichkeitserkenntnis, so in Bacons Analyse der "Idole" im Novum Organon. Die Wiederherstellung der Wissenschaften sollte jene Vorurteile ausräumen, die "Phantastereien" nährt und damit eine Nähe zu jener "Verworrenheit" der Begriffe und der "Oberflächlichkeit" der Anschauungen begründet, die dem menschlichen Geist auszutreiben Bacon angetreten war.[21] Semiotisch entsprach dem der defiziente Status des Bildes gegenüber dem wortsprachlichen Zeichen.[22]

Innerhalb der empiristischen Tradition kam es allerdings auch zu resignativen Einsichten bezüglich der Möglichkeiten, Wissen und Phantasie zu trennen und zu hierarchisieren, so bei John Locke. Jeremy Benthams Unterscheidung zwischen wirklichen und fiktiven Ganzheiten, wie Pflicht, Wille, Strafe, Nutzen, Gesetz, Macht, führt dann später zur Einsicht in das, was Pfeiffer die "Inszenierungsmedien des 'Realen'" nennt, einen "Teufelskreis", der tendenziell zur Auflösung des Realitätsbegriffes führen muß.[23] Auch bei den resignativen oder paradoxen Befunden bleibt die Einbildungskraft jedoch das zu domestizierende menschliche Vermögen. Lediglich die Erfolgsaussichten und der Glaube an widerspruchsfreie Fundamente solcher als nützlich und vernünftig betrachteter Domestizierungsstrategien erfährt unterschiedliche Einschätzungen.

Einerseits nehmen also innerhalb der anthropologischen Hierarchie der menschlichen Vermögen in der neuzeitlichen europäischen Kultur Einbildungskraft und Rezeptivität einen unteren Rang ein. Ihnen wächst jedoch zugleich ein Gefährdungspotential zu, da ihnen dieser untere Rang zwar *natürlicherweise bestimmt* sein soll, die Aufrechterhaltung dieser 'natürlichen' Position aber von der Wirksamkeit *kultureller Restriktionen* abhängt. Einbildungskraft und Sinnlichkeit müssen deshalb in einem ständigen Prozeß der Bildung

---

[21] Vgl. Jankowitz, *Philosophie und Vorurteil. Untersuchungen zur Vorurteilshaftigkeit von Philosophie als Propädeutik einer Philosophie des Vorurteils*, Meisenheim am Glan 1975, S.19. Zu Bacon als einem Vorläufer moderner Ideologiekritik vgl. Raymond Boudon, *Ideologie. Geschichte und Kritik eines Begriffs*, Hamburg 1988, S. 49 ff.
[22] Vgl. *Image and ideology in modern/postmodern discours*, hrsg. v. David B. Downing u. Susan Bazargan, New York 1991, S. 4 f.
[23] K. Ludwig Pfeiffer, "Nachwort", in: Luiz Costa Lima, *Die Kontrolle des Imaginären. Vernunft und Imagination in der Moderne*, Frankfurt/M. 1990, S. 349-360, 354 ff., zu Lokke, S. 357.

und Überwachung domestiziert und kontrolliert werden, damit sie eine ihrem Rang gemäße und gesellschaftlich verträgliche Funktion ausüben.[24]

Eine wichtige Rolle spielten in diesem Zusammenhang die Poetiken, wie eine Vielzahl in der Literaturgeschichte prominenter Phänomene bezeugt: die Auseinandersetzung um den Mimesisbegriff innerhalb der Aristotelesrezeption, die Diskussion um die möglichen Welten im Zusammenhang des Wunderbaren und in diesem Zusammenhang das restriktive Kriterium der Vernunft, die Kritik am Schwärmertum, die Melancholielehre, die Auseinandersetzungen um die Genieästhetik und diesbezüglich den Regelbegriff oder um die Ästhetik des Häßlichen.[25] In diesen größeren Zusammenhang ist die Fantastikkritik eingebettet, der sich zunächst die Romantiker ausgesetzt sahen und die dann in ihrer bereits topischen Gestalt ein relevanter Produktionskontext für die Realisten darstellte.

1.5 Topoi der Fantastikkritik

Argumente dieser Kritik mußten die programmatischen Realisten nicht erst erfinden. Die Romantikkritik bei Goethe, Heine, Hegel, Rosenkranz u.a. lieferte ihnen eine breite Palette entsprechender Topoi, die sich der Dichotomien

---

24 Vgl. Pfeiffer (1990), S.351. Im *Historischen Wörterbuch der Philosophie* heißt es dazu: "Trotz ihrer mehr oder minder großen Bedeutung besteht gegenüber der Ek. bei fast allen Autoren aus verschiedenen Gründen eine gewisse Skepsis. Vor allem wird befürchtet, die Ek.könne zu Schwärmerei, Unverbindlichkeit und sogar zu moralisch verwerflichen Vorstellungen führen. Daher wird fast überall eine Lenkung der Ek. durch die Vernunft postuliert." *Historisches Wörterbuch der Philosophie*, hrsg. v. Joachim Ritter, Bd. 2 Darmstadt 1972, Sp. 356. Im Einzelnen bedarf dieses Bild freilich einiger Differenzierungen, gerade wenn man die Behandlung der Einbildungskraft im Zusammenhang der Dichtung untersucht. Hier ist es z.T. erst die Aufklärung, die, wie Silvia Bovenschen gezeigt hat, die "luxurierenden Imagines" durch das "rationalistische Bildungsprogramm" ablöst und das "projizierte Weibliche" seiner "Trägerfunktionen für das Apokryphe, Dämonische, Rätselhafte und Unbewußte (beraubt)". Silvia Bovenschen, *Die imaginierte Weiblichkeit. Exemplarische Untersuchungen zu kulturgeschichtlichen und literarischen Präsentationsformen des Weiblichen*, Frankfurt/M. 1979, S.111 ff. u. 121.
25 Zum "legitimen und einem illegitimen Gebrauch des Erfindungsvermögens" bei Baumgarten vgl. Hans Carl Finsen, "Texttheorie zwischen Philosophie und Rhetorik", in: *DVjs* 70 (1996), S. 198-211, S. 209; Bezüglich der "Verkehrtheit der Erfahrungsbegriffe" rücken bei Kant (in der Schingsschen Auflistung:) "der Phantast, der Hypochondrist, der Melancholicus, der Enthusiast und der Fanatiker mit seinen Synonymen Visionär und Schwärmer" in eine Reihe. Vgl. Schings (1977), S. 11.

gesund/krank (Goethe), gegenwartsbezogen/ unzeitgemäß (Heine), negativ-gehaltlos/positiv (Hegel) oder schön/häßlich (Rosenkranz) bedienten.[26] Während bei Rosenkranz Unwirklichkeit noch nicht notwendig einen Mangel an Darstellungswürdigkeit implizierte, sofern die betreffenden Gebilde eine "ideelle Wahrscheinlichkeit" aufwiesen (114), wird bei Julian Schmidt das Wirklichkeitskriterium zum Kardinalpunkt.[27] "Phantastisch" kann im Realismus nun auch eine bestimmte Form der "Abstraktion" bedeuten, ebenso wird es dem "Inhaltlosen" und "Absurden" angenähert.[28] In den Vordergrund tritt jetzt schlicht der Mangel an kulturell definierter 'Welthaltigkeit'. Getreu der aggressiven Gegenwartsbejahung wird die Fantastik, wie schon bei den Jungdeutschen, zu einem zentralen Zielpunkt der Romantikkritik, zum Ausgangspunkt für einen identitätsstiftenden Abgrenzungsversuch zur literarischen Tradition. Zugleich bewahren die Begriffe des "Phantastischen" und des "Phantasten" in ihrer Vermischung von literarischen, politischen und lebensweltlichen Belangen jenen pejorativen Sinn, der noch hinter die Romantikkritik zurückreicht und die Schädlichkeit einer sich gegenüber den Erfordernissen von Vernunft, Lebensklugheit, Natur oder Moral autonom setzenden Einbildungkraft meint, und daher als willkommenes Oppositionsglied auf den gleichermaßen diffusen, aber deshalb nicht weniger wirksamen Realismusbegriff der Programmatiker traf.[29]

---

[26] Rosenkranz unterschied allerdings zwischen gespenstigen Szenen, die eine "vernünftige" Darstellung des Wahnsinns geben und dem bloßen Spuk. Karl Rosenkranz, *Ästhetik des Häßlichen*, Leipzig 1990 (1853), S. 285. Die Vorstellung des satanisch Bösen erfordert seiner Ansicht nach eine sittliche Tiefe, die das Fehlen dieser Vorstellung bei den Griechen erkläre (299). Häßliches, Böses und Gespenstiges lassen sich nicht miteinander identifizieren (285). Zur Romantikkritik vgl. Karl Heinz Bohrer, *Die Kritik der Romantik*, Frankfurt/M. 1989.

[27] Vgl. Bohrer (1989), S. 229.

[28] Vgl. Max Schasler, "Ideal-Realismus" (1872), in: Plumpe (1985), S. 87-89, S. 89 und Robert Prutz, "Zur Geschichte der politischen Poesie in Deutschland" (1854), in: Plumpe (1985), S. 100-105, S. 101. Vgl. auch die Substitute von Idealismus und Realismus bei Peter Stemmler, "'Realismus' im politischen Diskurs nach 1848. Zur politischen Semantik des nachrevolutionären Liberalismus", in: *Hansers Sozialgeschichte der deutschen Literatur. 1848-1890*, München Wien 1996, S. 84- 107, S. 98 f.

[29] Vgl. den *Duden. Das Herkunftswörterbuch. Etymologie der deutschen Sprache*, Mannheim, Wien, Zürich, 1989. "Phantast" ist in der Bedeutung von "Träumer, Schwärmer" für das 15. Jh. belegt, "phantastisch" für "schwärmerisch, unwirklich, verstiegen" für das 16. Jh.

Zentral für die Fantastikkritik erweist sich eine aporetische Denkfigur, die auch die programmatischen Realisten beerben. Sie wird im folgenden an der Schlußpassage von Friedrich Schillers Traktat *Über naive und sentimentalische Dichtung* analysiert, um deutlich zu machen, daß die Fantastikkritik der Programmatiker sich nicht ausschließlich aus der Synchronie des geschichtlichen Kontextes erklärt, sondern aus der Zählebigkeit - einer "longue durée" - poetologischer Konzeptionen, wobei Schiller angesichts des sich verstärkenden Klassikerkultes kein zufällig gewählter Zeuge ist. Über die "Launen der Einbildungskraft" und ihre zerstörerische Kraft äußert sich Schiller wie folgt:

"Wenn dagegen schon der wahre Idealism in seinen Wirkungen unsicher und öfters gefährlich ist, so ist der falsche in den seinigen schrecklich. Der wahre Idealist verläßt nur deswegen die Natur und Erfahrung, weil er hier das Unwandelbare und unbedingt Notwendige nicht findet, wonach die Vernunft ihn doch streben heißt; der Phantast verläßt die Natur aus bloßer Willkür, um dem Eigensinne der Begierden und den Launen der Einbildungskraft desto ungebundener nachgeben zu können. Nicht in die Unabhängigkeit von physischen Nötigungen, in die Lossprechung von moralischen setzt er seine Freiheit. Der Phantast verleugnet also nicht bloß den menschlichen - er verleugnet allen Charakter, er ist völlig ohne Gesetz, er ist also gar nichts und dient auch zu gar nichts. Aber eben darum, weil die Phantasterei keine Ausschweifung der Natur, sondern der Freiheit ist, also aus einer an sich achtungswürdigen Anlage entspringt, die ins Unendliche perfektibel ist, so führt sie auch zu einem unendlichen Fall in eine bodenlose Tiefe und kann nur in einer völligen Zerstörung sich endigen."[30]

Schillers Versuch, Natur und Freiheit in einer durch Vernunft gebändigten Einbildungskraft zu versöhnen, endet in einer Aporie. Natur und Erfahrung, die hier implizit ineins gesetzt werden, dürfen nur überschritten werden zugunsten des vernünftigen Ideals. Die Natur muß dieses, wie das obige Zitat ausweist, aber bereits in sich bergen, sonst könnte neben der Verfehlung des Ideals nicht schon die Abweichung von der Natur als legitimationsbedürftig erscheinen.[31] Die scheinbare Entgrenzung des Wirklichen durch das Mögliche

---

30 Friedrich Schiller, *Über naive und sentimentalische Dichtung*, Stuttgart 1993, S. 110.
31 Dem entspricht Schillers Rede von der "wahren Natur" als Norm der Einbildungskraft. Diese kann das "Genie" zwar "*erweitern*", aber "ohne über sie *hinauszugehen*." [16, Hervorhebung im Original] Die Unterscheidung von natura naturata und natura naturans, die hier

im Mimesisbegriff, die sich hier fortschreibt, erweist sich somit als Stilisierung eines bestimmten Möglichen zum (wahrhaft-) Natürlichen. Wenn Schiller das dem Vernunftgesetz Widersprechende nicht als Widerpart der Vernunft auf Seiten der Natur bestimmt, sondern als phantastische Einbildungskraft verwirft, dann folgt diese Logik einer Strategie der Mimesistradition; die Identifizierungen des Darstellungsunwürdigen mit einer kranken (hier: selbstzerstörerischen) Einbildungskraft und die Identifizierung des Darstellungswürdigen mit einer 'wahrhaft natürlichen Wirklichkeit' sind komplementäre Komponenten eines Prozesses, der eines ausschließt und das andere zu einer Darstellung stilisiert, die über das *bloß* mimetische hinausgeht und doch das wahrhaft *natürliche* offenbaren soll.[32]

Diese Denkfigur kehrt im "Ideal-Realen" des Realismus als zentraler dichtungstheoretischer Begriff wieder. Das "Ideal-Reale" tritt an die logische Stelle, die das "wahrhaft Natürliche" bei Schiller eingenommen hatte, und zwar mit denselben aporetischen Identifizierungen, wenn auch dieses Ideale nun weniger das Vernunft- und Humanitätsideal Schillers meint, als lebenspraktische Vernunft unter den Rahmenbedingungen der bürgerlichen Gesellschaft in der zweiten Hälfte des neunzehnten Jahrhunderts.

Der ordnende, selektierende und hierarchisierende Akt der Realitätsbemächtigung durch das "Ideal der Perspektive" wird bei Emil Homberger zum Ausgangspunkt für *seine* Versöhnung von Natur und Ideal, von Freiheit und Gesetz.

> "Wie die Bedeutung des Verses keineswegs bloß in der äußerlichen Harmonie für das Ohr besteht, sondern in der inneren, weil er den Dichter zwingt nur das Zweckmäßige, das Bedeutende, das wahr-

---

den Hintergrund bildet und auch die dichterische Entfaltung eines in der Natur nur angelegten Möglichen noch unter den Begriff der Natur-Nachahmung faßt, verdeckt die bereits erwähnte restriktive Auslegung des der Natur nach 'Möglichen' etwa in Form des 'Vernünftigen'.

[32] Ähnliche Bestimmungen des Fantastischen finden sich in Schlegels Studium-Aufsatz, in der vornehmlich auf die Spätromantik bezogenen Romantikkritik bei Hegel und den Jungdeutschen. So bei Schlegel: "Was hingegen die Tragödie betrifft, so hatten die Griechen vielleicht recht, den Euripides zu tadeln. Was augenblickliche Ergießung des überschäumenden Gefühls, oder ruhiger Genuß voller Glückseligkeit sein sollte, kann nur durch häßliche, inmoralische und phantastische Zusätze zu einer tragischen Leidenschaft auseinander gereckt werden." Friedrich Schlegel, *Über das Studium der griechischen Poesie*, Paderborn 1981, S. 164.

haft Notwendige zu sagen, so ist das Ideal nicht etwa, wie manche wähnen, ein geheimes Toilettenmittel, ein Schönheitswasser, womit der Dichter die Flecken und Runzeln der Wirklichkeit zu verbergen und ihr eine rosige Jugendblüte anzumalen versteht, sondern es ist vielmehr der wundertätige Quell, der sein blödes Auge hell macht, und ihm Wesen und Wahrheit der Natur offenbart. Durch das Ideal wird der Dichter frei von Unklarheit und Unordnung, frei von blindem Zufall und gesetzloser Willkür - und so sind auch hier Freiheit und Gesetz unzertrennlich."[33]

Die Schillersche Denkfigur kehrt hier wieder: "Wesen und Wahrheit der Natur" (Stilisierung) sind *zugleich* das "Ideal" (Identifizierung), durch das der Dichter von "Unklarheit und Unordnung" befreit wird (Ausschließung). Eine Kritik an der bloßen "Kopie der äußern Realität" und an der "Verleugnung der idealbildenden Phantasie", wie Moriz Carriere sie mit explizitem Bezug auf Schiller vorträgt,[34] wird daher in der vorliegenden Arbeit nicht in erster Linie mit einer medialen Konkurrenz in Verbindung gebracht, wie sie zur vermeintlich rein abbildhaften Photographie bestand, da diese offenbar nicht die historische Ursache dieses Topos bilden kann, sondern mit einer älteren poetik- und ästhetikgeschichtlichen Tradition, die auch zu Zeiten der "Kunstperiode" anderes war als autonome Reflexion über Kunst.

Daß die Normierung der Darstellungsmöglichkeiten nicht allein von einem poetik- und ästhetikgeschichtlichen Phänomen im Sinne ausdifferenzierter und eigengesetzlicher Diskurse zeugt, sondern Aussagekraft über die gesellschaftlichen Restriktionen der Einbildungskraft und ihre politischen Implikationen besitzt, wird wohl in keiner Epoche deutlicher als in der des bürgerlichen Realismus. Ausschließungen, die in Diskursen über Wirkung oder Wahrheit, über das Reale oder Ideale begründet wurden, sind jetzt über ein teilweise wortgleiches Vokabular mit dem politischen Diskurs verbunden, der seinerseits anthropologisch fundiert wird.[35] Die literarische Fiktion wird als

---

33 Emil Homberger, "Die Aporien des Realismus" (1870), in: Plumpe (1985), S. 155.

34 Vgl. Moriz Carriere, "Idealistische und realistische Phantasie" (1859), in: Plumpe (1985), S. 85. Daneben begegnet allerdings die Schillerkritik, die schon die Unterscheidung zwischen naiv und sentimentalisch als sentimental bestimmt und das Sentimentale als "krank", vgl. Julian Schmidt, "Die Reaktion in der deutschen Poesie" (1851), in: Plumpe (1985), S. 96 f.

35 Vgl. zum Konzept der "Realpolitik" und den ideologischen Implikationen, Plumpe (1985), Einleitung, S. 11. Vgl. auch Stemmler (1996), bes. S. 91. Zur anthropologischen Fundierung und dem Ort der Literatur äußert sich Horst Thomé: "Das autonome Subjekt, das

Bestandteil eines gesellschaftlichen Diskurses begriffen, der vor allem zum Ziel hat, die Ausbreitung des Pragmatismus auf alle Lebensbereiche zu befördern.[36] Die romantische Utopie und die "Tendenz" der Jungdeutschen weicht nach 1848 kontroversen Versuchen einer 'Ausbalancierung' von Pragmatismus und Idealismus.

Wenn in der Auseinandersetzung zwischen Konstitutionellen und gemäßigten Demokraten der 'einseitige Idealismus' zu einem Kampfbegriff, der wahre Idealismus hingegen dem politischen *Realismus* einverleibt wird,[37] dann kehrt die dichtungstheoretische Denkfigur und ihre ontologischen Präsuppositionen, in die politische Argumentation transformiert, wieder. Aus dem nüchtern kalkulierenden Verstand, der das emphatische Vernunftkonzept einerseits überwinden, andererseits in seinen Konnotationen beerben will, werden nun die Grenzen der gesellschaftlich legitimen Phantasie abgeleitet, wobei die Denkfiguren, die dieses Programm absichern sollen, die pragmatische Wende überdauert haben.

Erst diese Verquickung von Literatur und Politik erklärt, warum ein Tendenzroman wie Gustav Freytags *Soll und Haben* - und um einen solchen handelte es sogar dem Selbstkommentar des Autors zufolge[38] - zum Muster-

---

Griesingers Psychiatrie als anthropologischen Normalfall postuliert, deckt sich nicht nur mit dem selbstverantwortlichen Bürger des politischen Liberalismus, sondern auch mit dem Protagonisten, den die programmatischen Realisten für den Roman gefordert haben. Es ist zu vermuten, daß der wissenschaftsgeschichtliche Prozeß zu den anthropologischen Implikaten der politischen Programmatik und zur Poetologie und Praxis der Literatur in einem spannungsvollen Verhältnis stehen wird, das durch Verschlingung von Destruktion und Restitution des Autonomie-Konzeptes eingespielt wird." Vgl. Horst Thomé, *Autonomes Ich und 'inneres Ausland'. Studien über Realismus, Tiefenpsychologie und Psychiatrie in deutschen Erzähltexten (1848-1914)*, Tübingen 1993, S. 4.

36 Hierzu Michael Thormann: "Die Aufgabe der gothaischen Parteipresse sollte es ein, in Abkehr vom 'einseitigen Idealismus' die eigene, am Möglichen orientierte 'Doctrin' zu rechtfertigen und in einer 'Art nationaler Kulturpropaganda' , thematisch weitgefächert zu popularisieren. Dabei ging es besonders für eine der Partei nahestehende, thematisch weitgefächerte politisch-literarische Zeitschrift darum, den Parteistandpunkt nicht nur im politischen Teil zum Tragen zu bringen, sondern ihn im Rahmen ihres Konzeptes auf alle Lebensfragen zu übertragen". Michael Thormann, "Realismus als Intermezzo. Bemerkungen zum Ende eines Literatur- und Kunstprogramms", in: *Weimarer Beiträge* 42 (1996), S. 561-587, 568.

37 Vgl. Thormann (1996), S. 571.

38 Freytag schreibt an Johannes Geffcken (23.8.1856), ihm habe "während der Arbeit am meisten an der *Tendenz* und zwar der *politischen*" gelegen, Geffcken, "Die Tendenz in Gustav Freytags *Soll und Haben*, in: *Zeitschrift für vergleichende Literaturgeschichte* N.F. 13 (1899), S. 89f., zitiert nach Hartmut Steinecke, *Romanpoetik von Goethe bis Thomas Mann*.

beispiel des *neuen realistischen Romanes* avancieren konnte. Der affirmative Charakter, nicht eine kritische Sicht, stellte ein explizites Element des zeitgenössischen Verständnisses von Realismus dar.[39] Wenn die Kontroversen der 50er Jahre, die mit polemischen Entgegensetzungen von Idealismus und Realismus operiert hatten, schließlich in das Synthesevokabular von "Real-Idealismus" oder "Ideal-Realismus" münden, so setzen sich darin die unterschiedlichen Akzentuierungen des bereits zuvor in unterschiedlichen Konnotationen virulenten Idealismusbegriffes (einseitig/wahr) fort.[40]

1.6 Fazit und Ausblick

Begreift man die fantastische Literatur als eine Fiktion, die die kulturell definierte Grenze dessen, was als Wirklichkeitsdarstellung fungieren kann, ebenso überschreitet wie die Grenze, die damit innerhalb einer starken Mimesis-Tradition den Produkten der literarischen Einbildungskraft gesetzt sind, und die Gesellschaft als Darstellungsgegenstand in ihrer imaginären Konstitution, dann wird deutlich, daß die fantastischen Elemente nicht als funktionslose Inseln in 'realistischen' Textumgebungen figurieren, sondern in enger Verwandschaft zu den vermeintlich 'nicht-fantastischen' Kontexten stehen, von denen diese Texte handeln.

Mit dem Aufweis einer doppelten Präsenz des Imaginären als literarischer Einbildungskraft amimetischer Fantastik und als gesellschaftlichem Imaginären, das die lebensweltlichen 'Realien' durchwirkt, ist der Rahmen der vorliegenden Arbeit bestimmt. Fantastik und Realismus sind damit nicht jene unverbundenen oder beziehungslosen Größen, als die sie auf den ersten Blick erscheinen mögen. Je ärmer die realistische Literatur an fantastischer Literatur *als Gattung*, desto reicher ist sie an bedeutungskonstitutiven Kontexten, die etwas über die *Funktion* dieses Fantastischen, seine *Zugehörigkeit* zu den Gegenständen 'mimetischer' Darstellung aussagen. In der realistischen Literatur hat daher die Fantastik umso mehr Platz, je entschiedener die imaginären An-

---

Entwicklungen und Probleme der "demokratischen Kunstform" in Deutschland, München 1987, S. 160, (Hervorhebungen im Original).
[39] Vgl. Steinecke (1987), S. 163.
[40] Angesichts der von Thormann unterschiedenen Idealismusbegriffe ist dort die Wende um 1860 wohl etwas zu scharf akzentuiert. Vgl. Thormann (1996), S. 578 ff.

teile des 'Realen' von den Programmatikern im Schlagwort *ihres* "Realismus" geleugnet werden. Mit der Fantastik schließen diese in letzter Konsequenz weit mehr aus als nicht zeitgemäße Motive oder Schreibweisen. Sie negieren den imaginären Charakter gesellschaftlicher Realitätskonstruktionen, wofür der Diskurs über die kranke Einbildungskraft, zu dessen Synonym die Fantastik wird, ein Symptom ist.

*

Im nächsten Kapitel wird dargelegt, mit welchen Begriffen und theoretischen Konzepten die Literaturwissenschaft Phänomene des Fantastischen beschreibt. Dabei kam es vor allem darauf an, die Vielfalt unterschiedlicher produktiver Konzepte und ihr wechselseitiges Verhältnis zu verdeutlichen (2). Anschließend wird, in einen kurzen Abriß der Realismus-Diskussion eingebettet, die Marginalisierung der realistischen Fantastik analysiert und auf ihre Gründe befragt. Diese bestehen vor allem in der Fixierung auf den Gattungsbegriff fantastischer Literatur, auf einen bestimmten Regelbegriff, wo Realismus als ein System von Ausschließungen begriffen wird, und schließlich in der Identifizierung von Literaturprogrammatik und literarischen Texten. Daneben gilt es, gegenüber skeptizistischen Einwänden unterschiedlicher Provenienz, eine mögliche mimetische Kompetenz der Literatur plausibel zu machen. (3) In den folgenden Kapiteln (4-7) werden dann Funktionen des Fantastischen in einzelnen Texten analysiert.

Im Kapitel zu Gottfried Kellers Novelle *Romeo und Julia auf dem Dorfe* stehen Motive der Karnevalisierung, das Verhältnis von Fantastik und Groteske und Elemente der Rousseau-Rezeption im Vordergrund. Keller beerbt Rousseaus negative Anthropologie und seine (in den Kernthesen) pessimistische Geschichtsphilosophie. Damit werden Legitimationsfiguren fraglich, die die Entrechtlichung des schwarzen Geigers fundieren. Von einer anderen Seite her nähert sich die Lektüre dem Befund Menninghausens, der die Novelle als "Kritik des Rechts" gelesen hat (4).

Für Kellers *Der Grüne Heinrich* bietet, bezogen auf das Thema der Einbildungskraft, zunächst Ludwig Feuerbachs Religionskritik einen naheliegenden Bezugspunkt, der bei näherer Betrachtung allerdings auch eine kontrastive Wirkung entfaltet. Den gesellschaftlichen Restriktionen der Einbildungskraft kommt eine andere Bedeutung zu, als in der Feuerbachschen Analyse. Weit entfernt davon, dem Feuerbachschen Ikonoklasmus poetologisch zu entsprechen, findet sich in Kellers Roman zudem nicht nur die romantische Reflexion wieder, sondern auch ein fantastischer Synkretismus möglicher Weltdeutungen und Schreibweisen, der Teleologie und Ganzheit als Kategorien des Bildungsroman-Schemas verwirft (5).

Im Mittelpunkt des Storm-Kapitels steht der *Schimmelreiter*. Hier sollen Präsenz und Techniken des Fantastischen einmal im Detail aufgewiesen werden, wobei dem Verhältnis von poetischer Motivierung und Kausalität eine besondere Bedeutung zufällt. Die im Realismuskonzept vernachlässigten *gesellschaftlichen* Phantasmen werden im Hinblick auf die Eigentümer- und Warengesellschaft untersucht. Welche Relevanz diesen Kategorien in den Stormschen Texten zukommt und wie sie auf die fantastischen Elemente beziehbar sind, soll deutlich machen, worin bei Storm der Zusammenhang von Fantastik und gesellschaftlichem Imaginärem besteht (6).

Fontanes Roman *Effi Briest* verknüpft im Motiv des spukenden Chinesen die Motive von Einbildungskraft, Angst und Unterwerfung auf gesellschaftlicher und politischer Ebene: Instettens "Angstapparat aus Kalkül" verweist auf der Ebene des Geschlechterdiskurses darauf, der Imperialismus eröffnet einen Zusammenhang politischer Dämonologie. Zu überprüfen ist, ob die Reihe Einbildungskraft/ Natur/ weiblich eine tatsächliche Reihe von Äquivalenzen bildet, oder ob der Text die damit exponierten Binarismen dekonstruiert. Wichtige Bezüge zur Fantastik bilden außerdem die Auflösung narrativer Geschlossenheit, eine Logik der Ähnlichkeit und eine Semiotik des Bildes (7).

Die Textauswahl folgt weitgehend pragmatischen Erwägungen. Einerseits sollten einige der 'prominenteren' Beispiele realistischer Fantastik vertreten sein (*Effi Briest, Schimmelreiter*), andererseits die Dominanz eines einzelnen Autors vermieden werden, weswegen die "Geisterseher" aus Kellers *Sinngedicht* nicht neben dem *Grünen Heinrich* und *Romeo und Julia auf dem Dorfe* berücksichtigt wurden, die wiederum aufgrund des Gewichts in Kellers Werk (*Der grüne Heinrich*) bzw. aufgrund der Bedeutung des Rechtsthemas (*Romeo und Julia auf dem Dorfe*) von Interesse erschienen. Die starke Präsenz des Spätrealismus (*Schimmelreiter, Effi Briest)* stellt m.E. kein methodisches

Problem dar, weil sich sowohl für die Präsenz des Fantastischen wie auch für die der dort verhandelten Themen eine Kontinuität im Werk der betreffenden Autoren nachweisen läßt.[41]

---

[41] Die Präsenz der realistischen Fantastik wird in Kapitel 3 dargelegt.

2 Zur Heterogenität der literaturwissenschaftlichen Fantastikkonzepte

2.1 Offene Fragen

Die literaturwissenschaftliche Fantastikdiskussion vermittelt auf den ersten Blick einen irritierenden Eindruck. Uneinigkeit besteht unter anderem bezüglich der Bestimmung des Phänomens selbst, der historischen Grenzen seines Vorkommens, der Gattungsgrenzen, den ideologischen Implikationen und der Abgrenzung zu verwandten Phänomenen. Das 'Fantastische' droht damit zu einem 'scheinvertrauten interpretativen Grundbegriff'[1] zu werden oder es schon zu sein.

Neben den Bestimmungen, die auf die Darstellung eines potentiell Übernatürlichen abzielen (Caillois, Todorov), wird Fantastik unter anderem als "Angstliteratur" (Freund), Darstellung okkulten Wissens (Wünsch), Literatur des Begehrens (Jackson), als Kategorie der ästhetischen Moderne (Bohrer) oder Fiktionshäresie (Lachmann) beschrieben.[2] Daneben stehen Arbeiten, die sich an bestimmten Motivtraditionen orientieren und etwa Franz Kafka vornehmlich aufgrund von Motivparallelen zur schwarzen Romantik der Fantastik zuordnen oder einzelne, über die Motivik gebildete Gattungen untersuchen, wie die Gespenstergeschichte.[3]

---

1 Vgl. Winfried Menninghaus, "'Romeo und Julia auf dem Dorfe", in: *Artistische Schrift. Studien zur Kompositionskunst Gottfried Kellers*, S. 91-144, S. 95.
2 Vgl. Roger Caillois, "Das Bild des Phantastischen. Vom Märchen bis zur Science-Fiction", in: *Phaicon* I, Frankfurt/M. 1974, S. 44-83, Tzvetan Todorov, *Einführung in die fantastische Literatur*, Frankfurt/M. 1992 (1976), Winfried Freund, "Von der Aggression zur Angst. Zur Entstehung der phantastischen Novellistik in Deutschland", in: *Phaicon* III, 1978 S. 9-31; Rosemary Jackson, *Fantasy. The literature of subversion,* Methuen London New York 1981, Karl Heinz Bohrer, *Die Kritik der Romantik,* Frankfurt 1981, Renate Lachmann, "Remarks on the Foreign (Strange) as a Figure of Cultural Ambivalence", in: *Russian Literature* 16 (1994), S. 335-346. Neben den Phaicon-Bänden und der *Einführung* Todorovs ist für die germanistische Diskussion wichtig gewesen: *Phantastik in Literatur und Kunst,* hrsg. v. C. Thomsen u. Jens Malte Fischer, Darmstadt 1980.
3 Vgl. Peter Cersowsky, *Phantastische Literatur im ersten Viertel des 20. Jahrhunderts. Kafka, Kubin, Meyrink,* München 1983, Gero v. Wilpert, *Die deutsche Gespenstergeschichte. Motiv - Form - Entwicklung,* Stuttgart 1994.

Während die meisten Autoren Aufklärung und Säkularisierung als historische Vorausetzungen der fantastischen Literatur betrachten, werden gelegentlich dem Textcorpus auch ältere Werke einverleibt, einem Text des frühen
siebzehnten Jahrhunderts gar der Rang eines Initialtextes eingeräumt. Ilse
Nolting-Hauff zitiert zustimmend Borges, der u.a. Johannes Eriugena und Al-
bertus Magnus als die "eigentlichen Meister des fantastischen Genres" bezeichnet.[4] Bei Todorov wird das Fantastische als mit lyrischen Ausdrucksformen unverträglich bezeichnet, Peter Cersowsky analysiert es hingegen in Ge-
dichten Baudelaires und Trakls.[5] Der Entwurf einer für die menschlichen Vernunft undurchsichtigen Wirklichkeit wird von Lars Gustafsson als reaktionär
eingestuft, von Rosemary Jackson dagegen als subversiv,[6] unterschiedliche
Sichtweisen, die sich in konkreten Befunden der Textlektüre fortsetzen.[7] Kontroversen lösen daneben Abgrenzungsversuche etwa zur Groteske, Utopie
oder dem magischen Realismus aus.[8]

Ich werde zu zeigen versuchen, daß die Heterogenität dieses 'Fantastischen' weniger von unaufgelösten Widersprüchen als von ungeklärten Beziehungen zwischen verschiedenen Aspekten der Phänomene zeugt, die in den

---

[4] Ilse Nolting-Hauff, "Die fantastische Erzählung als Transformation religiöser Erzählgattungen (am Beispiel von Th. Gautier, 'La Morte amoureuse'), in: *Romantik. Aufbruch zur
Moderne*, hrsg. v. Karl Maurer, München 1991, S. 73-100, S.100. Zum barocken 'Initialtext'
vgl. Hannelore Schlaffer, *Poetik der Novelle*, Stuttgart 1993, S. 207 ff. Eine ebenfalls andere
Periodisierung ergibt sich in psychoanalytischer Perspektive. Vgl. ohne explizite Verwendung des Fantastikbegriffes, die Hamletdeutung bei Niclas Abraham, "Aufzeichnungen über
das Phantom. Ergänzung zu Freuds Metapsychologie", in: *Psyche*, hrsg. v. Margarete Mitscherlich-Nielsen, 1991, S. 691-698. Aufklärung und Säkularisation setzen mit einer deutlichen Mehrheit der Forschung u.a. Caillois (S. 57-81) und Wünsch (1991, S. 15) als Voraussetzung an.
[5] Vgl. Cersowsky (1983).
[6] Vgl. Lars Gustafsson, "Über das Phantastische in der Literatur," in: *Kursbuch*, 15 (1968),
S. 104-116 und Jackson (1981).
[7] Man vergleiche etwa die *Dracula*-Lektüren von Wolfgang Schemme, "Vom literarischen
Hunger nach Horror. Eine literaturdidaktische Besinnung auf ein umstrittenes Lektürefeld",
in: *Deutschunterricht* Berlin, 49 (1996) H.12, S. 586-600, S. 592 und Kittler, siehe unten
2.3.7.
[8] Bezeichnend ist die Kapitulation vor dem Abgrenzungsproblem Fantastik/ Groteske bei
Thomas Wörtche. Vgl. Thomas Wörtche, *Fantastik und Unschlüssigkeit*, Meitingen 1987, S.
245. Zum Verhältnis zur Utopie siehe: R. Jehmlich, "Phantastik - Science Fiction - Utopie.
Begriffsgeschichte und Begriffsabgrenzung", in: *Phantastik in Literatur und Kunst*, hrsg. v.
Christian Thomsen u. Jens Malte Fischer, Darmstadt 1980, S.11-33. Zum Verhältnis von
Fantastik und Science-Fiction vgl. auch Wünsch (1991), S. 45.

diskutierten Arbeiten unterschiedlich perspektiviert werden und damit in unterschiedlichen Facetten erscheinen. Ein Defizit der Diskussion liegt darin, daß diese unterschiedlichen Ansätze und Begrifflichkeiten in ihrer Verschiedenheit und ihrem Verhältnis zueinander nicht ausreichend analysiert werden.[9] Vorherrschend ist vielmehr die Orientierung an *einem bestimmten* Begriff, der dann vorschnell für das Ganze genommen wird, oder der Streit um das richtige Konzept. Klärungen entstehen, sofern sie überhaupt vorgenommen werden, nur bezogen auf die *eigene* Verwendung des Begriffes.[10] Die Diskussion der verschiedenen Konzepte versteht sich daher nicht als additive Aneinanderreihung von Positionen eines an sich transparenten Forschungsstandes, sondern als Versuch, einander nur unzureichend berücksichtigende Forschungskontexte miteinander in Beziehung zu setzen.

Eine Hintergrundannahme der Fantastikdiskussion bildet offenbar die Vorstellung einer möglichen 'Wesensbestimmung', wie der Streit um die richtige Definition zeigt, der etwa bezüglich der Existenz der modernen oder der okkulten Fantastik geführt wird.[11] Ohne in einem platonisierenden Vokabular ausgetragen zu werden, beruht er auf irrigen semantischen und erkenntnistheoretischen Implikationen, denenzufolge das Phänomen des Fantastischen ein

---

9 Ansätze zu einer nicht lediglich historischen Typologie finden sich bei: Renate Lachmann, "Exkurs: Anmerkungen zur Phantastik," in: *Einführung in die Literaturwissenschaft*, hrsg. v. Miltos Pechlivanos u.a., Stuttgart 1995, S. 224-229.

10 So - besonders präzise - bei Marianne Wünsch, *Die fantastische Literatur der frühen Moderne* (1890-1930), *Definition - denkgeschichtlicher Kontext - Strukturen*, München 1991 (eine Zusammenfassung findet sich ebda., S. 65-68).

11 Zum Okkulten vgl. Marianne Wünsch, *Die fantastische Literatur der frühen Moderne*, und die diesbezügliche Rezension von Winfried Freund in *Germanistik*, 32, 1991 (5955). Die Autorin, so heißt es dort, "ignoriert und verharmlost die von E.T.A. Hoffmann bis zu Kubin immer wieder phantastisch gestaltete irritierende Verfremdung des Vertrauten als Ausdruck tiefer Orientierungskrisen." Fantastische Literatur sei "keine Literatur des Erklärens, sondern der Angst." Cersowsky beansprucht, Todorovs definitorischen Ausschluß der modernen Fantastik "widerlegt" zu haben, obwohl er zuvor implizit einräumte, daß seine Untersuchungen einen anderen Fantastik*begriff* zugrundelegen. Zunächst heißt es: "Zumindest Präsenz und Ausprägung der erwähnten Bereiche evozieren Unschlüssigkeit in der Tat nicht. Allerdings rechtfertigt dies keineswegs, Kafka, wie es bei Todorov geschieht, die Zugehörigkeit zur phantastischen Literatur abzusprechen." Und dann: "Todorovs These vom Ende der phantastischen Literatur im 20. Jahrhundert wird freilich durch unsere Textbeispiele widerlegt". Cersowsky (1983), S. 268f. Zum Verhältnis von Moderne und Fantastik bei Todorov vgl. ders., (1976), S. 140-156. Vgl. dazu auch die Polemik bei S. Lem, "Tzvetan Todorovs Theorie des Phantastischen", in: *Phaicon* I, S. 92-122.

jeglicher Bestimmung vorgängiges sei (a), alle in dieser Weise klassifizierten Phänomene sprachlich über einen Bedeutungskern miteinander zusammenhingen (b), und die Differenz von Definition und Interpretation bzw. die eines Textelementes zu seinen Funktionalisierungen vernachlässigt werden könnte (c). Auch wenn diese Annahmen gewöhnlich nicht explizit vorgetragen werden, müssen sie dem Streit um die richtige Definition der Sache nach zugrunde liegen, da er sonst nicht ausgetragen werden könnte.

Wenn im anschließenden Absatz die Unhaltbarkeit dieser Annahmen zu zeigen versucht wird, dann nicht um eine in den Konsequenzen folgenlose methodische Metareflexion zu betreiben, sondern weil der sinnlose Streit um die richtige Bestimmung und der vollständige Verzicht auf eine solche zwei Seiten derselben Medaille darstellen. Die Orientierung an einer möglichen Wesensbestimmung hat unspezifizierte Begriffsverwendungen zur Folge, die von *dem* Fantastischen reden, im Vertrauen darauf, daß es eben nur eines gibt[12], und auch die resignative Geste der Kapitulation vor dem Bestimmungsproblem hängt mit der Fixierung auf den einen, identischen Sinn zusammen; die Einsicht in die Unmöglichkeit einer *alle* Fälle abdeckenden Definition führt dann dazu, auch die *besonderen* Verwendungen des Begriffes nicht mehr offenzulegen und in ihrem Verhältnis zu anderen Verwendungen zu analysieren.[13] Auf ein Beispiel Wittgensteins übertragen - daß wir "Spiel" nicht definieren können, muß uns nicht davon abhalten im Bedarfsfall jene Formen von Spielen näher zu bestimmen, aus denen sich der Familienähnlichkeitsbegriff "Spiel" zusammensetzt, also etwa Wettkampfspiele, Glücksspiele, Schauspiel etc, und diese dann zu systematisieren oder in die Form einer Typologie zu bringen. Dies soll hier nicht im umfassenden Sinne geschehen, sondern eher in exemplarischer Weise, indem verschiedene Konzepte, insbesondere solche, die für die vorliegende Arbeit von Bedeutung sind, in ihrem Verhältnis zueinander beschrieben werden.

---

12 Vgl. den Umgang mit dem Begriff bei Bohrer (1989), s.u. 2.3.4.
13 Eine besondere Variante der Kapitulation vor dem Bestimmungsproblem ist die rein additive Aneinanderreihung disparater Begriffe, die aber alle angeblich auf dasselbe Phänomen Anwendung finden sollen. Vgl. Theo Loosli, *Fabulierlust und Defiguration. 'Phantastische' Spiele der Einbildungskraft im Prosawerk Gottfried Kellers*, Bern 1991, S.37 ff.

2.2 Begrifflich-methodische Vorbemerkungen:

a) Eine Bestimmung des Fantastischen kann niemals nachvollziehen, was die fantastischen Texte als Gemeinsames schon vor jeglicher Bestimmung ausgezeichnet hätte, weil es ein Corpus fantastischer Texte unabhängig von einem Begriff, der es zu einem solchen macht, nicht gibt. Erst über den Begriffsinhalt konstituiert sich der Begriffsumfang als Textgruppe, so daß die Bestimmung nicht an einem vorgängigen Textcorpus einfach abgelesen werden kann.[14] Das Fantastische begrifflich zu bestimmen und dann an den Texten aufzuweisen, wie etwa Todorov dies zu tun versucht, ist daher ein ebenso sinnvolles, wie notwendig zirkuläres Verfahren, jedoch kann daraus keine "normative Definition" hervorgehen, wie es in der Todorov-Rezeption bisweilen heißt.[15]

Um dies zu konstatieren, bedarf es keines radikal-konstruktivistischen Erkenntnismodells. Auch wenn etwa das Element der Unschlüssigkeit hinsichtlich der Natürlichkeit oder Übernatürlichkeit eines Phänomens als ein der begrifflichen Bestimmung vorgängiges aufgefaßt werden mag, so kann dies nicht im gleichen Sinne für das Relevanzgefüge gelten, das den Text auf diesen Punkt hin zentriert und das gleichzeitig, im Unterschied zu alternativen Zuordnungsprinzipien, etwa dem des Horrors, als Klassifikationsprinzip der Texte fungiert.[16] Das Textgruppenproblem ergibt sich also auch bei einer 'gemäßigt' konstruktivistischen Position, wie sie der vorliegenden Arbeit zugrunde liegt.

b) Eine Fantastikbestimmung kann, da sie als Wesensbestimmung unmöglich ist, nur ein Vorschlag zur Begriffsverwendung und als solcher nicht richtig oder falsch, sondern allenfalls mehr oder weniger fruchtbar oder ergiebig sein.[17] Diese Einsicht mündet nicht in einen linguistischen Relativismus, son-

---

14 Auf das Textgruppenproblem, das bereits in Hempfers Gattungstheorie behandelt wird, weist in der Diskussion lediglich Wörtche (1984) hin. Vgl. Klaus W. Hempfer, *Gattungstheorie. Information und Synthese*, München 1973, S.134. Vgl. Wörtche (1987), S.35 f.
15 Cersowsky (1983), S. 28.
16 Vgl. Hans Richard Brittnacher, *Ästhetik des Horrors*, Frankfurt 1994.
17 Entweder ist, um ein Beispiel zu wählen, die moderne Fantastik eine Fantastik im Sinne Todorovs. Dann ist ihre Existenz kein Einwand gegen seine Begrifflichkeit, sondern nur gegen eine unzulässige Beschränkung ihrer Anwendung. Oder sie ist Fantastik in einem an-

dern in die Annahme einer *Pluralität sinnvoller Fantastikbegriffe*, die über Ähnlichkeitsbeziehungen vernetzt sind, ohne einen gemeinsamen Bedeutungskern aufweisen zu müssen. Die Konzepte, mit denen eine entsprechende Vernetzung gewöhnlich beschrieben werden, sind die der "Familienähnlichkeit" und des "Rhizoms".[18] Wo es einen semantischen Bedeutungskern nicht gibt, kann es auch ein Wesen des Fantastischen nicht geben. Auf "das" Fantastische oder "die" Fantastik kann man sich daher nicht als vertraute Grundbegriffe beziehen. Diese Begriffe bedürfen der Kontextualisierung im Rahmen von Textanalysen oder der begrifflichen Spezifizierung. Definitionsversuche wie der Todorovsche sollten daher als sinnvolle und notwendige Bestimmungen von *Teilbereichen* dessen angesehen werden, was als vernetzte Struktur im Rahmen unterschiedlicher methodischer Konzepte und Erkenntnisinteressen innerhalb der Literaturwissenschaft unter dem Stichwort "Fantastik" perspektiviert wird, als Definitionen, die in einen offenen Bedeutungshorizont anderer sinnvoller Verwendungen eingebettet zu denken sind.

c) Daß nicht alle Texte, die jenseits der Todorovschen Perspektive als fantastische gelesen werden, Unschlüssigkeit produzieren, bedeutet nicht, daß Unschlüssigkeit in den Texten, in denen sie erscheint, nicht ein zentrales Element sein kann. Entsprechendes gilt für die zentralen Begriffe der anderen Konzepte. Fakultative Merkmale einer Definition, die z.B. die Bestimmungen Todorovs und Caillois zusammenfaßt, können zentrale Elemente der Interpretation sein. Hieraus ergibt sich ein weiteres Argument gegen die Möglichkeit einer Wesensbestimmung, die das entsprechende Phänomen ja nicht nur als der begrifflichen Bestimmung *vorgängiges* und im semantischen Bedeutungskern *identisches* voraussetzen, sondern auch bestrebt sein muß, in der Bestimmung das *Wesentliche* des Phänomens festzuhalten. Wenn sich nun aber zeigt, daß das Wesentliche in manchen Texten das definitionstheoretisch Marginale und nicht der Bedeutungskern ist, den es für einen Teilbereich, also auf einer be-

---

deren Wortsinne, dann ist auch dies kein Einwand gegen die Todorovsche Terminologie, denn daß moderne Texte in einem anderen als dem Todorovschen Sinne fantastische sind, stellt keinen Einwand dagegen dar, daß sie es in Todorovs Sinne nicht sind.
18 Beide Konzepte zu verbinden versucht Wolgang Welsch, *Vernunft. Die zeitgenössische Vernunftkritik und das Konzept der transversalen Vernunft*, Frankfurt/M. 1994, zum Rhizom vgl. S.365 f., zur Familienähnlichkeit, S. 403 ff.

stimmten Stufe der Begriffsbildung gibt, dann kann die Definition nicht das für die Bestimmung des Phänomens Wesentliche bereits enthalten. Es handelt sich um das Verhältnis von Allgemeinem (als Gegenstand einer Definition oder Wesensbestimmung) und Besonderem (als Gegenstand der Textinterpretation) und der Unmöglichkeit, das Besondere im Allgemeinen als adäquat enthalten zu denken.[19]

Auch dort, wo ein bestimmtes Textelement als Bedeutungskern eines Teilbereiches fungiert, muß es im übrigen durchaus keine identische Bedeutung bewahren, weil diese unterschiedlich funktionalisierbar ist. Bei Todorov steht 'Unschlüssigkeit' im Zusammenhang kognitiver Verunsicherung. In anderen Fällen wurde die Begegnung mit dem 'Übernatürlichen' bislang unbekannter physikalischer Phänomene (Elektrizität, Fotographie) als Hinweis auf eine höhere oder ursprünglichere Ordnung verstanden.[20] Das kognitive Irritationspotential, das Todorov der Unschlüssigkeit zuschreibt, gehört diesem Element nicht auf 'natürliche' Weise an. Unschlüssigkeit begegnet auch in Storms Chroniknovelle *Zur Chronik von Grieshuus*, etwa bezogen auf die Prophezeiungen Mattens. Doch diese begleiten den Gang der Handlung, ohne daß in diesem Fall eine andere Funktion erkennbar wäre, als ein Ambiente vergangener Zeiten zu erzeugen und damit illusionistische Effekte zu erzielen. Für eine kognitive Irritation des Lesers gibt es im Text außer einer rein sche-

---

19 Die für diesen Abschnitt maßgebliche Argumentation hat Gottfried Gabriel in seiner Auseinandersetzung mit Harald Fricke wie folgt zum Ausdruck gebracht: "Man wird es (Fruchtbarkeit als Kriterium gelungener Explikation, G.R.) für diese (und andere hermeneutische) Wissenschaften dahingehend umformulieren können, daß Explikationen ihre Aussagekraft gerade umgekehrt, nicht im Allgemeinen, sondern im Besonderen, in Analysen (Interpretationen) einzelner Texte zu erweisen haben, indem sie relevante Unterschiede und Ähnlichkeiten im Gegenstandsbereich zu formulieren ermöglichen. Bedeuten kann das aber nicht, daß sie als terminologische Vorschläge für die Einzelanalyse verbindlich wären. (...) Als Folgerung ergibt sich, daß wir Explikationen in der Literaturwissenschaft nicht nach Carnaps Muster für die exakten Wissenschaften so verstehen sollten, daß das Explikandum ausschließlich im Sinne des Explikats zu verwenden ist. Weil es in der Literaturwissenschaft nicht um die Ableitung allgemeiner Sätze, sondern um die Analyse besonderer Texte geht, muß eine lokal abweichende Terminologie legitim sein." Gottfried Gabriel, "Wie klar und deutlich soll Terminologie sein?", in: *Zur Terminologie der Literaturwissenschaften*, hrsg. v. Christian Wagenknecht, Paderborn 1988, S. 24-34, S. 33.

20 So bei Schopenhauer und Turgenev. Dies beschreibt: Renate Lachmann, *Phantomlust und Stereoskopie. Zu einer Erzählung aus dem Spätwerk Ivan Turgenevs*, in: *Mimesis und Simulation*, hrsg. v. Andreas Kablitz u. Gerhard Neumann, Freiburg im Breisgau 1998 (b), S. 479-514, S. 486 f.

matisch identifizierbaren Unschlüssigkeit keinen Anhaltspunkt: keine Per-
spektivfigur, keine expliziten Zweifel und Diskussionen, keine Erzählerkon-
kurrenz, keine Massierung der entsprechenden Elemente (was die letzten drei
Aspekte betrifft, im Unterschied zum *Schimmelreiter*).

Daß Textelemente nicht als isolierbare Größen ihre Bedeutung erhalten,
ist bekanntlich ein Wissensbestand der Hermeneutik ebenso wie des Strukturalismus, ohne daß die praktischen Konsequenzen dieser Tatsache immer hinreichend berücksichtigt würden. Unübersehbar ist der beschriebene Sachverhalt bezüglich der fantastischen Motivik; was eine literarische Figur zu einem
"Gespenst" macht, läßt sich definieren, dennoch sind Gespenster in literarischen Texten unterschiedlich funktionalisierbar, z.B. im Rahmen einer Parodie, wie in Raabes *Vom alten Protheus*. Also variiert die Bedeutung des defi-
nierbaren Elementes durch die Relationen, die es zu anderen Textelementen,
dem Textganzen oder der Gattung unterhält. Was die Definition über ein solches Element aussagt, ist daher semantisch nur der 'kleinste gemeinsame Nen-
ner' der in ihrer Unterschiedlichkeit interessierenden Bedeutungen. Im weiteren soll versucht werden, die Vielfalt und Eigenständigkeit der Fantastikkon-
zepte in Form wechselseitiger produktiver Abweichungen zur Geltung zu
bringen.

2.3   Fantastikkonzepte

2.3.1 Fantastik als 'Hésitation' (Todorov) und 'Rupture' (Caillois)

Die geläufigsten Verwendungen des Fantastikbegriffes setzen die krisenhafte
Begegnung mit einem eingebildeten oder realen Übernatürlichen voraus, wie
es die Konzepte von Caillois und Todorov vorsehen. Notwendig ist demnach
eine als bedrohlich erfahrene Dualität zweier konfligierender Wirklichkeiten,
ob als zumindest zeitweise notwendige Annahme (Todorov) oder als unbe-
zweifelbares Faktum (Caillois). Die meisten Texte dieser Gruppe weisen jene
diskontinuierliche Struktur auf, die Caillois dem Fantastischen beimißt, wenn
er es als "einen Riß, einen befremdenden, fast unerträglichen Einbruch in die
wirkliche Welt" beschreibt[21] und damit einen Zustand der vertrauten Norma-

---

[21] Roger Caillos (1974), S. 45.

lität dem Einbruch des Fremden vorangehen läßt. Entsprechend erfordert auch für Louis Vax das Fantastische "den Einbruch eines übernatürlichen Ereignisses in eine von der Vernunft regierte Welt". Fantastik in diesem Sinne ist an Narration, Fiktion und Illusionismus gebunden.[22]

Unschlüssigkeit ("Hésitation") bildet gegenüber dem Riß ("Rupture") bei Caillois das konstitutive Merkmal der Todorovschen Fantastik. Diese muß den Leser "unschlüssig werden lassen angesichts der Frage, ob die evozierten Ereignisse einer natürlichen oder einer übernatürlichen Erklärung bedürfen."[23] Damit unterscheide sie sich einerseits vom "Wunderbaren", das die Existenz des Übernatürlichen als selbstverständlich nimmt (etwa im Märchen), andererseits vom "Unheimlichen", bei dem sich die Unschlüssigkeit zugunsten einer natürlichen Erklärung am Ende auflöst, wie in Edgar Allan Poes *Der Untergang des Hauses Usher.*

Die Bedeutung, die damit für *jeden* möglichen Kandidaten eines fantastischen Textes dem Ende der Erzählung zufällt, erscheint in dieser Generalisierung wenig aussagekräftig und ist oft kritisiert worden.[24] Die Relevanz des Unschlüssigkeitskriteriums und der Unterscheidungsfunktionen, die es bei Todorov ermöglicht, muß aber nicht notwendigerweise an die Form des Erzählendes als ausschlaggebendem Aspekt geknüpft werden. Das Ende der Erzählung *kann* für die Einordnung wesentlich sein, auch wenn es wenig fruchtbar erscheint, alle Texte mit gleichem Ende zu einer Gruppe zu vereinen.[25]

---

22 Vgl. den Ausschluß von "Poesie" und "Allegorie" bei Todorov (1976), S. 32 u. 55-68. Louis Vax, "Die Phantastik", in: *Phaicon* I, Frankfurt/M. 1974, S.11-43, S. 17.

23 Todorov (1976), S. 33.

24 Vgl. Wünsch (1991), S.49 ff.

25 So weisen beispielsweise fast alle gothic novels der Ann Radcliffe am Ende eine rationale Erklärung auf, ohne daß sie damit freilich eine Transformation der Geheimniskategorie in die des Rätsels vornähmen oder Prinzipien detektorischer Rationalität (Poe) oder gelingender "Spurensuche" (Doyle) affirmierten. Es wäre offensichtlich abwegig, alle Texte, die von ihrem Ende her mit Todorov als unheimlich zu klassifizieren wären, in dasselbe Verhältnis zum Todorovschen Fantastischen bringen zu wollen, wie Todorov selbst dies beabsichtigte. Vgl. Carlo Ginzburg, "Spurensicherung. Der Jäger entziffert die Fährte, Sherlock Holmes nimmt die Lupe, Freud liest Morelli, Die Wissenschaftler auf der Suche nach sich selbst," in *Freibeuter*, 1980 Nr. 3, S.7-17 und Nr. 4, S. 11-36. Eine Kritik an Radcliffes "ärgerlicher Gewohnheit", "ihren Gespenstern am Schluß durch forcierte rationale Erklärungen den Garaus zu machen", trug bereits Lovecraft vor, der zugleich die Irrelevanz dieses Endes akzentuierte für das, was Besonderheit und Reiz der Texte ausmachte. Vgl. H.P. Lovecraft, *Die Literatur der Angst. Zur Geschichte der Phantastik*, Frankfurt/M. 1995 (Orig. 1927).

Obwohl das Unschlüssigkeitskriterium, von Vagheiten des bei Todorov als invariant unterstellten Wirklichkeitsbegriffes abgesehen,[26] eine klare Definition ermöglicht, können sich Zuschreibungsprobleme ergeben. Dies bleibt unbemerkt, solange man nur solche Beispiele behandelt, in denen die von Todorov als fakultativ eingestuften Vermittlungsinstanzen der Unschlüssigkeit bereitstehen.[27] Betrachtet man eine andere Klasse von Texten, die durch Kleists *Bettelweib von Locarno* und Gotthelfs *Die schwarze Spinne* repräsentiert sein mögen, so hängt das Vorliegen einer Unschlüssigkeit über die Natur der Wirklichkeit davon ab, wie die Erinnerungszeichen *gedeutet* werden. Dies betrifft jene Relikte der Vergangenheit, die wie die weißen Gebeine bei Kleist und das schwarze Holz bei Gotthelf, den einzigen *unbezweifelbaren* Realitätsgrund der mündlichen Erzähltradition bilden und die auf diese Weise die differente Zeitstruktur akzentuieren, die bezüglich der Ereignisse und ihrer Mitteilung besteht. Indem diese Zeichen jenseits der Narration zu stummen Zeugnissen eines aus ihnen selbst nicht entschlüsselbaren Geschehens werden, rükken sie die *Erzählungen* der Geschehnisse ihrerseits in die Nähe von Deutungen der mündlichen Überlieferung. Diese werden damit auch als "Gerüchte" (Kleist) lesbar, die die ebenso unübersehbaren wie unbestimmten Zeichen, in denen die Vergangenheit sich unlesbar dokumentiert, mit Bedeutung auffüllen.[28] *Ob* man den stummen Zeugen, die neben die Erzähler treten, und der differenten Zeitstruktur die genannte Bedeutung zuspricht und Unschlüssigkeit erzeugen läßt, ist offenbar in einem anderen Sinne eine Frage der Inter-

---

[26] In der Epoche des Realismus war etwa der Glaube an das zweite Gesicht oder den Spuk noch recht weit verbreitet, so daß bestimmte Formen des Übernatürlichen dann durchaus der Wirklichkeit im Unterschied zur Einbildung, zuzurechnen waren, vgl. K.F. Boll, "Spuk, Ahnungen und Gesichte bei Theodor Storm", in: *Schriften der Theodor Storm Gesellschaft*, 9 (1960), S. 9-23 und Rudolf Helmstetter, *Die Geburt des Realismus aus dem Dunst des Familienblattes. Fontane und die öffentlichkeitsgeschichtlichen Rahmenbedingungen des Poetischen Realismus*, München 1998, S. 202 (Anm. 265).
[27] Eine fakultative Vermittlungsinstanz besteht in der "Identifikationsregel", einer durch die Erzählperspektive bedingten Unausweichlichkeit, sich als Leser mit einer fiktiven Figur zu identifizieren, durch die die Unschlüssigkeit zur Darstellung gelangt. Vgl. Todorov (1976), S. 31 f.
[28] Eine solche Lesart ist nicht möglich, wo der Erzähler sich für die Wahrheit des Geschehenen *als Zeuge* verbürgt und die Zeit im Bezug zum Vergangenen sich nicht als differente Struktur geltend macht wie in Schillers *Die Geisterseher*.

pretation als die Diagnose von Unschlüssigkeit in den Todorovschen Beispielen - das Unschlüssigkeitskriterium ist nicht "extensional präzis".[29]

Ein anderes Problem betrifft Möglichkeiten der Mischung des bei Todorov begrifflich Getrennten. Beim Wunderbaren wird die Existenz des Übernatürlichen als selbstverständlich genommen, bei der Fantastik wird sie zum Gegenstand des Staunens und Zweifelns. Doch in Chamissos *Peter Schlemihls wundersame Geschichte* wird genau dieser Unterschied thematisch relevant. Gerade daß die Gäste des Herrn John nicht im geringsten verwundert sind, als der "Graue" nacheinander ein Pflaster, ein Fernrohr, einen Teppich, ein Zelt und drei Reitpferde aus seiner Rocktasche hervorzaubert, erweckt das Grauen Schlemihls und bewirkt seine Flucht.[30]

Eine Präzisierung des diesen Fantastikbestimmungen zugrunde liegenden Realitätsbegriffes hat Marianne Wünsch vorgelegt.[31] Sie unterscheidet dabei sozialphilosophische von fundamentalontologischen Basispostulaten. Weitere Aspekte betreffen die Form der Gesetzmäßigkeitsannahmen, ihre Hierarchisierung und die Unterscheidung der quantitativen Realitätsinkompatibilität, die in Groteske oder Satire begegnet (dem "hyberbolischen Wunderbaren" bei Todorov), von der qualitativen Realitätsinkompatibilität. Caillois "Riß" und Todorovs "Unschlüssigkeit" beziehen sich demnach, wie sich im Anschluß an Wünsch sagen ließe, auf eine Realitätsinkompatibilität, die

---

29 Vgl. Werner Strube, "Sprachanalytisch-philosophische Typologie literaturwissenschaftlicher Begriffe", in: *Zur Terminologie der Literaturwissenschaften*, hrsg. v. Christian Wagenknecht, Paderborn 1988, S. 35-49, S. 37 (als Beispiel für einen extensional präzis definierten Begriff dient die Trochäus). Eingliederbar ist die Todorovsche Fantastik einer historischen Stufenfolge, wie sie sich etwa (in diesem Fall viergliedrig) in Ziolkowskis *Disenchanted Images* beschrieben findet (S. 230, 233). Einer Phase konventioneller Akzeptanz von Motiven des Übernatürlichen folgte demnach die Todorovsche Unschlüssigkeit. Am Ende des neunzehnten Jahrhunderts stand die konseqeunte Psychologisierung des Motivs und schließlich eine literarische Form, "where the marvelous can still be taken literally" (233). Die 'wissenschaftlichen' Erklärungen des Fantastischen unterschied demzufolge die Autoren der 30er und 40er Jahre des 19. Jahrhunderts von den Vertretern der gothic novel und schufen damit die Voraussetzung für die Fantastik i.S. Todorovs (241). Theodore Ziolkowski, *Disenchanted Images*, Princeton, New York, 1977. Bei Rosemary Jackson folgen den "'marvelous' works" die "'uncanny' stories", vgl. Jackson (1981), S. 24.

30 Vom Zelt heißt es: "Die jungen Herren halfen es ausspannen, und es überhing die ganze Ausspannung des Teppichs - und keiner fand noch etwas Außerordentliches darin. - Mir war schon lang unheimlich, ja graulich zumute;" Adelbert von Chamisso, *Peter Schlemihls wundersame Geschichte*, Stuttgart 1993, S. 20.

31 Wünsch (1991).

fundamentalontologische Basispostulate einer hohen hierarchischen Ordnungsstufe verletzt, wobei diese Basispostulate ihrerseits historisch und kulturell differieren.[32]

*

Als systematisch belangvoll für die weitere Entwicklung der Reflexion über das Fantastische haben sich dann einige von Todorov ausgeblendete Aspekte erwiesen. So begegnet nirgendwo in der fantastischen Literatur, auch nicht in den Beispielen von Caillois und Todorov, ein vom praktischen Lebensvollzug abgehobenes Erkenntnissubjekt mit ontologischen Zweifeln. Die von Nietzsche so nachhaltig kritisierte Illusion des "theoretischen Menschen", der sich in abendländisch-philosophischer Tradition dem Objekt Welt als nicht involvierter Zuschauer gegenüber zu setzen sucht, ein offensichtlich auch bei Todorov noch virulentes Leitbild, wird in der fantastischen Literatur gerade negiert. Hier wird die Erfahrung leiblicher Existenz zu einem der zentralen Themen im Zusammenhang mit Gewalt, körperlicher Verletzung, Todesnähe, Sexualität, Monstrosität, der leiblichen Ungeschiedenheit von Leben und Tod etc.

Fantastik als "Angstliteratur", als Wiederkehr des Verdrängten und Tabuisierten oder als Symptom von Identitätsbeschädigungen jenseits der Verengung auf die kognitive Krise der Unschlüssigkeit wurde in verschiedenen Ansätzen thematisiert, darunter dem sozialpsychologischen Lektüremodell (2.3.2), der Perspektivierung der Fantastik als Horror (2.3.3) oder im Rahmen ästhetischer Modernekonzepte (2.3.4).

---

32 Vgl. Wünsch (1991), S. 18 ff. Ein "Nichtempirisches, das als Empirisches erscheint", kann somit vieles, muß aber, im Unterschied zu Adornos Bestimmung, nicht etwas Fantastisches sein. Vgl. Theodor W. Adorno, *Ästhetische Theorie*, Frankfurt/M. 1973, S.36. Dasselbe gilt für den "Riß", den Einbruch des Fremden in die vertraute Welt. Dahinter können sich der plötzliche Ausbruch einer Seuche (Camus, *Die Pest*) ein Erdbeben (Kleist, *Ein Erdbeben in Chili*) oder vielerlei andere natürliche Phänomene verbergen, die in literarische Texte Eingang gefunden haben, welche niemandem jemals in den Sinn kam, als fantastische zu bezeichnen.

2.3.2 Sozialpsychologische Ansätze

Das sozialpsychologische Erklärungsmodell hat in der Germanistik vor allem Winfried Freund für eine Lektüre der fantastischen Literatur fruchtbar gemacht, teilweise deckt es sich mit psychoanalytisch orientierten Ansätzen.[33] Demnach haben in dem restaurativen Milieu nach 1815 Angst und Aggression als nach innen bzw. außen gerichtete destruktive Kräfte die Überhand gewonnen gegenüber utopischem Denken und einer Emanzipation der Phantasie als "Ästhetik des Vorscheins" im Sinne Blochs. Einer kritischen Literatur, die nicht wie die Trivialerzeugnisse bloßes Opiat sein will, falle in dieser historischen Situation die Funktion zu, die gesellschaftliche Beschädigung des Subjektes zu bezeugen, was vornehmlich in der fantastischen Literatur geschehe. Die Motive des künstlichen Menschen und des Augenraubes in E.T.A. Hoffmanns *Der Sandmann* oder das Doppelgängermotiv in *Die Elixiere des Teufels* verweisen demnach auf eine Bedrohung der Identität durch den Anpassungsdruck der gesellschaftlichen Umwelt. Fantastische Literatur gestaltet bei Freund "die Selbstentfremdung des Menschen in einer zunehmend fremdbestimmten Welt"[34] und erfüllt damit als Kritik eine Komplementärfunktion zur Utopie.

Später ließ Freund die Gattungsdifferenz zwischen Utopie und Fantastik ganz in der Perspektive des historischen Wandels der fantastischen Literatur selbst aufgehen. Einer frühen evasiven Funktion, die in der Romantik die Befreiung der Phantasie und die Sehnsucht nach Weite und Entgrenzung positiviert und nun von Tieck bis Hoffmann reicht,[35] folgt die biedermeierliche Dämonisierung der Phantasie in Eichendorffs *Marmorbild*. Die Fantastik wird affirmativ, eine regressive Funktion löst somit eine emanzipatorische ab.

---

33 Für das folgende vgl. Winfried Freund, "Phantasie, Aggression und Angst - Ansätze zu einer Sozialpsychologie der neueren deutschen Literatur", in: *Sprachkunst* 11 (1980), S. 87-100. Vgl. auch ders. (1978) und Jackson (1981), S. 1-10. Jackson spricht allerdings von einer kompensatorischen (1981, S. 180), Freund, zumindest bezogen auf die romantische Fantastik, von einer utopischen Funktion.

34 A.a.O., S. 98.

35 Vgl. Winfried Freund, *Literarische Phantastik. Die phantastische Novelle von Tieck bis Storm*, Stuttgart, Berlin, Köln 1990, S. 110.

2.3.3 Fantastik und Horror

Indem Hans Richard Brittnacher die Fantastik dem Horror zurechnet, will er sie aus einer irreführenden Nähe zu Wunderbarem und Märchen lösen, in der sie sich als Nachbarbegriff bei Todorov gestellt sehe, um sie im Umkreis der Sage zu verorten.[36] Die Motive und Themen des Fantastischen lösen Brittnacher zufolge auf gewaltsame Weise das ein, was die Gesellschaft als Begehren, Erfahrung oder Wissen tabuisiert. Der Vampirismus realisiert Sexualität ohne Liebe, die Monstren karikieren den christlichen Glauben an den Menschen als Evolutionsbruch, der künstliche Mensch entlarvt Fortschrittsglauben und Wissenschaft als dämonische Machtversessenheit Einzelner und als Versklavung des Kollektivs.[37] Im Satanismus werden negativ besetzte Phänomene wie Natur, Sinnlichkeit, Weiblichkeit, Eros und Gewalt "liturgisch aufgewertet".[38]

Insofern sich die Fantastik weitgehend in die Nische der Trivialliteratur zurückzieht, beweist diese, in Umkehrung zu der Auffassung Freunds, der sie als bloßes Opiat den kritischen oder utopischen Appellfunktionen gegenübergestellt hatte, ihre im Vergleich zur Hochliteratur größere diagnostische Qualität und Authentizität, da sie "der Unberechenbarkeit des Unglücks und der Kreatürlichkeit des Leidens die Treue halten wollte", und diese nicht dem "Zwangsoptimismus der neuen Zeit" zu opfern bereit war. Genau dies vermochte die Trivialliteratur nur, indem sie die bildungsbürgerliche Ästhetik desavouierte.

> "Die Nähe der Phantastik zu Blut, Sex und Tod zeigt nicht nur ihr Mißtrauen gegen die sublimierende Deutungskultur der bürgerlichen Gesellschaft, sondern auch ihre Sympathie mit dem an der Moderne verzweifelten Menschen. Seinen Ängsten, die in der bildungsbürgerlichen Ästhetik nicht einmal zur Darstellung gelangen, verhilft sie mit eigentümlich tröstenden archaischen Bildern zum Ausdruck."[39]

---

[36] Vgl. Hans Richard Brittnacher (1994), S. 13.

[37] Vgl. a.a.O., S. 318 ff.

[38] A.a.O., S. 319.

[39] Brittnacher, a.a.O. S. 7 f. Wenn Brittnacher den Wert der Fantastik gerade nicht in der Affinität zum Märchen, sondern in der Nähe zur Sage verortete, nicht also im romantisch-Wunderbaren, in dem Freund (1990) das emanzipatorische Potential angelegt sah, so dürfte der Dissens kaum auf der Grundlage der literarischen Texte allein austragbar sein. Er wurzelt

Brittnacher will daher die Fantastik im Rahmen einer "Ästhetik des schlechten Geschmacks" rehabilitieren und wirft den "französischen Theoretikern" vor, "das Anstößige, Erregende, Häßliche und Schamlose"[40] durch die Beispielwahl und seine Perspektivierung unterschlagen zu haben.

Dementsprechend zeichnet sich die Fantastik bei Brittnacher durch eine Art Widerstandspotential gegenüber den Heilsversprechen der säkularisierten modernen Welt aus, besitzt sie doch die Funktion, "Mißtrauen gegen jene Deutungskultur ein(zu)üben, die auf verzögerte Bedürfnisbefriedigung, langfristige Handlungsplanung und 'heroische Wertverwirklichung' (Max Weber) angelegt ist."[41]

---

in unterschiedlichen Gesellschafts- und Geschichtsmodellen, von denen das Freundsche die Nähe von (romantischer) Literatur und Utopie positiviert, während bei Brittnacher ein nach-utopisches Denken sich auf die Suche nach Spuren eines gesellschaftlich deformierten Begehrens begibt. Präsenz oder Abwesenheit utopischer Perspektiven mag sich an den Texten nachweisen lassen, nicht aber die Bedeutung, die diesem Phänomen in den jeweiligen Analysen zuerkannt wird.

40 Brittnacher (1994), S. 11 u. 17. Den Legitimationsdruck, der auf der Beschäftigung mit der Fantastik als Horror lastet, macht Schemme (1996) zum Ausgangspunkt seiner Überlegungen.

41 A.a.O., S. 324. Widersprüchlich wird Brittnachers Anliegen, wenn er sich einerseits an der "Aufwertung der Phantastik zu einem verqueren Nonkonformismus," stößt, die eine "Ausblutung ihres Gegenstandes" (S. 19 f.) zur Folge habe und damit u.a. Metzners Aussage meint, nur die phantastische Literatur ermögliche noch die "Wiederkehr des verrückten Sprechens in einer Gesellschaft der dekretierten Normalität", andererseits aber hervorhebt, daß die Fantastik "verdrängte, ausgegrenzte und tabuisierte Seiten (der Moderne, G.R.) zur Darstellung bringt, das Böse, das Wahnsinnige und das Häßliche", und daß sich dadurch "wesentliche Aufschlüsse zur Kultur- und Sozialgeschichte der Moderne gewinnen" ließen (S. 22). Welchen systematisch neuen Wert der Rekurs auf eine Ästhetik des Häßlichen innerhalb einer Kulturanalyse dann gegenüber den an Foucault anschließenden Arbeiten beanspruchen soll, wird nicht recht klar. Auch läßt sich die Textgruppe der fantastischen "Ästhetik des schlechten Geschmacks" nicht ohne weiteres über die Motivik allein erfassen, wie es der Aufbau der Arbeit nahelegt, die in Kapiteln zu Gespenst, Vampir, Monstrum, Teufel und künstlicher Mensch gegliedert ist. Damit hängt zusammen, daß Definitionsmerkmale des Fantastischen wie "blutrünstige Heimsuchungen" und "Szenarien der Vernichtung" (S. 21) eben auf viele derjenigen Werke nicht zutreffen, die Gegenstand der Definitionen der "französischen Theoretiker" sind. Vgl. Joachim Metzner, "Die Vieldeutigkeit der Wiederkehr", in: *Phantastik in Literatur und Kunst*, S. 79-110, S. 84, hier zitiert nach Brittnacher a.a.O., S. 18.

2.3.4 Fantastik als ästhetische Kategorie der Moderne

Die Möglichkeiten genuin literarischer Darstellungen von Moderneerfahrungen bildet den Ausgangspunkt für Karl Heinz Bohrers Interesse am Fantastischen. In *Die Kritik der Romantik* versucht Bohrer den Nachweis zu führen, daß das ästhetische Bewußtsein der Moderne nicht nur durch die frühromantische Reflexivität gekennzeichnet sei, sondern stärker noch durch die spätromantische Fantastik.[42] Das Fantastische wird damit zur Modernekategorie eines ästhetischen Bewußtseins, das sich gegenüber den Ansprüchen von Theorie und Moral[43] und der Gängelung durch die Hegelsche Vernunft autonom setzt, ohne mit der ästhetizistischen Selbstgenügsamkeit eines l' art pour l' art etwas gemein zu haben. Bohrer geht es, *in diesem Sinne* durchaus traditionell und jedenfalls nicht spezifisch modern oder spätromantisch, um die 'Verpflichtung' der Literatur auf die Darstellung 'realer' Moderneerfahrungen.

Wie auch aus anderen Schriften Bohrers bekannt, gilt das hauptsächliche Augenmerk dem Strukturelement einer diskontinuierlichen Zeiterfahrung. So ist es für Bohrer das Verdienst Kierkegaards, "im Momentanismus der satanischen Erscheinung das eminent Ästhetische herausgearbeitet zu haben." Der Teufel wird nun, da in ihm primär das *Wie* seines Erscheinens zum Gegenstand des Schreckens wird, nicht mehr aus dem "sittlich logischen Ordnungssystem" Hegels heraus begriffen, sondern "phänomenologisch - ästhetisch" verstanden.[44] Erst durch die Lösung aus epistemologischen und ethischen Beurteilungszwängen gewinnt die Fantastik hier also die Möglichkeit, moderne Erfahrungsstrukturen authentisch zur Darstellung zu bringen.

Insofern es bei den von Bohrer beschriebenen Erfahrungen vor allem um eine Erfahrung zeitlicher Diskontinuität geht, unterscheidet diese sich von den Erfahrungen der Wirklichkeitsirritation durch eine potentiell *übernatürliche* Erscheinung, die den geläufigen Begriffsverwendungen des Fantastischen zugrundeliegt, weil Bohrer lediglich der Modus dieser Erfahrung hinsichtlich der

---

[42] Bohrer (1981), S. 7.
[43] So Benjamin über das autonome Kunstwerk als Kennzeichen des frühromantischen ästhetischen Bewußtseins. Vgl. Bohrer (1989), S. 35.
[44] A.a.O., S. 161.

Zeitform interessiert, der Cailloische "Riß" wird also jener Elemente entkleidet, die auf die ontologische Verunsicherung abzielten.

Dies zeigt sich bereits in Bohrers *Ästhetik des Schreckens*, wo der Momentanismus in Gestalt der "Plötzlichkeit" in Jüngers "authentischer" Darstellung der Kriegserfahrung aufgesucht wird. Auch hier stand die fantastische Literatur bereits Pate,[45] wie Bohrer auch dem "Chock" innerhalb der Benjaminschen Baudelairelektüre eine "phantastische" Valenz zuspricht.[46]

Darstellungen des potentiell Übernatürlichen, bei Caillois, Todorov oder Louis Vax definierende Merkmale des Phänomens, behandelt Bohrer als (bloße) Vorform eines "psychologische(n) Raffinement(s)", dessen ästhetisches Potential aus der fantastischen Motivform, in der es sich als romantisches noch weitgehend hüllte, erst entborgen werden muß. Besonders deutlich wird dies in der Kommentierung von Brentanos *Zu Bacharach am Rheine*:

> "Der magische Zauber ihrer Augen richtet sich nicht nur gegen die Männer umher, gegen den Bischof, sondern gegen sie selbst! Dadurch wird ihre Bitte um Erlösung im Tod komplex motiviert, nämlich nicht bloß *moralisch*, wie bei ihrer ersten Rede, um auf diese Weise der Schuld zu entgehen, sondern *existentiell*: Der Tod ist keine Bestrafung oder moralische Erlösung, sondern eine Art von außen gesuchter Selbstmord, weil die solipstische Existenz nicht mehr ertragen werden kann. Diese Existenz, *hier eine noch sagenhafte*, könnte vom Leser *leicht durch eine plausiblere, eine modernere assoziativ ersetzt werden*. Und umgekehrt findet das moderne Gefühl hier seinen magischen Grund. Genau hier liegt das psychologische Raffinement des Brentanoschen Motivs."[47] [Hervorhebung von mir, G.R.]

---

45 So heißt es über die "sinnlich intensiven Metaphern" bei Jünger: "Sie verändern die realistische Situation der Explosion zu einer phantastischen, 'magischen' Situation in der das nie Vorhergesehene sichtbar werden soll. Das vorher so nie Gesehene sind Bilder des der physischen Zerstörung anheimgegeben Menschen. Physische Zerstörung zu zeigen, *ohne daß dabei der Riegel einer moralischen Kontrolle interveniert*, ist die vorherrschende Funktion der ins Irreale, Unheimliche verfremdeten Metaphorik. Sie begründet also einen das Authentische des Krieges fassen wollenden Stil. Das Authentische ist aber für Jünger die Umkehrung aller bis dahin geltenden Regeln ins 'Grauen'." Karl Heinz Bohrer, *Die Ästhetik des Schreckens. Die pessimistische Romantik und Ernst Jüngers Frühwerk.* Frankfurt/M., Berlin, Wien 1983, S. 143 (Hervorhebung, G.R).

46 Bohrer schreibt: "Im Falle Wildes wie Carrolls verhindert der victorianische Witz ein solches Pathos der totalen Unterbrechung des 'Zusammenhangs.' Erst wo dieser keine Kontrolle mehr ausüben kann, die moderne Emphase also den Text konstruiert, wird das Chokkelement des 'Phantastischen' freigesetzt." Bohrer (1983), S. 396.

47 Bohrer (1983), S. 45.

Einen 'magischen Grund' hat das moderne Gefühl hier nur noch im Sinne einer historisch genetischen Erklärung. Im Sinne der bisherigen Konzepte hingegen ist es entmächtigt, denn es reiht sich ein in die "Sphäre des Exzentrisch - Phantastischen, des Befremdlichen und Vorbewußten".

Liest man *dieses* romantisch Fantastische als ein ästhetisches Potential seiner Umkodierungsmöglichkeiten, wie Bohrer dies implizit tut, dann werden die Abgrenzungen und Ausschließungen der zuvor behandelten Konzepte irrelevant, und es ist konsequent, innerhalb dieses Ansatzes die Ausgrenzung metaphorischer Rede ebenso aufzugeben, wie die Abgrenzung zum Wunderbaren.[48] Bohrer 'rettet' gewissermaßen die Fantastik gegenüber dem Hegelschen Einspruch gegen ihre Unvernunft, indem er ihr kognitives Potential umdefiniert, und sie um die in den anderen Konzepten als genuin fantastisch betrachteten Inhalte reduziert.[49]

Ihre Wurzeln besitzt diese Fantastik in jenen Texten der Romantik, in denen sie sich aus dem Zusammenhang von Metaphysik, Kosmologie und Naturphilosophie gelöst hat, in dem sie sich noch bei Novalis und E.T.A. Hoffmann befand,[50] nämlich bei Arnim und Brentano, wo durch die reine Selbstbezüglichkeit eines Motivs narrative Muster, symbolische Übersetzungen oder psychologische Erklärungsansätze als Integrationsinstanzen desavouiert werden. Dies geschieht in Brentanos *Geschichte vom braven Kasperl*

---

[48] Seltsam mutet in dieser Arbeit das Fehlen jeglicher Begriffsbestimmung an. In der *Ästhetik des Schreckens* (395 f.) fand sich noch eine Auseinandersetzung mit Vax und Caillois. Freilich ging es auch dort nicht darum, eine dem eigenen Entwurf möglicherweise zuwiderlaufende Bestimmung in die Diskussion mit einzubeziehen. Auf Zeitstruktur und Kontingenz bezieht Bohrer das Fantastische in: "Das Romantisch-Phantastische als dezentriertes Bewußtsein. Zum Problem seiner Repräsentanz", in: ders., *Die Grenzen des Ästhetischen*, München, Wien 1998, S. 9-36.

[49] Hier stellt sich freilich die Frage, in welcher Weise ein solches Konzept, wenn es denn so gemeint ist, eine Kontinuitätsthese von Spätromantik und Moderne begründen kann. Daß die moderne Anverwandlung romantisch-fantastischer Motivbestände deren Umschreibung bis hin zum Bruch implizieren kann, zeigt nochmals deutlich die folgende Stelle aus der *Ästhetik des Schreckens*: "Die Zitation und Verwandlung von Schreckmotiven der phantastischen Literatur, vor allem der Motive E.T.A Hoffmanns und Edgar Allan Poes, müssen ebenfalls über den bloß geistesgeschichtlichen Kontext hinaus daraufhin überprüft werden, welche metaphorische und erkennende Leistung darin liegen kann, *überkommene romantische Motive des 'Schreckens'* zu berufen" (Hervorhebungr, G.R.). Bohrer (1983), S. 168 f.

[50] Karl Heinz Bohrer (1998), S. 36.

etwa im Motiv der Grausamkeit, dessen "selbstreferentielle Negativität" das für Bohrer zentrale Moment der Erzählung bildet. Wenn sich bei der Hinrichtung des Jägers Jürgen die Zähne des abgeschlagenen Kopfes im Rock des Annerl festbeißen, dann liegt die Bedeutung eines solchen Motives nicht darin, daß es das Wirken geheimnisvoller Mächte affirmierte, sondern in dem Mangel an Motivierung, die, an den Darstellungskonventionen gemessen, einer solch exzessiven Verwendung des Grausamen innerhalb der Fiktion innewohnt.

In der Fantastik der Handlung, des Motivs und des Stils, die Bohrer nun unterscheidet, rücken Grausamkeit, Kontingenz und das "Seltsame" neben die zeitliche Dissoziation. Die Gemeinsamkeit jener 'Erfahrungen', deren Darstellung das ästhetische Potential der 'fantastischen Moderne' ausmachen, liegt daher in der Inkommensurabilität mit jenen 'rationalen' Erfahrungsmustern, die *jenseits* der "fundamental-ontologischen Basisannahmen" (Wünsch) des im engeren Sinne naturwissenschaftlichen Weltbildes und des biologisch-physikalischen Gegenstandes, dessen *lebensweltliche Umsetzung* betreffen und strukturieren.

In diesem Sinne, ebenfalls abgelöst von einer potentiell übernatürlichen Erscheinung, hatte bereits Lars Gustafsson die Fantastik beschrieben, im Zusammenhang der "imaginären Gefängnisse" Piranesis, die ein Grauen auslösen, das nicht an einzelnen Details, schon gar nicht an übernatürlichen, festgemacht werden kann. Es resultiere weniger aus den Folterszenen als aus einem Eindruck des Unerklärlichen, der sich aus den verfremdeten Proportionen oder dem Unbeteiligtsein der Abgebildeten ergebe. Gustafsson gelangt von daher zu seiner Kernunterscheidung zwischen einer Wirklichkeitssicht, derzufolge Unbekanntes auf Bekanntes rückführbar ist, verkörpert etwa im Positivismus oder Marxismus, eine Sicht, die zu einer ideologischen Literatur führe, und der gegenteiligen Auffassung, derzufolge die Welt unerklärlich und daher auch nicht manipulierbar erscheine und als deren Konsequenz eine reaktionäre, die fantastische Literatur entstanden sei.[51]

---

51 Vgl. Gustafsson (1968).

2.3.5 Fantastik und Fiktionalität

Auch eine weitere Ergänzung, die das Spektrum der Fantastikbestimmungen
bereithält, läßt sich an einem Defizit Caillois und Todorovs festmachen. Diese setzen einen ungebrochenen Illusionismus als Wirkungsbedingung des
Fantastischen voraus. Die Transparenz der Zeichen und das Zurücktreten der
literarischen Darstellungsverfahren würden demnach die Rezeption fantastischer Literatur bestimmen und seine Wirkungseffekte erst ermöglichen. Dementsprechend beschreiben die genannten Autoren fantastische Literatur in derselben Weise, wie sich auch lebensweltliche Berichte über Erfahrungen entsprechender Ereignisse, als 'Riß in der vertrauten Wirklichkeit' oder als 'Unschlüssigkeit' bezüglich ihrer Natur beschreiben ließe. Bestimmte Literarizitätsphänomene, spezifische Formen literarischer Selbstreflexivität, müßten der
Fantastik demzufolge fremd sein. Sie würden die Geste illusionistischer Fiktion als Wirkungsbedingung des Fantastischen aufheben. Genau deshalb
schließt Todorov metaphorische Depotenzierungen aus.[52]

Die Kategorien von Repräsentation, Darstellung und Illusionismus haben allen bisherigen Konzepten als Voraussetzung gedient. Die meist nur implizit verhandelte Annahme, fantastische Literatur weise keine Strukturen von
Selbstbezüglichkeit auf oder solche Strukturen seien für die Erfassung des
Phänomens ohne Belang, ist freilich unzutreffend.[53] Eine besondere Zuspitzung gibt der Bearbeitung dieses Aspektes Gerhart v. Graevenitz, insofern er
die Gegensatzbegriffe wirklich/unwirklich bzw. mimetisch/fantastisch als
Komplementärbegriffe einer literarischen Tradition beschreibt, die im Entwurf
des 'Mimetischen' immer schon das Imaginäre der Transparenzillusion erkannt
und in Formen der Selbstbezüglichkeit offen ausgestellt hat. Das Fantastische
trifft sich mit der Oberflächenmimetik im Begriff des Imaginären, der als
Grenzbegriff die klare Trennung von Mimesis und Einbildung, Wirklichem
und Unwirklichem suspendiert.

---

[52] Vgl. zum "'poetischen Ich', das sich "in die Lüfte erhebt", Todorov (1976), S. 32.
[53] Einen eher allgemein gehaltenen Hinweis darauf findet sich bei Jackson: "Unlike the marvellous or the mimetic, the fantastic is a mode of writing which enters a dialogue with the
real and incorporates that dialogue as part of its essential structure." Jackson (1981), S. 36.

Einen eindrucksvollen Ausdruck findet dieses Phänomen in der neuzeitlichen Linearperspektive.[54] Auf einer zweidimensionalen Fläche wird die imaginäre Transparenz eines dreidimensionalen Raumes erzeugt, wobei die Illusionierung des Betrachters sich Verfahren verdankt, die den Gegenstand verzerren. Dieser muß *im Bild* seine 'wirkliche' Gestalt schon partiell eingebüßt haben, damit er *im Auge des Betrachters* als Illusion mimetischer Abbildlichkeit erscheinen kann.[55] Die literaturwissenschaftliche Bewandnis dieses Phänomens ergibt sich daraus, daß die Linearperspektive, etwa in Gestalt der Arabeske Formen der Selbstreflexivität ihres Verfahrens ausgebildet und die literarische Tradition sich entsprechende Schreibweisen angeeignet hat, um die Konstruktivität ihrer eigenen Verfahren und das Imaginäre ihrer Transparenzillusionen zu thematisieren.

Da die Literatur es nicht mit linearperspektivischen Konstruktionsproblemen zu tun hat, muß allerdings ein analoges, ähnlich fundamentales Problem des Imaginären in den sprachlich-literarischen Formen des Fingierens von Wirklichkeit zu finden sein. V. Graevenitz identifiziert dies als die Zeichenstruktur der Sprache selbst:

> "Die 'Kippbewegung' zwischen Signifikant und Signifikat, das Oszillieren zwischen Materialität und Immaterialität des Zeichens sind geläufige Metaphern für die Bewegung auf der Grenze zwischen der den Zeichen immanenten 'Differenz', ihrer 'imaginären Materialität'. Auf solchen semiotischen Grundverhältnissen hat die Literatur Schreibweisen geschaffen, die das speziellere und komplexere Problem des sprachlichen Bezeichnens, den Entwurf von Fiktionen, zum Thema haben. Das Phantastische zum Beispiel inszeniert die Grenze zwischen dem anwesenden Signifikanten und dem abwesenden Signifikat als Grenze zwischen dem Realen und Irrealen. Das Phantastische erzeugt die für das Bezeichnen notwendige oszillierende Korrelationsbewegung auf dieser Grenze als

---

54 Siehe dazu: Gerhart v. Graevenitz, *Das Ornament des Blicks. Über die Grundlagen des neuzeitlichen Sehens, die Poetik der Arabeske und Goethes 'West-östlichen Divan'*, Stuttgart Weimar 1994.
55 Dazu heißt es: "Die Linearperspektive operiert dabei selbst schon auf einer prekären Grenze. Sie verzerrt das Dargestellte, um es als Unverzerrtes fingieren zu können. Die Linearperspektive bewegt sich genau auf der Kipplinie, die die 'Phantastik' zum Thema erhebt, die 'Differenz zwischen dem Mimetischen und Wunderbaren.'" Die optisch geometrischen Gesetze, die den 'effet du réel' produzieren, gebraucht man auch für den 'effet de l' irréel'. Die 'visio insana' der grotesken und phantastischen Verzerrungen ist nur eine Konstruktionsvariante der 'visio sana' der normalen linearperspektivischen Gegenstandsillusion." A.a.O., S. 29.

'Unschlüssigkeit' für den Leser, der nicht weiß, ob er auf Seiten des Realen oder des Irrealen zu stehen kommt."[56]

Das Fantastische wird damit zu einem Spezialfall der "semiotischen Grundverhältnisse", für die die Abwesenheit des 'Signifikats' immer schon konstitutiv ist und eine "imaginäre Materialität" bedingt.[57]

Auch die Abgrenzungen und Affinitäten bestimmen sich anders als bei den anderen Begriffen. Rückte Bohrer das Fantastische in die Nähe des Exzentrischen, Befremdlichen und Vorbewußten, so stellt es v. Graevenitz in eine Reihe mit Groteske, Arabeske, Ornament, Ironie und Concettismus; Reflexionsfiguren, die die Grenze von Realem und Irrealem inszenieren. Verfolgte Bohrer das Fantastische in seinem Wandel zur Moderne, verfolgt v. Graevenitz es zurück in die frühe Neuzeit.[58]

Auch dieses Konzept ist fruchtbar durch seine Abweichungen von den anderen Modellen, durch eine in den zuvor geschilderten Konzepten unberücksichtigt gebliebene Ebene der Betrachtung. Eher irreführend scheint es deshalb und möglicherweise ein Ergebnis des Konformitätsdruckes, den die Vorstellung richtiger und falscher Bestimmungen erzeugen, diesen Ansatz problemlos in die Todorov-Bestimmung aufgehen lassen zu wollen, wie es das erste Zitat (S. 28, s.o.) nahelegte, während er tatsächlich an einer Leerstelle dieses Konzeptes ansetzt. Daraus folgt dann allerdings ein Zuschreibungsproblem. Wenn nämlich Unschlüssigkeit als Effekt der Narration und die Poeto-

---

[56] A.a.O., S. 28.

[57] An anderer Stelle hat v. Graevenitz dem Komplementärverhältnis von Mimetischem und Wunderbaren und seinen unterschiedlichen historischen Konfigurationen eine andere Herleitung als die aus den "semiotischen Grundverhältnissen" verliehen, nämlich eine genuin literarische, indem er beides aus der "Kontamination von Gattungs- und damit von Wirklichkeitsmodellen" als Gattungstradition des Romans hervorgehen läßt. Siehe dazu: Gerhart v. Graevenitz, "Contextio und conjointure, Gewebe und Arabeske. Über Zusammenhänge mittelalterlicher und romantischer Literaturtheorie", in: Literatur, Artes und Philosophie, hrsg. v. Walter Haug und Burghart Wachinger, Tübingen, 229-257, Zitat S. 240.

[58] So heißt es: "Die Inversion der Perspektive bei Raffael erzeugt demnach einen "Blick, der die geometrische Konstruktion imaginärer Welten überträgt in die geometrische Konstruktion der realen Welt, der in den imaginären *monstra* das phantastische Negativ sehen kann einer aus den Regeln des Imaginären konstruierten Realität. Die 'ironischen' und 'phantastischen' Ornamente der Groteske sind adäquate Verbildlichungen dieses neuzeitlichen Blicks, der 'phantastisch' insofern genannt werden kann, als er auf die Grenze zwischen Irrealem und Realem gerichtet ist, die Grenze, die die Medialität konstruiert und die Grenze, an der die Medialität zum Modell der Wirklichkeit wird." v. Graevenitz (1994), S. 75.

logie des Imaginären etwas in dem Sinne verschiedenes darstellen, daß Intension und Extension beider Begriffe nicht zusammenfallen, dann stellt sich die Frage, unter welchen Bedingungen eine Unschlüssigkeits-Fantastik überhaupt poetologisch gelesen werden kann.[59]

2.3.6 Gegenwelten der Vernunftordnung

Einige der referierten Ansätze haben den gesellschaftlichen und historischen Kontext der jeweiligen literarischen Werke berücksichtigt, insbesondere bezüglich seiner repressiven Funktionen (Freund, Brittnacher). Eine etwas andere Richtung gewinnt diese Perspektive, wo Gesellschaft und Kultur als Ort der Wissensproduktion und -selektion begriffen und jene Epistemologie, die bei Todorov schlicht als Realitätsgewißheit des gesunden Menschenverstandes begegnete, in den Zusammenhang von verordnetem bzw. verbotenem Wissen gestellt wird.

An diesem Defizit setzt ein Zweig der Foucaultrezeption an,[60] auch einige Arbeiten von Renate Lachmann, die in der Fantastik eine "häretische Version der Wirklichkeit" erblickt, die sich gegen die Deutungsmacht der herrschenden Kultur richtet.[61] An Goncarovs *Oblomov* beschreibt sie das Idylli-

---

59 Daß die Fantastik "die Grenze zwischen dem anwesenden Signifikanten und dem abwesenden Signifikat als Grenze zwischen dem Realen und dem Irrealen (inszeniert)" (1994, S. 28), muß nicht bedeuten, daß dies in Form einer poetologischen Selbstproblematisierung literarischer Wirklichkeitskonstruktion geschieht. Es ließe sich auch im Sinne einer auf Transparenzillusion basierenden Irritation *fingierter Wirklichkeit* lesen, so wie dies der Todorovsche Begriff meint, auf den v. Graevenitz sich an dieser Stelle bezieht. Bei Raffael konnte sich das Problem so nicht stellen, denn dort ist ja mit der Linearperspektive der Graevenitzsche Zuschreibungskontext aufgerufen. Das Problem stellt sich dort, wo der Deutungsansatz von der Bildform auf die literarische Sprache übertragen wird. Ein entsprechendes Unterscheidungskriterium könnte in der Präsenz nicht-fantastischer Elemente zweifelsfreier Selbstbezüglichkeit gefunden werden, die die Transparenzillusion untergraben, so daß dann in Korrelation mit diesen Elementen es naheliegend erscheint, auch das Fantastische im Graevenitzschen Sinne als poetologische Reflexionsfigur zu lesen. Dies geschieht, wenn auch mit anderen Implikationen, in Renate Lachmanns Lektüre von Bruno Schulz in Bezug auf Fantastik und Arabeske. Vgl. Renate Lachmann, "Dezentrierte Bilder. Die ekstatische Imagination in Bruno Schulz Prosa," in: *Psychopoetik. Wiener Slavistischer Almanach*, Sonderband 31, Wien 1992, S.439-461, S. 21.
60 Vgl. Tobin Siebers, *The Romantic Fantastic*, London 1984 und Metzner (1980).
61 Vgl. Renate Lachmann, "Das Leben - ein Idyllentraum. Goncarovs 'Son Oblomova' als ambivalentes Phantasma", in: *Compar(a)ison*, Bern 1993/2, S. 279-300, S. 289 f.

sche, Karnevaleske und Fantastische als unterschiedliche Alteritätsgenres, die "Bereiche des Gegenwirklichen und des Gegenfaktischen"[62] aufbauen:

> "Während die karnevaleske und phantastische Häresie in der Wechselbeziehung zur wirklichen Welt diese durch die Erzeugung von Disharmonie beunruhigen (entweder durch eine an der Poetik des Grotesken sich orientierende Umstülpung oder aber durch Irrealisierung mit Rekurs auf Elemente des Wunderbaren und Unheimlichen) zieht sich die Idylle in eine Harmonie zurück, die nur durch Abschottung gegenüber der Welt erhalten werden kann, und diese im Gegenbild als Disharmonie erscheinen läßt. ... Alle drei Schreibweisen haben, da sie auf Verdrängtes, Vergessenes und Verlorenes antworten, eine mnemonische Dimension. Eigentlicher Gegenstand der idyllischen Erinnerung ist die Utopie."[63]

Die Abweichung, die dieses Konzept zu den bislang behandelten darstellt, ist am leichtesten wiederum daran zu erkennen, durch welche Relationen zu anderen Begriffen das Fantastische mit der Idylle und dem Karnevalesken hier bestimmt wird. Die Fantastik wird aus innerästhetischen Bezügen (v. Graevenitz)[64], einer vorgesellschaftlich und nicht textgenuin konzipierten Krise der Kognition (Todorov) oder einer ästhetischen Phänomenologie der Modernitätserfahrung (Bohrer) herausgeführt, und der Literatur damit ein kultureller Kontext von Bedeutungsbezügen im Rahmen drohender Vereinnahmung und Subversion eröffnet. Diese sind vom Antagonismus einer offiziellen Kultur und ihrer epistemologischen Konzepte einerseits und der diese subvertierenden Literatur andererseits bestimmt:

> "Fantasy could be termed the heretic version not only of the concepts of reality but also of fiction itself. It does not submit to the rules of fictional discourse a cultural system establishes or tolerates; it transgresses the exigencies of the mimetic grammar (otherness does not appear to be subject to mimesis); it disfigures the categories of time and space (fantastic chronotope) and causality. It discards and subverts the validity of fundamental aesthetic categories such as appropriateness (decorum, aptum). Furthermore, the

---

[62] Ebda.

[63] Ebda.

[64] Daß sich damit keine literaturwissenschaftliche Programmatik verbindet, zeigt neben anderen Arbeiten des Autors die Debatte mit Walter Haug. Vgl. Walter Haug, "Literaturwissenschaft als Kulturwissenschaft", in: *DVjs* 73 (1999), S. 63-93, Gerhart v. Graevenitz, "Literaturwissenschaft als Kulturwissenschaft. Eine Erwiderung", S. 94-115, Walter Haug, "Erwiderung auf die Erwiderung", S. 116-121.

counter or rather cryptogrammar of the fantastic takes refuge to wild procedures of semiotic excess (hypertrophy) and extravagance (the ornamental, the arabesque and grotesque)."[65]

Den Hintergrund bildet die Foucaultsche Annahme, daß die offizielle Kultur sich durch 'wohlgeordnete' Diskursformen und Auschließungsmechanismen definiert und durch das, was Foucault, etwa im Hinweis auf Borges, die Wucherungen des Diskurses und die Heterotopien nennt, subvertierbar sei.[66]

Notwendigerweise muß bei einem 'vernunftkritischen' Lektürekonzept dem Verlust der eingeübten Formen kognitiver Wirklichkeitsbemächtigung eine ganz andere Rolle zugesprochen werden als es bei Todorov der Fall gewesen ist. In den "mnemonischen Krisen", der Gedächtnishypertrophie, den "theoretischen Phantasmen" und "abwegigen logischen Operationen", die Borges zur Darstellung bringt,[67] artikuliert sich dann auch nicht mehr auschließlich eine Krise des kognitiven Weltbezuges. Vielmehr wird im Entwurf "alternativer Weltordnungen" ein ludistisch utopisches Element zur Geltung gebracht, das positive und negative Implikationen aufweist. So "ensteht eine neue Memoria, die die Welt verfielfältigt, prismatisch gebrochen wiedererstehen läßt", die aufhört, "eine 'Ordnungsmacht' zu sein wie in den abbildenden Systemen," und in der "Sinnlosigkeit der tautologischen Akte" eine negative Utopie erzeugt.[68] Die Fantastik erscheint damit bei Borges in zweifacher Funktion, als "Gegenwelt des anderen Gedächtnisses" und als "Poiesis", deren Sprache die der Heterodoxie und Heterotopie ist.[69]

Wenn bei v. Graevenitz die Binarismen von mimetisch/amimetisch bzw. Wirklichkeit/Einbildung durch den Grenzbegriff des Imaginären ins Kippen gerieten, so dekonstruiert Lachmann über den Grenzbegriff des Imaginären den Binarismus von Eigenem und Fremden:

65 Lachmann (1994), S. 340 f.
66 Vgl. Renate Lachmann, "Gedächtnis und Weltverlust. Borges memorioso - mit Anspielungen auf Lurijas Mnemonisten," in: *Memoria. Vergessen und Erinnern. Poetik und Hermeneutik. 15,* hrsg. v. Anselm Haverkamp und Renate Lachmann unter Mitwirkung von Reinhart Herzog, München 1993 (b), S. 492-519.
67 Lachmann (1993b), S. 492 f.
68 A.a.O., S. 516.
69 A.a.O., S. 518.

"The covert semantic affinity between the other as repressed and forgotten and the other as the foreign and strange becomes overt in the transformation of the forgotten into a strange, mysterious, marvellous or monstrous object, which seems to be the main topic of the literature of the fantastic. In other words, the other as phantasma adopts the function of the foreign/strange, and vice versa, the foreign/strange appears as the phantasma of otherness. That is why, in the fantastic mode of writing, most protagonists are depicted in their encounters with ghosts, specters, monsters, apparitions of corpses and with mysterious foreigners/strangers (strangers from without and those from within: sorceres, witches, magicians and sectarians)."[70]

Auch hier verlieren die Todorovschen Abgrenzungen ihren Sinn. Das Wunderbare kann gegen die Zulässigkeit der Fiktion ebenso verstoßen wie das Fantastische, vor allem aber ist das narrative Element hier nicht mehr zwingend notwendig, wie im Hinweis auf die "abwegigen logischen Operationen" und die "theoretischen Phantasmen" bei Borges ebenso deutlich wird wie an anderer Stelle, bezüglich der concettistischen Rhetorik, hinsichtlich des Isotopiebruchs als semantischem Phänomen.[71] Es ist dann innerhalb dieses Ansatzes wiederum konsequent, ins Zentrum der Darlegungen nicht das Fantastische im Sinne des potentiell Übernatürlichen zu stellen, sondern den Begriff des Phantasmas, der durch seine Ausweitung der Veränderung der Relevanzbezüge Rechnung trägt. Relevanz besitzt nun, wie schon bei Bohrer und nur mit anderen Implikationen, nicht mehr der Befund einer fantastischen Wirklichkeitsirritation durch ein potentiell übernatürliches Phänomen *als solcher*, sondern der Ort, der einem solchen Phänomen innerhalb eines kulturellen Geschehens offizieller Wirklichkeitsdefinitionen und literarischer Subversion zukommen soll, insbesondere bei jener Fantastik, die (wie Borges) Lachmann als einen Fall der nichtklassischen behandelt.[72]

Dieser Ort wird nun vom potentiell Fantastischen nicht exklusiv eingenommen, sondern ebenso von einer Reihe anderer Phänomene, wie etwa dem semantischen Exzess, dem Ornament, der Arabeske, der Groteske, der Gedächtnishypertrophie, dem Labyrinth, den abwegigen logischen Ordnungen,

---

[70] Lachmann (1994), S. 344.
[71] Vgl. Renate Lachmann, "Zum Zufall in der Literatur, insbesondere der Phantastischen", in: *Kontingenz, Poetik und Hermeneutik XVII*, hrsg. v. Gerhart v. Graevenitz und Odo Marquardt, in Zusammenarbeit mit Matthias Christen, München 1998, S. 403-432, S. 412.
[72] Vgl. a.a.O., S. 411.

der Karnevalisierung, der Ambivalenz und möglicherweise der Dialogizität und der Intertextualität.[73] Auch hier wäre deshalb zu klären, unter welchen Bedingungen einerseits das Fantastische als Textgruppe, wie sie Todorov oder Caillois vorgeschwebt hat, andererseits Phänomene wie Arabeske oder Ornament, als Fiktionshäresie im beschriebenen Sinne aufgefaßt werden können und in welchem Sinne sie etwas miteinander identisches bzw. einander analoges beschreiben,[74] eine Frage, die dadurch relevant wird, daß es eben etwas gibt, "was im eigentlichen (etablierten) Sinn als Phantastik gilt."[75]

2.3.7 Immanenz der Diskursordnung

Vielleicht mehr als durch alle anderen Veränderungen, die es bislang durchlief, ändert sich die Bestimmung des Fantastischen, wenn es, wie bei Kittlers *Dracula*-Lektüre, im Schnittpunkt verschiedener Diskurse, technologischer Innovationen und kultureller Unterwerfungsstrategien aufgesucht und als deren reflexions- und widerstandsloser Bestandteil bestimmt wird.[76] Eine krassere Entzauberung der subversiven Modelle ist denn auch kaum denkbar: Das "Andere" hat, wo es "literarisch ermordet, sexualhygienisch entmachtet, psy-

---

73 Vgl. Renate Lachmann, "Intertextualität und Dialogizität", in: *Gedächtnis und Literatur*, Frankfurt/M. 1990, S. 51-199. Die anderen Begriffe sind den zitierten Passagen aus dem Borges-Aufsatz und aus *Remarks on the foreign* entnommen.

74 Arabeske und Groteske sind nicht auf dieselbe Weise subversiv sein wie etwa die Obszönität bei Rabelais oder, in wieder anderem Sinne, die Zersetzung fundamentaler Kategorien rationaler Wirklichkeitsbemächtigung bei Borges. Vgl. das Vorwort von Renate Lachmann in: Michail Bachtin, *Rabelais und seine Welt. Volkskultur als Gegenkultur*, Frankfurt/M. 1995, S. 7-46. Bei Lachmann ist es die Fiktionshäresie, die im Rückgriff auf den begriff des Simulacrums zeichentheoretisch fundiert werden soll: "Every image as complex of signs is inscribed with an opposing sign, the *simulacrum*, a false or dissimulating sign. By presenting the similar as potentially dissimilar, the simulacrum deprives the sign of the semantic legitimation stabilizing it", (1994, S. 343 f., Hervorhebung im Original). Eine semiotische Fundierung der fantastischen Irritation als non-signification hatte bereits Jackson (1981) im Anschluß an Irène Bessière vorzunehmen versucht.

75 Lachmann (1998b), S. 411.

76 Friedrich Kittler, "Draculas Vermächtnis", in: *Zeta 02. Mit Lacan*, Berlin 1982, S.103-136 (auch in: ders.: *Technische Schriften*, Leipzig 1993, S. 11-57). Dem Verhältnis der Kulturen und den Strategien werthafter Vergleiche ordnet Ceserani die Fantastik zu, wenn er die Gothic Novel und ihr Renaissancebild als Element der antipäpstlichen Kultur Englands liest, vgl. Remo Ceserani, "Skepsis und phantastische Literatur", in: *Skepsis oder das Spiel mit dem Zweifel. Festschrift für Ralph-Rainer Wuthenow zum 65. Geb.*, hrsg.v. Hans Joachim Piechotta u.a. Frankfurt/M. 1994, S. 92-101, S. 93.

choanalytisch phantomatisiert" wird, keinen Ort in einem "Alteritätsgenre" mehr, wie Renate Lachmann sie mit Idylle, Utopie und Fantastik unterschieden hatte. Die technologischen Bedingungen perfektionieren die Allmacht diskursiver Effekte und so verschwindet die Literatur, wie es mit Bezug auf die Draculaverfilmungen heißt, "im Untod ihres endlosen Verendens." Auch das Unbewußte als Kandidat für einen Diskurs 'des Anderen' hat nunmehr einen technologischen Status, denn "Draculas weibliches Sprachrohr spricht im selben Ton wie bei der Wiedergabe stenographischer Notizen"[77] und zeugt damit von der Ubiquität der Diskurseffekte und der Ortlosigkeit des Anderen, ob als Fremdkulturellem oder Unbewußtem, ohne daß dem 'Draußen' noch eine literarische Stimme verliehen wäre.[78] Die von den Machtdiskursen erzeugten Wirklichkeitsbilder bleiben im technologischen Zeitalter für Versuche der Transgression unzugänglich, sie vereinnahmen umgekehrt die fantastische Motivwelt, so daß alle emphatischen Begriffe des 'Anderen' obsolet werden.

Die Funktion der Wissensgewinnung, wie sie in den Foucaultschen Diskursen erkennbar wird, überträgt sich auf die expansive Sammel- und Speicherwut maschineller Datenaufzeichnungs- und -verarbeitungssysteme wie Phonograph oder Schreibmaschine, die im Büro ihren gesellschaftlichen Ort besitzen. Zugleich bewirkt die massenhafte Nachfrage nach Stenotypistinnen eine Neudefinition der Geschlechtsrollen. "Maschinen bringen die zwei Geschlechter um die Symbole ihres Unterschieds" (40) und schaffen damit den Raum für jene Dämonisierungen, die der Vampyrismus widerspiegelt (Lucy Westenras).

Kittler zufolge ist *Dracula* in erster Linie ein Bürokratieroman, er handelt von der Anpassung des modernen Menschen an die maschinellen Erfordernisse der Bürokratie und von den Irritationen, die sich damit verbunden haben. Wer in dem Roman nach Phantasmen des Anderen sucht, übersehe, daß auf die "Unterdrückung des Subjekts im wissenschaftlichen Diskurs" 84 % der Textmasse entfielen, auf die Schilderung von Draculas "unterentwickeltem Kinderhirn" hingegen nur 16% (55). Daß die Subjekte solche "von Gadgets und Instrumenten maschineller Diskursverarbeitung" seien, muß, so

---

[77] A.a.O., S. 132 f. u. 119.
[78] Vgl. Michel Foucault, "Das Denken des Draußen", in: ders., *Schriften zur Literatur*, Frankfurt/M. 1988, S. 130-156.

Kittler, gegen die Bedeutungsintentionen des Textes durch den Diskursanalytiker herausgearbeitet werden. Der den Text im Gestus nachvollziehender Bedeutungsaufdeckung *interpretierende* Literaturwissenschaftler würde sich hingegen nur zum Komplizen der in den Diskursformationen inkorporierten Gewalt machen: "Aber weil nur der Andere unsere Lust situiert, sind Dracula - Interpretationen die Vergeßlichkeit selber. Psychiatrie und Psychoanalyse, Phonograph und Schreibmaschine überspringt eine unübersehbare Sekundärliteratur, die einmal mehr zur Kolonialisierung Transsylvaniens schreitet."[79] Sehr deutlich hat Kittler den letztgenannten Punkt der Kolonisierung, die sich an die oben genannten Aspekte (Bürokratisierung, wissenschaftlicher Diskurs) anschließt, an den Anglizismen der Figurenzeichnung aufgewiesen:

"Ein Graf, der vergißt, nicht englisch zu sprechen, wenn er gar nicht zu seinem Gast spricht, ein Graf, der Knoblauch wie sonst nur noch Angelsachsen verabscheut, ein Graf, der den Arbeitgeber seines Gastes höhnisch Harkers 'Herrn und Meister' nennt, ein Graf, dessen Worte unmittelbar Befehle sind und dessen Begierden, wie auch angehende Juristen eigentlich merken sollten, alle das ius prima noctis voraussetzen - in Dracula trifft Harker auf seinen Herrnsignifikanten. So geht es, wenn einer zum Herzen der Finsternis vordringt. Conrads Novelle, Coppolas Film, Stokers Roman, sie alle führen an den Punkt, wo die Macht des Anderen oder Fremden als ihr eigener Kolonialismus entzifferbar wäre, wenn es nicht so unerträglich wäre, die Schrift auf dem Fleisch zu lesen."[80]

Auch in diesem Konzept wird also ein kulturelles Umfeld des Textes eröffnet, aber so, daß das Widerstandspotential der Literatur gegenüber der 'offiziellen Kultur' von der Diskurswelt restlos aufgesogen wird.[81] Die Aufwertungen, die sich in der Rede von der ästhetischen Phänomenologie der Moderneerfahrung oder der selbstbezüglichen Ausstellung des mimetischen Scheins niederschlug, wie aber vor allem die Aufwertung des fantastischen Textes als eine subversive Form literarischen Handelns haben in diesem Ansatz keinen Platz mehr: "Hauptsache ist und bleibt, daß Draculas wollüstige Braut - und sei es

---

[79] Kittler (1982), S. 132.
[80] A.a.O., S. 113.
[81] So heißt es: "Renfield konvertiert von Stund an zu einem Resistancehelden, einfach weil selbst bei Irren englische Vernunft doch stark genug ist, osteuropäischem Blutdurst entgegenzutreten.' (55)", a.a.O., S. 126.

durch Leichenschändung - wieder in die leiernde Diskursplatte zurückgeholt wird."[82]

Kittlers Art und Weise, literarische Motive in die 'Diskursmaschine' einzufüttern, mutet bisweilen allerdings ein wenig forciert an: "Einmal mehr wird wahr, daß Frauen von 1890 nur die Wahl haben, mit Schreibmaschinentypen Papier zu perforieren oder von grauenhaft langen Eckzähnen selber am Hals perforiert zu werden."[83] Die Umstandslosigkeit, mit der die wörtliche Bedeutung in der diskursanalytischen Dechiffrierung substituiert oder metaphorisiert wird, etwa wenn es heißt, daß Mina Harker "bloß ein Sensor oder Rundfunksender ist", oder von den Vampyrzähnen, sie seien "das kleine Glied, mit dem Lucy im Augenblick vor ihrem Tod auf Beute ausgeht,"[84] wohnt ihrerseits etwas gewaltsames inne. Die dabei unbeachtet bleibenden semantischen Differenzen sind ein blinder Fleck *dieser* Analyse.

Auch der Diskursanalyse stellt sich im übrigen die Frage, ob sie ihren Gegenstand mit Implikationen einer Ontologie des Diskurses versehen will, oder in ein gemäßigt konstruktivistisches Konzept einbettet, das Platz für andere Lektüreebenen läßt, eben weil die Textbedeutung in keinem möglichen Lektüreansatz *totalisierbar* ist.

2.3.8 Fazit

Die beschriebenen Konzepte lassen eine Vielzahl unterschiedlicher Aspekte erkennen, die teils auf die gleichen, teils auf unterschiedliche, in jedem Fall aber auf einander überlappende Textgruppen Anwendung finden, und deren Differenz sich sowohl aus unterschiedlichen Aspekten der Primärtexte selbst wie aus unterschiedlichen Erkenntnisinteressen, Hintergrundannahmen und methodischen Orientierungen erklären. Dabei setzen die meisten der referierten Konzepte wenigstens implizit an Defiziten des Todorovschen Modells an, in dem die menschliche Erfahrungswelt, wie sie sich in der fantastischen Literatur auch jenseits kognitiver Krisen dokumentiert findet, ebenso vernachläs-

---

[82] A.a.O., S. 121.
[83] A.a.O., S. 126. An anderer Stelle hatte Kittler das bedauernswerte Schicksal von Lucy Westenras noch darauf bezogen, "welches Ende es mit Frauen nimmt, die nicht als Gattin und zukünftige Mutter leben...".
[84] A.a.O., S. 129 u. 120.

sigt wird, wie die Eignung der Fantastik als einer genuin literarischen bzw. ästhetischen Ausdrucksform.

Die meisten Konzepte betrachten die Darstellung einer Krise als Kardinalpunkt fantastischer Literatur. Dabei kann es sich um eine Krise der Ontologie handeln (wie bei Caillois, Lovecraft und vielen anderen), eine Krise der Epistemologie (wie bei Todorov) oder eine Krise des vergesellschafteten Subjektes, dessen Identitätsbeschädigungen, insbesondere seit der Aufklärung, die fantastische Literatur widerspiegele (Freund), gelegentlich auch weiter ausgreifend angesichts der christlichen Kultur und ihrer Tabuisierungen. Die *psychische* Disposition zu einer solchen Krisenverarbeitung hatte bereits Freud beschrieben, dessen Aufsatz "Das Unheimliche" ebenfalls zu den Klassikern der Fantastikdiskussion zählt.[85] Einen stärker anthropologischen Akzent gewinnt die Bestimmung der Krise, wo sie auf die Leiblichkeit als unhintergehbare und insofern invariante Existenzbedingung Bezug nimmt (Brittnacher)

Teilweise liegt auch Bohrers Ausführungen eine Krise des modernen Subjektes zugrunde, nämlich eine Krise der Zeiterfahrung. Diese vollzieht sich jedoch als Emanzipation des Ästhetischen und wird daher primär als emphatisches Moment der Moderneerfahrung verbucht. Analog akzentuiert v. Graevenitz in der Fantastik nicht primär einen Krisen-, sondern den Einsichtscharakter einer älteren Traditon poetologischer Selbstbesinnung (Arabeske) in die materialen Bedingungen von Fiktion, wobei die Fantastik den imaginären Charakter einer Wirklichkeit exponiert, die - als literarisch konstruierte und reflektierte - den Schein der Referenzillusion im fantastischen Ereignis bricht.

Bohrer und v. Graevenitz ist es also, so unterschiedlich ihre Konzepte im Einzelnen sind, um das Darstellungs- (Bohrer) oder Reflexionspotential (v. Graevenitz) zu tun, das die Literatur als fantastische zu gewinnen vermag. Das Konzept von Renate Lachmann akzentuiert besonders den performativen Charakter der fantastischen Texte, nicht als "Appellfunktion" der Kritik (Freund), sondern als Subversion und Transgression, während Kittler den Raum für sol-

---

85 Die Orientierung des vorliegenden Kapitels war indessen keine enzyklopädische. Vgl. Sigmund Freud, "Das Unheimliche", in: ders., *Studienausgabe* IV, Frankfurt /M. 1973, S. 251-274.

che Überschreitungen der Diskursimmanenz in der Materialität der Diskurse und der Macht ihrer ideologischen Zwecke negiert sieht.

Nicht zuletzt scheiden die referierten Konzepte sich an der Frage, ob und inwieweit sie das Fantastische, sofern es sich in den Text als 'atopos' (Lachmann), als fremd oder unlesbar präsentiert, was nicht *notwendigerweise* der Fall sein muß,[86] in Figuren der Lesbarkeit übertragen und solcherart dechiffrieren. Das Unvertraute wird dann verstehbar, das Irritationspotential in einem erklärenden oder übersetzenden Zugriff aufgelöst, ein nicht notwendigerweise illegitimer oder unfruchtbarer Umgang mit der fantastischen Literatur, aber einer, der das Unbekannte, wo es im Text als irreduzibel erscheint, als blinden Fleck der eigenen Lektüre bewußt halten sollte.[87]

Dies trifft auf die Diskursanalyse des Kittlerschen Tpys, wo solche 'Demystifikationen', wie erwähnt, zum Programm erhoben werden, ebenso zu wie auf den sozialpsychologischen Ansatz. Denn hier wird die Identitätsbeschädigung einerseits (auch wenn sie nicht so genannt wird) als eine Allegorie des Gesellschaftlichen betrachtet, indem die dämonischen Mächte im Sinne einer Bedeutungsübertragung als gesellschaftliche Zwänge entziffert werden.

---

[86] Offensichtlich ist das Unbekannte, das in einer Erzählung wie Maupassants *Le Horla* begegnet, ein irreduzibel Unbekanntes in einem anderen Sinne als klischeehafte Protagonisten des fantastischen Motivinventars, das sich in teils ebenso geläufige topoi gliedern läßt wie das Nicht-Fantastische und das zur Einordnung des Horrors als "Schema-Literatur" geführt hat, vgl. Schemme (1996), S. 593 f. Entsprechende Phänomene dürfte Wolfgang Iser gemeint haben, als er die Phantasie der fantastischen Literatur eine verdinglichte nannte, vgl. Wolfgang Iser, *Das Fiktive und das Imaginäre*, Frankfurt/M. 1993, S. 412-425. Iser spricht von den "Versteinerungen, die das Imaginäre in der phantastischen Literatur erfährt - die überdies oft trivial und selten Anreiz zu erneuter Lektüre ist", a.a.O., S. 414. Und weiter: "In der phantastischen Literatur hingegen ist das Imaginäre dadurch verdinglicht, daß es thematisiert wird. Es nimmt daher einen gegenständlichen Charakter an, der in dieser Literatur in vergleichsweise großer Monotonie - bei aller thematischen Variation - als die faktische Existenz des Unwirklichen geboten wird". (S. 422). Auch hier bleibt allerdings die tatsächlich avisierte *Textgruppe* mangels Begriffsbestimmung im Dunkeln. Die Todorovsche Fantastik fällt komplett heraus ("faktische Existenz des Unwirklichen"), dafür wird Sciene-Fiction komplett hinzugezählt, vgl. S. 412 u. 415, das Übernatürliche im Übrigen auf seltsam anmutende Weise als etwas beschrieben, das einerseits "faktisch gegeben", andererseits aber "unwirklich" sein soll. Als faktisch gegeben wäre es demnach eben ein *Wirkliches,* analog dem Todorovschen Wunderbaren.

[87] Cixous hat diesen Aspekt gegen Freud stark gemacht. Bei Jackson heißt es dazu: "Cixous sees Freud as 'jumping from one effect to another until he reaches the 'point of certainty', or reality, which he wishes to present as a solid rock upon which he can base his analytic argument'." Jackson (1981), S. 67.

Andererseits wird im Sinne eines psychologischen Mechanismus internalisiert, was zumindest als Unschlüssigkeits-Fantastik das Bewußtsein der fiktiven Figur in Richtung auf das des Lesers *transzendiert*, indem es jenes Bewußtsein *im Text* im Sinne der Todorovschen "Identifikationsregel" absolut setzt. Betroffen sind auch psychoanalytische Übersetzungen, die etwa die Bedeutung der schwarzen Spinne in Gotthelfs gleichnamiger Erzählung identifizieren als "Ineinssetzung von Frau, Eros und teuflischer Macht."[88] In allen diesen Fällen werden Bedeutungen 'hinter der Textbedeutung' zu erkennen versucht, um das Unschlüssigkeitsmotiv, das ein Nicht-Wissen impliziert, in eine Form des Wissens auflösen zu können.

En passant zeigt sich hier die Relevanz, die der Todorovschen Begrifflichkeit zu Unterscheidungszwecken *in bestimmten Kontexten* zukommt und allgemeiner die methodische Maxime, die den Umgang mit den referierten Modellen in der vorliegenden Arbeit bestimmt. Dem Ziel gemäß, als Pluralität sinnvoller Fantastikbestimmungen auszuweisen, was in den Ansätzen selbst meist entweder als ein vermeintlich Identisches behandelt oder nach dem Einteilungsprinzip richtig/falsch bewertet wird, soll in der vorliegenden Arbeit die Fruchtbarkeit der unterschiedlichen Konzepte an den realistischen Texten *erprobt,* nicht in Form generalisierter Modellentwürfe vorentschieden werden. So wurde die Kittler-These referiert, weil die oft kontrovers behandelte Frage nach der ideologischen oder subversiven Funktion der Fantastik zunächst offengehalten und nicht in einem Fantastik*begriff* bereits als vorentschieden betrachtet werden sollte.

Neben den besprochenen Fantastikkonzepten werden auch andere Modelle herangezogen, heterogene Theorien von Gesellschaft oder Literatur. Auch diese werden nicht als Modelle betrachtet, denen im Sinne einer theoretischen Vorentscheidung Welterklärungsmonopole zugesprochen werden sollten, wenn es um die Lektüre von Literatur geht. Sie werden als mögliche Perspektivierungen von Wirklichkeit und Literatur angesehen, die im Dialog mit den historischen Texten einen Prozeß wechselseitiger Erhellung einleiten

---

88 Bernd Rieken, "Die Spinne als Symbol in Volksdichtung und Literatur," in: *Fabula* 36 (1995), S. 187-204, S. 201. Eine fantastische Subversion der Psychoanalyse findet sich bei Bruno Schulz, vgl. dazu: Lachmann (1992), S.439-461. In anderer Weise beschreibt die Psychoanalyse als Deutungsverfahren: Ulla Haselstein, *Entziffernde Hermeneutik. Zum Begriff der Lektüre in der psychoanalytischen Theorie des Unbewußten*, München 1991.

sollen, der verlangt, nicht für alle Texte das eine richtige Welterklärungsmodell anzulegen, sondern die für den jeweiligen Text passenden Modelle zu finden.

Von dieser allgemeinen Maxime abgesehen ergibt sich die Relevanz der referierten Positionen für die vorliegende Arbeit einerseits aus dem Epochenzusammenhang Realismus, andererseits aus den in der Einleitung skizzierten Erkenntnisinteressen. Obwohl die Verengung auf die kognitive Krise auch für die realistische Literatur eine Sackgasse darstellt und Brittnachers Einwände daher eine wichtige Ergänzungsfunktion einnehmen, begegnet im Realismus nicht jene Literatur des Horrors, die Brittnacher an romantischen oder modernen Textbeispielen erläutert. Der sozialpsychologische Ansatz ist entsprechend seiner Ambivalenz von Erklärungsanspruch und tendenzieller Depotenzierung des Unbekannten je nach Textlage zu integrieren und in seiner Reichweite zu begrenzen.

Bohrers Ausführungen bilden insofern eine Antithese zur vorliegenden Arbeit, als er die Existenz einer realitischen Fantastik im Hinweis auf die Programmatiker ausdrücklich verneint.[89] Eine dagegen gerichtete Kontinuitätsthese, die mit Bezug auf fantastische Elemente die Linie von Romantik über den Realismus zur Moderne zöge, hätte kritisch an Bohrers Gegenüberstellung von frühromantischer Reflexivität und spätromantischer Fantastik anzusetzen, entsprechend der Graevenitzschen Annäherung des Fantastischen an die Arabeske. Dieses Desiderat zu füllen,[90] entspricht jedoch, wie schon der Einleitung zu entnehmen war, nicht den primären Erkenntnisinteressen der vorliegenden Arbeit, der es vor allem um zweierlei geht: den Zusammenhang der Fantastik zu anderen Formen der Einbildungskraft zu untersuchen, wie sie in den oben genannten Kollektivideen (Einleitung) und ihrer literarischen Behandlung gegeben ist, und die "häretischen" Wirklichkeitsentwürfe (Lachmann) in der Literatur des Realismus zu analysieren.

---

[89] Vgl. Bohrer (1989), S. 221-244.
[90] Diesen Versuch hat, an v. Graevenitz anschließend, allerdings ohne Engführung mit der Fantastik, jüngst Rudolf Helmstetter unternommen: (1998), S. 198-204.

3. Die Marginalisierung der realistischen Fantastik

3.1 Zur Realismus-Debatte und einer möglichen mimetischen Kompetenz der Literatur

Die Geschichte der Realismusforschung, nicht lediglich die Tendenzen, die die aktuelle Forschung prägen, behält eine orientierende Funktion, wenn die Marginalisierung der realistischen Fantastik auf die Konzepte von Realismus bezogen werden soll, in die sie eingebettet ist. Diese Geschichte gilt es daher, hier kurz in Erinnerung zu rufen und zwar bezüglich jener Aspekte, die für die vorliegende Arbeit von Bedeutung sind.

Am Anfang der Diskussion vertreten Auerbach und Lukács Positionen, die in unterschiedlichen Zusammenhängen eine möglichst genaue Wiedergabe gesellschaftlicher Wirklichkeit als literarische Darstellungsnorm zu etablieren versuchen.[1] Der "poetische Realismus" der deutschsprachigen Autoren schneidet in der Tradition dieser Betrachtungsweise im europäischen Vergleich - insbesondere mit Frankreich und England - schlecht ab, da die Umbrüche der beginnenden Moderne, Phänomene wie Masse und Anonymität in der Großstadt, Industrialisierung, Proletariat etc., dort nicht oder nur sehr eingeschränkt zur Darstellung gelangten. Bis heute bildet daher, trotz einiger Arbeiten, die den Realismus als ein die Nationalliteraturen übergreifendes Phä-

---

[1] Vgl. Georg Lukács, *Geschichte und Klassenbewußtsein*, Darmstadt Neuwied 1970, u. ders., *Theorie des Romans*, Darmstadt Neuwied 1971; Erich Auerbach, *Mimesis. Dargestellte Wirklichkeit in der abendländischen Literatur*, 1994 (1946) Auerbach erläutert seinen Mimesisbegriff, der - gegen die Implikationen des hohen Stils gerichtet - auf die *ernste* Darstellung *alltäglicher* Wirklichkeit abzielt, u.a. im Hinblick auf Zola. Mit Zola sei ein weiter Weg zurückgelegt worden "seit Boileau, der sich das Volk nur grotesk grimassierend, in der niedrigsten Farce, vorstellen konnte. Zola weiß, wie diese Menschen gedacht und gesprochen haben. Er weiß auch jedes Detail der Technik des Grubenwesens, er kennt die Psychologie der verschiedenen Arbeiterschichten und der Verwaltung, das Funktionieren der zentralen Leitung, den Kampf zwischen den kapitalistischen Gruppen, das Zusammenarbeiten der kapitalistischen Interessen mit der Regierung, das Militär ... das Pariser Volk, die Bauern, die Theater, die Warenhäuser, die Börse und vieles andere noch. Überall ist er Fachmann geworden...", S. 477f. Aufgrund des fünfzigsten Jahrestages des Erscheinens ist Auerbachs Ausführungen neuerliches Interesse zuteil geworden, vgl die Samelbände: *Mimesis. Studien zur literarischen Repräsentation*, hrsg. v. Bernhard F. Scholz, Tübingen Basel 1998, und *Mimesis und Simulation*, hrsg. v. Andreas Kablitz u. Gerhard Neumann, Freiburg i.B. 1998.

nomen untersuchten, die Frage nach dem "deutschen Sonderweg" des poetischen Realismus und seine Legitimierung einen Orientierungspunkt germani-
stischer Selbstvergewisserung in der Realismusforschung.[2]

Betrachtet man die Orientierung an einem starken Mimesiskonzept bei
Auerbach und Lukács als Ausgangspunkt der dann folgenden Begriffsdiskus-
sion, lassen sich für die spätere Entwicklung drei markante Eckpunkte fixieren: Die Verlagerung des Interesses zu jenen spezifischen Leistungen der
Texte, die durch das Kriterium der Erfüllung oder Nichterfüllung externer
normativer Vorgaben unberücksichtigt bleiben (1). Die rhetorische Kritik der
dem Mimesisbegriff inhärenten Epistemologie und möglicher korrespondenztheoretischer Suggestionen (2). Und die Einbeziehung außertextueller
Kontexte wie Politik, Sozial- und Wissenschaftsgeschichte, sowie der medialen Produktionsbedingungen, die die Suggestionen einer (quasi-) autonomen
Sphäre poetischer Produktion oder immanent 'geistesgeschichtlicher' Entwicklungen abstreift, die den poetischen Realismus etwa allein auf dem Hintergrund der idealistischen Philosophie und ihrer Subjektkonzepte erläutert
und die auch über den von Auerbach als Realität abgesteckten Rahmen hinausgreifen (3).

(1)

Eine Kontinuitätslinie, die Wolfgang Preisendanz frühe Arbeit über den "Humor als dichterische Einbildungskraft" und Martin Swales jüngere Arbeiten
verbindet, zielt darauf ab, den Unterschied zum europäischen Höhenkamm
realistischer Literatur nicht als bloße Normabweichung, sondern als produkti-
ves poetisches Verfahren zu begreifen, das auf sein eigenes Darstellungs- und
Reflexionspotential zu befragen ist.[3] Preisendanz hatte dieses in der spezifisch

---

[2] Vgl. Martin Swales, *Epochenbuch Realismus. Romane und Erzählungen*, Berlin 1997, S.
35 ff.

[3] Vgl. Wolfgang Preisendanz, *Humor als dichterische Einbildungskraft. Studien zur Erzählkunst des 19. Jahrhunderts*, München 1963, Martin Swales, "Poetic (symbolic) Realism versus 'l' effet de réel?'", in: *Perspectives on german realist writing, Eight Essays*, hrsg. v. Mark
G. Ward, New York 1995, und: ders. (1997). Auch Preisendanz konstatiert auf Storm bezogen, gegen die ideologische Positivierung des 'Sonderweges' gewandt, allerdings eine
"höchst problematische Unzeitgemäßheit", "Verzögerung und Verspätung", die nicht als
positive Werte umgedeutet werden dürften, vgl. Wolfgang Preisendanz, "Gedichtete Per-

literarischen Vermittlung von Subjektivität und Objektivität durch das sich als Standort einbeziehende erzählende Subjekt in der humoristischen Schreibweise erblickt. Auf die 'Brechung von Sachverhalt und Darstellung' zielte dementsprechend die realistische Poetik.

Für Martin Swales nötigt die Reflexivität der literarischen Texte und ihres Symbolgebrauches zur Revision jener Realismusbegriffe, die die Wirksamkeit symbolischer Strukturen in der außertextuellen Welt vernachlässigen. Der Antagonismus von poetisierter Literatur und nicht poetischer Wirklichkeit entfällt und weicht der Unterscheidung von reflexiv literarischem und (sofern nicht Gegenstand wissenschaftlichen Interesses) intransparent lebensweltlichem Symbolgebrauch.[4]

Andere beschreiben, ohne damit ein Spezifikum des Realismus benennen zu wollen, die diskursiven Verbindungen, die sich aus wissenschaftsgeschichtlicher Perspektive ergeben, wie Thomé für den psychiatrischen Diskurs, und zeigen damit, daß Gesellschaft der realistischen Literatur nicht in dem Sinne als etwas unmittelbar Gegebenes, nicht-diskursiv Vermitteltes gegenübersteht, wie dies etwa die Realismusdefinition Welleks als "objektive Darstellung der zeitgenössischen sozialen Wirklichkeit" insinuiert.[5] Ohnehin beziehen sich die aktuellen Forschungsbeiträge kaum, wie dies Auerbach und Lukács getan hatten, explizit zustimmend auf normative Darstellungskonzepte, und wo dies implizit geschieht, dient meist nicht Mimesis als Normbegriff, sondern, wie noch zu zeigen sein wird, eine jeweils unterschiedlich verstandene Moderne.

(2)

Einer kritischen Revision wurde die von Auerbach und Lukacs etablierte Normbezeichnung auch bezüglich der *Möglichkeiten* mimetischer Darstellung unterzogen, die in erkenntnistheoretischen Kategorien zunächst Richard

---

spektiven in Storms Erzählkunst", in: ders., *Wege des Realismus. Zur Poetik und Erzählkunst im 19. Jahrhundert*, München 1977, S. 204-216, S. 204.

[4] Vgl. Swales (1995), S. 26.

[5] Vgl. Richard Brinkmann, *Wirklichkeit und Illusion. Studien über Gehalt und Grenzen des Begriffs Realismus für die erzählende Dichtung des 19. Jahrhunderts,* Tübingen 1957, Einleitung, 2. Aufl., XXII

Brinkmann vorlegte.[6] Als besonders einflußreich in diesem Zusammenhang erwiesen sich ferner die Ausführungen von Roland Barthes, der die vermeintlich mimetische Potenz als Effekt einer rhetorischen Strategie, der realistischen *Schreibweise* analysiert.[7] Nicht eine adaequatio korrespondenztheoretischer Provenienz qualifiziert den Text demnach als einen realistischen oder mimetischen, sondern die Verwendung rhetorischer Elemente, die eine entsprechende Suggestion und die illusionistischen Effekte, die sie begleiten, erst ermöglichen.

Die konkreten Elemente einer solchen Schreibweise lassen sich, über Barthes hinausgehend, vom theroretischen Ansatz und Erkenntnisinteresse her unterschiedlichen Arbeiten entnehmen. Sie beinhalten die Aufwertung des Unwesentlichen, die Behandlung des Details in der Deskription, das Wahrscheinlichkeitspostulat,[8] das Verbergen des künstlerischen Verfahrens, etwa durch das Aussparen von Erzählerkommentaren, den Vorrang der Beschreibung vor der Erzählung, den sparsamen Gebrauch von Rück- und Vorgriffen, das gezielte Vorenthalten von Informationen, die Bevorzugung der "mittleren Distanz" oder bestimmte Beglaubigungsstrategien, zu denen im Realismus etwa die exakten topographischen Angaben zählen.[9] Zu einem guten Teil handelt es sich also um Aspekte einer vergleichenden (deskriptiven) Stilanalyse, doch werden mit dem Begriff der Schreibweise obsolete Konnotationen des Stilbegriffes vermieden, die aus der Nähe zur Ausdrucksästhetik im Falle des

---

[6] Brinkmann (1957)

[7] Vgl. Roland Barthes, "L'effet de réel", in: *Littérature et réalité*, hrsg. v. Gerard Genette und Tzvetan Todorov, Paris 1982, S. 81-90

[8] Gestützt auf das Wahrscheinlichkeitspostulat trägt Spielhagen seine Kritik an Goethes Wahlverwandtschaften vor (bezogen auf den Bootsunfall und das Ertrinken des Kindes). Vgl. Bernd W. Seiler, *Die leidigen Tatsachen: von den Grenzen der Wahrscheinlichkeit in der deutschen Literatur seit dem 18. Jahrhundert*, Stuttgart 1983, S. 377.

[9] Zur Behandlung des Unwesentlichen vgl. Roman Jakobson, "Über den Realismus in der Kunst", in: *Texte der russischen Formalisten I.*, mit einer einleitenden Abhandlung hrsg. v. Jurij Striedter, München 1969, S. 379, zum Detail und zum Verbergen des künstlerischen Verfahrens vgl. Rosemarie Zeller, "Realismusprobleme in semiotischer Sicht", in: *Begriffsbestimmung des literarischen Realismus,* hrsg. v. Richard Brinkmann, Darmstadt 1987, S. 561-587, S. 566 u. 570 ff., zur mittleren Distanz vgl. Joseph Peter Stern, *Über literarischen Realismus*, München 1983, S. 126 ff.

Individualstils und zu klassizistischen Normen im Falle des Werkstils erwachsen.[10]

Mißverständnisse erzeugt die Orientierung an Barthes l'effet de réel oder Jakobsons analoger Kommentierung des Wahrscheinlichkeitsprinzips und der Behandlung des Unwesentlichen, wenn die Rhetorizität des Textes gegen die mimetische Kompetenz der Literatur ausgespielt wird. So als könne die Darstellung zeitgenössischer Wirklichkeit nicht eine erkenntniserschließende mimetische Kraft beanspruchen, *indem* sie sich rhetorischer Verfahren bedient, so wie die Gerichtsrede durch ihre rhetorische Struktur nicht notwendigerweise eine Erschließungskraft bezüglich der Sachverhalte verliert, auf die sie Bezug nimmt. Eine der Form nach *analoge*, nicht identische Erschließungskraft kann die Literatur im Sinne des Mimesisbegriffes besitzen, wo sie als Fiktion im Unterschied zur Gerichtsrede nicht auf wirkliche, sondern auf *mögliche* Sachverhalte referiert.[11]

Dabei handelt es sich nicht darum, dem Realismus als Epoche eine größere mimetische Kraft zuzusprechen als der Literatur anderer Epochen, und damit einer Selbstauslegung der Programmatiker zu folgen. Mimesis in diesem Sinne ist (wie bei Auerbach) nicht historisch differenzierend gemeint. Der Begriff benennt eine Eigenschaft, die der Literatur entsprechend unterschiedlicher Gattungsregeln in unterschiedlichen Formen zu allen Zeiten zukommen kann. Historisch differenzierend ist hingegen innerhalb der vorliegenden Ar-

---

[10] Vgl. dazu Elias Torra, "Exkurs: Stilistik", in: *Einführung in die Literaturwissenschaft*, hrsg. v. Miltos Pechlivanos u.a. Stuttgart 1995, S. 112-115, S. 113 f. Nicht notwendigerweise obsolet wird damit der Begriff des "Epochenstils", dem freilich irrige Homogenitätserwartungen anhaften. Explizit auf den Stilbegriff rekurriert Walter Müller Seidel, um einer für Fontane irreführenden Etikettierung der Epoche als "bürgerlichem Realismus" zu entgehen. Vgl. Walter Müller Seidel, *Theodor Fontane: soziale Romankunst in Deutschland*, Stuttgart 1975, S.463 ff.

[11] Bei Barthes hingegen löst sich dieser Bezug der Tendenz nach auf: "Das Faktum ist immer nur linguistisch existent (als Terminus eines Diskurses), und doch spielt sich alles so ab, als wäre seine Existenz lediglich die einfache und genaue Kopie einer anderen Existenz, die in einem extrastrukturalen Bereich liegt, dem 'Realen'", Barthes (1968), S. 179, zitiert nach Zeller (1987), S. 567. Zweifellos verdankt sich der Eindruck einer "einfachen und genauen Kopie" einer Suggestion. Dennoch löst sich damit der darstellende Bezug des Textes auf die 'Realität' (Barthes) nicht auf. Zumindest bietet eine rhetorische (oder bei Zeller semiotische) Bestimmung des Realismus kein zureichendes Argument für eine entsprechende These.

beit der Realismusbegriff gemeint, wie er bezogen auf die Schreibweise der realistischen Autoren und die sie konstituierenden Elemente erläutert wurde.

Damit soll nicht geleugnet werden, daß Subjektivierung, Perspektive oder Konstruktion, Aspekte, die schon Brinkmann gegen die im Mimesiskonzept enthaltene Epistemologie stark gemacht hatte, das ältere Konzept nicht einer verbindlichen Modifizierung unterworfen hätten. Aber die Möglichkeit einer mimetischen Kompetenz der Texte wird damit nicht aufgehoben, sondern nur präzisiert, worin eine solche bestehen und worin sie nicht bestehen kann.

Von mimetischer Kompetenz auszugehen, setzt voraus, daß Realität gegeben, erkennbar und darstellbar ist.[12] Hingegen setzt es keinen korrespondenztheoretischen Wahrheitsbegriff voraus. Es bedeutet lediglich anzunehmen, daß zwischen unseren Repräsentationen der Welt und jenen Repräsentationen der Welt, die uns fiktionale Texte vermitteln, ein Analogieverhältnis bestehen kann. Dabei ist nicht an eine "Repräsentationslogik" im engeren Sinne gedacht, die von anderen Logiken abhebbar wäre, sondern an jenen Sinn von Repräsentation, der Danto vorschlagen läßt, den Menschen als "ens repräsentans" zu begreifen.[13]

Repräsentationen der Welt in diesem Sinne haben Menschen unausweichlich. Danto weist nach, daß selbst den reduktionistischen Auslegungen des ontologischen Behaviorismus, des Funktionalismus oder der Neurophilosophie Repräsentationen zugrunde gelegt werden müssen, solche der Forscher, auch wenn diese sich selbst bzw. ihre Ergebnisse und Thesen gerne aus dem Untersuchungsbereich ausklammern und so tun, als zählten sie mitsamt ihrem Handeln nicht zu jenem Gegenstandsbereich, über den sie Aussagen machen.[14]

Unsere Repräsentationen der Welt, etwa jene, die die zweite Hälfte des neunzehnten Jahrhunderts betreffen, jenen Repräsentationen als ähnlich anzusehen, die uns die realistischen Texte vermitteln, impliziert ein Analogieverhältnis, das auf der Ebene unterschiedlicher Wahrheitsbegriffe reformulierbar ist. Dennoch kehrt auch in dieser Perspektive das epistemologische Problem

---

[12] Auf den erstgenannten Punkt, ob im Sinne des skeptizistischen Diskurses Realität existiert, kann hier nicht eingegangen werden.

[13] Arthur C. Danto, *Wege zur Welt. Grundbegriffe der Philosophie*, München 1999, S. 281.

[14] Vgl. Danto (1999), S. 277 ff.

wieder. Ein Mensch, der an Wahnvorstellungen leidet, wird seine Repräsentationen der Welt in Texten 'mimetisch' gespiegelt sehen, in denen eben solche
Repräsentationen zur Darstellung gelangen. Eine ähnliche Funktion kann ein
kulturelles Wissensdefizit übernehmen, etwa bezogen auf die jeweiligen Vorstellungen von Fremdvölkern. Mimesis in dem beschriebenen Analogieverhältnis verorten zu wollen, stellt daher nur einen ersten Schritt zur (Rück-)
Gewinnung eines Begriffes von mimetischer Kompetenz dar.

Daß Unterscheidungen zwischen Repräsentationsanalogien, die wir als
mimetisch betrachten und solchen, die wir als nicht mimetisch betrachten,
prinzipiell möglich sind, folgt bereits daraus, daß Fiktionen einen unterschiedlichen Realitäts*grad* aufweisen. Die vollständige Negierung mimetischer Kompetenz würde zu absurden Schlußfolgerungen zwingen, weil wir
solche Unterscheidungen dann nicht mehr vornehmen könnten. Fiktionen, in
denen Kühe lebendgebären und Fiktionen, in denen sie aus Eiern schlüpfen,
können (auf der 'wörtlichen' Ebene) nicht die gleiche mimetische Kompetenz
beanspruchen, womit nichts über den Wert, den Sinn oder andere relevante
Fiktionsmerkmale gesagt ist. Von etwas, das es (in den Augen der Skeptizi-
sten) nicht gibt (der Realität), kann es kein mehr oder weniger geben.[15]

Die Behauptung, Kühe seien lebendgebärend, mag in mancherlei Hinsicht auf "Konstruktionen" beruhen, aber nicht in *derselben* Hinsicht wie die
Auffassung, sie schlüpften aus Eiern. Auf dieser Differenz insistiert die Möglichkeit von Mimesis auf der epistemologischen Ebene.[16] Für diesen Begriff
im hier vorgeschlagenen Sinn ist es gleichgültig, ob wir der lebendgebärenden
Kuh aus korrespondenz-, kohärenz- oder konsenstheoretischen Gründen den
Vorzug geben, eine mimetische Repräsentation der Welt (bzw. eines Teiles

---

[15] Allerdings könnte eine amimetische Fiktion, in der Kühe aus Eiern schlüpfen, auf anderer
(nicht wörtlicher) Ebene eine mimetische Kompetenz entfalten, etwa indem sie auf eine -
vielleicht infolge menschlicher Eingriffe - aus den Fugen geratene Welt der Natur verwiese.
Aber in doppelter Hinsicht bestätigt dieser Einwand die These. Erstens, weil die Klassifizierung des Elementes als amimetisch eine mimetische Kompetenz (des Lesers) voraussetzt und
zweitens, weil eine mimetische Kompetenz des Textes bezüglich dieses amimetischen Elementes eingeklagt wird.

[16] Das Beispiel antwortet nicht auf die Kompliziertheit oder Einfachheit des Mimesispro-
blems, sondern auf bestimmte *generalisierende* Annahmen epistemologischer Art, die in
diesem Zusammenhang eine konstitutive Rolle spielen, und im Zusammenhang dieser Gene-
ralisierungen gewinnt es seine Plausibilität.

von ihr) zu sein. Und ebenso gleichgültig für diesen Begriff ist es, welches Wahrheitskonzept wir zugrundelegen, wenn wir in Fontanes Gesellschaftsromanen die Darstellung einer nicht lediglich fiktiven Gesellschaft erblicken.

Auch die Perspektivität, verstanden als Ausschnitthaftigkeit, stellt in diesem Zusammenhang zunächst kein sonderlich gravierendes Problem dar. Die mögliche Übereinstimmung von Aussage und Sachverhalt leidet ja ebenfalls nicht darunter, daß jede Aussage sich nur auf einen (oder mehrere) bestimmte(n) Sachverhalte bezieht. Nicht *als solche*, als Bedingung eines *jeden* Textes und einer jeden Aussage, wird die Ausschnitthaftigkeit zum Problem, sondern dort, wo sie in der Summe der Texte auf *stereotype* Weise vorgenommen wird und daher auf spezifische Ausschließungen verweist.[17]

Die Möglichkeit fiktionaler Darstellung gesellschaftlicher Realität beruht jedoch nicht nicht nur auf der epistemologischen Annahme, daß nicht alle Darstellungsinhalte gleichermaßen als Realität zu gelten vermögen, welchen Wahrheisbegriff auch immer wir anlegen. Auch Probleme fiktiver Referenz und nicht-sprachlicher Darstellungsgegenstände gehören in diesen Zusammenhang. Ersteres wird besonders deutlich bei den Eigennamen, die, im Unterschied zu den Zeitungsberichten, die in einigen Fällen als Vorlage der realistischen Narration fungieren, innerhalb der Fiktion nicht auf wirkliche Menschen aus Fleisch und Blut referieren.

Die Vorstellung, die Möglichkeit von Darstellung beruhe auf einem Ähnlichkeitsverhältnis zwischen Realität und fiktionaler Welt, hat Nelson Goodman mit dem Argument zurückgewiesen, die Darstellung von Einhörnern werde nicht deshalb "Darstellung" genannt, weil sie auf eine Ähnlichkeit mit wirklichen Einhörnern verweise. Ähnlichkeit sei daher kein konstitutives Merkmal von Darstellung.[18]

Aber warum sollten zwei Bilder, von denen wir im einen Fall sagen, es stelle einen Löwen, im anderen Fall, es stelle ein Einhorn dar, in *demselben Sinne* 'Darstellung' sein? Selbst wenn sich ein identischer Sinn angeben läßt -

---

[17] Vgl. dazu Marianne Wünsch, "Vom späten 'Realismus' zur 'Frühen Moderne'. Ein Modell literarischen Strukturwandels", in: *Modelle des literarischen Strukturwandels*, hrsg. v. Manfred Titzmann, Tübingen 1991, S. 187-203.

[18] Vgl. Nelson Goodman, *Languages of Art*, Indianapolis 1976, S. 25, hier zitiert nach Margit Sutrop, "Prescribing Imaginings : Representation as Fiction", in: Scholz (1998), S. 45-62, S. 47 f.

etwa durch Substitution des Mimesisbegriffes durch den der Fiktion, verstanden als ein Spiel des "make-belief"[19] - folgt daraus nicht, daß sich der Sinn von "Darstellung" im Falle des Löwen auf den Sinn von "Darstellung" im Falle des Einhorns *beschränken* läßt

Die Möglichkeit, Zeichen, die fiktive Referenten haben, als Darstellung nicht-fiktiver Realität zu lesen, beruht schlicht darauf, Zeichen ihre Bedeutung durch den *Gebrauch* zu verleihen, den wir von ihnen machen.[20] Zeichen im Darstellungssinne zu gebrauchen, erscheint dann nicht willkürlicher oder abwegiger als die Buchstaben des Wortes "Tisch" einen Tisch bezeichnen zu lassen. Nur im Rückgriff auf eine *Ontologie* der Zeichen, auf die Annahme, Zeichen bedeuteten von sich aus etwas, das unsere Möglichkeiten, ihren Sinn im Rahmen einer Konvention festzulegen, beschränkt oder aufhebt, ließe sich daher die Möglichkeit von Darstellung bestreiten.

Eine andere Skepsis resultiert aus der Nichtidentität von Sprache und den nicht-sprachlichen Teilen der Wirklichkeit. So führt Martin Swales aus, gesellschaftliche Diskurse stellten die (mimetische) Darstellung - weil in beiden Fällen sprachlicher Natur - vor ein geringeres Problem als nicht-sprachliche Gegenstände. Ob ein Text auf eine diskursive oder gegenständliche Realität referiert, sagt jedoch wenig über seine mimetischen Möglichkeiten aus. Die Beschreibung eines Stuhles in einem Roman besteht aus Worten, nicht aus "Leder und Roßhaar"[21], wie Swales bemerkt, aber die dargestellten Diskurse *sind* so wenig die Diskurse, auf die sie referieren, wie der dargestellte Stuhl der Stuhl *ist,* und sie müssen nicht das *sein,* was sie darstellen, um *Darstellung* von etwas zu sein. Selbstverständlich lassen sich literarische Texte auch als Bestandteile der sie formenden Diskurse begreifen. Aber wenn

---

[19] Sutrop (1998). Den Begriff der Mimesis in den der Fiktion im Sinne Waltons aufgehen lassen zu wollen, schafft verschiedene Probleme, u.a., daß es dann keine antiillusionistische "Fiktion" mehr geben kann.

[20] Bekanntlich ist dies eine zentrale Kategorie der Sprachauffassung in der Spätphilosophie Wittgensteins. Vgl.Ludwig Wittgenstein, *Philosophische Untersuchungen*, Frankfurt/M. 1984.

[21] Swales (1997), S. 49.

sie nur dies sind, sind sie eben nicht mehr, worauf Swales an dieser Stelle insistiert: Darstellung.[22]

Die (im übrigen triviale) Nicht-Identität von Darstellung und Dargestelltem berührt das Mimesiskonzept nicht, weil ihre Negation nie zu seinen Bestandteilen zählte. Swales Argument, indem die Literatur aus Sprache bestehe, sei sie besonders geeignet, sprachliche Gegenstände "abzubilden",[23] teilt daher implizit mit der Position, die sie überwinden will - die rhetorische Auflösung des Darstellungsbegriffes - eine falsche implizite Grundannahme: Darstellung erfordere, um als solche gelten zu können, eine *Identität* mit dem Dargestellten. Aus der Nichtidentität von Darstellung und Dargestellem folgt lediglich, daß Worte nicht in der Form eines Bildes einen Stuhl 'abbilden' können, aber es folgt daraus kein Problem literarischer Darstellung eines Stuhles.

In der älteren Diskussion spielte die vor allem von Brinkmann vorgetragene Kritik an einer schlichten Gegenüberstellung von Realität als objektiv Gegebenem und Fiktion als 'Erfundenem' eine wichtige Rolle, wogegen dann als verbindendes Element der Konstruktcharakter von Realität und Fiktion geltend gemacht wurde. Inzwischen hat sich infolge der diesbezüglichen Kritik, vor allem aber durch die dominant gewordenen philosophischen Kontexte der Diskussionszusammenhang entscheidend verändert. Eine Gemengelage erkenntnistheoretischer, systemtheoretischer, rhetorischer, semiotischer und medientheoretischer Reflexionen hat dazu geführt, daß jene Begriffe, die zu Beginn der Realismusdiskussion durch ihren erkenntnisoptimistischen Gebrauch provoziert hatten, Begriffe der (historischen) Realität und ihrer "Nachahmung" oder "Widerspiegelung", jetzt umgekehrt generell einem skeptizistischen Verdikt anheim fallen. Darauf, sich von dieser Tendenz abzugrenzen, zielten die voranstehenden Überlegungen. Eines kommt als Argument hinzu: Wo es nur noch realistische Lektüren, keine realistischen Texte mehr gibt, die

---

[22] Die Möglichkeit gegenständlicher literarischer Darstellung besagt allerdings noch nichts über die jeweiligen ideologischen Kontexte, in die solche Darstellungen eingebettet sind und die Täuschungen, denen sie damit Vorschub leisten können, wie dies Adorno in seiner Kritik an der Korrelation von Realismus und Wahrscheinlichkeitsprinzip vortrug. Vgl. Seiler (1983), S. 387.

[23] Vgl. Swales (1997), S. 49. Eisele hatte in diesem Zusammenhang noch von einer avancierten Strategie des Illusionismus gesprochen.

sich über ihre wie auch immer eingeschränkte mimetische Kompetenz definieren, wird es zu einem Problem, den gegenteiligen Befunden in der eigenen Analyse einen nicht-widersprüchlichen Ort zuzuweisen.[24]

*

Um nochmals auf den rhetorischen Begriff der realistischen Schreibweise zurückzukommen, so ergibt sich ein anderes Problem bezüglich der Reichweite und Applikationsform eines solchen idealtypischen Konstruktes. Die "realistische Schreibweise" kann nicht umstandslos auf die Vielfalt jener Texte übertragen werden, die der *Epoche* des Realismus üblicherweise zugerechnet werden. Die textuellen Strategien in der Epoche des Realismus lassen sich aus diesem Begriff nicht einfach ableiten. So hatte schon Brinkmann in Abhebung vom objektiven Stil der Klassik gerade die Subjektivierung als das kennzeichnende Element der von ihm untersuchten Texte herausgearbeitet, Realität also in der Perpektive der Realisten nicht als Illusion des Selbstgegebenen beschrieben. Daß ein Text der Epoche des Realismus angehört, bildet daher weder eine notwendige noch eine hinreichende Bedingung dafür, daß er im Rückgriff auf einen entsprechenden rhetorischen Terminus angemessen klassifizierbar ist.

Die realistische Schreibweise im Sinne Barthes' zielt auf den Begriff der Illusion. Dieser fällt mit dem Begriff der Mimesis (als mimetischer Kompetenz) ebensowenig zusammen, wie die Begriffe von Mimesis und Realismus zusammenfallen, oder der Begriff der mimetischen Kompetenz mit historischen Mimesis-Konzepten, die sich an den Kategorien von Handlung und Anschauung orientieren.

---

[24] Dies betrifft die Arbeit von Rudolf Helmstetter, der einerseits "Realismus" auf einen Lektüreeffekt reduziert, andererseits aber die dargestellten gesellschaftlichen Verhaltensnormen, kulturellen Leitbilder und Mechanismen der Interaktion als den "realistische(n) harte(n) Kern" von *Effi Briest* bezeichnet. Rudolf Helmstetter, *Die Geburt des Realismus aus dem Dunst des Familienblattes. Fontane und die öffentlichkeitsgeschichtlichen Bedingungen des Poetischen Realismus*, München 1998, S. 229.

(3)

Hatten Richard Brinkmann, Wolfgang Preisendanz und Hubert Ohl Einseitig-
keiten des normativ aufgeladenen Mimesisbegriffs zu korrigieren versucht,
indem sie ihre Untersuchungen nicht an Musterfällen gelingender Mimesis als
externen Meßgrößen, sondern dem positiven Gehalt der Texte selbst ausrich-
teten, wurde dieser Art der Literaturbetrachtung später ihrerseits kritisch auf
ihre Verkürzungen hin überprüft, die vor allem in der Orientierung an der
weitgehend als autonom behandelten Sphäre des Literarischen und Philosophischen bestanden.

Die stärkere Fokussierung des sozialgeschichtlichen und politischen
Kontextes[25] ließen in der Folge Ausschließungen und Ideologeme des Realismus stärker in den Vordergrund des Interesses rücken und - in methodischer
Perspektive - andere Texte und Textsorten. In den Zeitschriften, zunächst vor
allem den "Grenzboten", in denen der Diskurs über die gesellschaftliche und
politische Rolle der Literatur vorzugsweise ausgetragen wurde, entwickelte
sich ein programmatischer Realismus, der, wie viele Autorenkommentare belegen, deren Selbstauslegung tief beeinflußt hat.[26]

Aus dieser Neuorientierung der realistischen Forschung resultierte wiederum eine kritische, auch ideologiekritische Perspektivierung der realistischen Literatur. Resultierte die Bedeutung der zuvor besprochenen, durch die
ältere Forschung angestoßenen Fragestellungen für die vorliegende Arbeit
nicht zuletzt darin, einen Begriff mimetischer Kompetenz zurückzugewinnen,
beruht sie bei der soeben beschriebenen Wende darauf, daß die Fantastik von

---

[25] Das Ziel, implizit noch virulente Leitbilder einer autonomen Sphäre der "Geistesgeschichte" durch ein Bewußtsein der heterogenen gesellschaftlichen, politischen oder diskursiven Verflechtungen zu ersetzen, bestimmt auch jüngere Versuche, wissenschaftsgeschichtliche Kontexte angemessen zu perspektivieren. Thomé (1993) und Andreas W. Daum, *Wissenschaftspopularisierung im 19. Jahrhundert. Bürgerliche Kultur, naturwissenschaftliche
Bildung und die deutsche Öffentlichkeit 1848-1914*, München 1998.

[26] Zu den Arbeiten von Hermann Kinder, *Poesie als Synthese: Ausbreitung eines deutschen
Realismus-Verständnisses in der Mitte des 19. Jahrhunderts*, Frankfurt/M. 1973, und Helmuth Widhammer, *Realismus und klassizistische Tradition. Zur Theorie der Literatur in
Deutschland. 1848-1860*, Tübingen 1972, vgl. Michael Thormann, "Realismus als Intermezzo. Bemerkungen zum Ende eines Literatur- und Kunstprogramms", in: *Weimarer Beiträge*
42,4 (1996), S. 561-587, S. 561 ff. Zur Selbstauslegung Fontanes als programmatischem
Realisten, vgl. Helmstetter (1998).

der Liste der Ausschließungen, die bei Marianne Wünsch den Realismus definiert, ebenso betroffen ist, wie von der Diagnose einer sich selbst naturalisierenden Fiktion bei Eisele.

Die entsprechenden Ansätze analysieren den Realismus im Gestus der Entlarvung: Die realistischen Texte reflektieren demnach nicht ihre Konstruiertheit, sondern naturalisieren das durch künstlerische Verfahren erzeugte Werk und kompensieren durch überkommene Klischees vom handlungsmächtigen Subjekt den Verlust der in funktionalen Imperativen gebundenen Individualität. Gemeinsam ist diesen Vorstellungen die Annahme einsinniger, um die Thematisierung ihres fiktionalen Status verkürzter Texte, die die Brüche mimetischer Wirklichkeitsillusion kaschieren. Sie erfordern damit eine kritische Lektüre, die sich an Modellen der Ideologiekritik (Eisele), dem Literatursystem Realismus (Wünsch), ästhetischen Modernekonzepten (Bohrer) oder der Psychoanalyse (Jackson) orientiert.[27] Als Kontrastfolie, auf der diese Diagnosen entstehen, dient beinahe durchgängig die Literatur der Moderne. Die Thesen von Eisele (1), Plumpe (2) und Wünsch (3) seien im Folgenden etwas näher betrachtet.

(1)

Ulf Eisele zufolge verweigern die realistischen Texte jede Reflexion auf ihre Gemachtheit und naturalisieren in diesem Sinne das literarische Produkt.[28] Das sich scheinbar selbst erzählende Erzählen bildet demnach das zentrale Ideologem realistischer Erzähltheorie und -praxis, weil es den Konstruktcharakter gesellschaftlicher Realität im Medium literarischer Fiktion in Abrede stellt. Der Realismus wird damit zur negativ bewerteten Kontrastfolie für die epi-

---

[27] Vgl. Karl Heinz Bohrer, *Die Kritik der Romantik*, Frankfurt/ M 1989, S. 161; Marianne Wünsch, "Vom späten 'Realismus' zur 'Frühen Moderne'. Ein Modell literarischer Strukturwandels", in: *Modelle des literarischen Strukturwandels*, hrsg. v. Manfred Titzmann, Tübingen 1991, S. 187-203, S. 191; Rosemary Jackson, *Fantasy. The literature of subversion*, London New York 1981.

[28] Vgl. Ulf Eisele, *Realismus und Ideologie. Zur Kritik der literarischen Theorie nach 1848 am Beispiel des "Deutschen Museums"*, Stuttgart 1976.

stemologisch sich über sich selbst aufklärende Moderne, den Roman des Diskurses.[29]

Die "Weigerung, das Sein der Sprache zu denken" (Foucault) resultiert Eisele zufolge aus dem Visualitätsparadigma, das der Dichtung von Horaz verordnet wurde, und das Eisele über Blanckenburg, Wilhelm v. Humboldt, Goethe, Hegel, Erich v. Kahler bis Lukacs verfolgt. Es kulminiere im Realismus, was sich in den visuellen Metaphern von "Widerspiegelung" und "Abbildung" niederschlage. Daß diese "realistische(n) Grundbegriffe", wie Eisele sie nennt, solche weder im Sinne der realistischen Poetik gewesen sind, noch taugliche Orientierungspunkte aktueller (oder der damaligen) Realismusforschung darstellen, bleibt unberücksichtigt. Im "extremen Maß" praktiziere die realistische Literaturkonzeption "Diskursunterdrückung", während der moderne Roman zum "Roman des Diskurses" mutiert. Die 'Wahrheit' des realistischen Textes verflüchtigt sich so zum "Wahrheitseffekt", der sich seinerseits im Realismus effekt erschöpft. Der vermeintliche Essentialismus erscheint als "dogmatische Epistemologie, die sich selbst (als solche) kaschierte".[30]

Zwar gesteht Eisele zu, daß im Spätrealismus eine "Subjektivierung" eintritt, er zitiert zustimmend die Rede vom *Stechlin* als einem "Roman der Sprache". Doch sei der Dialog, der diese Sprachform auszeichne, nur das avancierteste Mittel, den realistischen Illusionismus der Unmittelbarkeit zu befördern, da er eben als Sprache zur sprachlichen 'Abbildung' am besten geeignet erscheine.[31] Auch der Dialog diene daher der "Einlösung und Vollendung der Tendenz zur literarischen Anschaulichkeit".[32]

---

[29] Ulf Eisele, *Die Struktur des modernen deutschen Romans*, Tübingen 1984.

[30] Vgl. Eisele (1984), S. 12, 16, 24 u. 37.

[31] Dem Dialog eine besondere Eignung für illusionistische Zwecke einzuräumen, bedeutet etwas anderes als ihm - im Sinne der weiter oben geführten Diskussion - einen privilegierten epistemologischen Rang zuzusprechen.

[32] Eisele (1984), S.9. Zur Anschauungskatgeorie in Bezug auf Storm vgl. Gregor Reichelt, "Theodor Storms Bildgebrauch im Kontext des Zeitschriftenmediums", in: *Theodor Storm und die Medien. Zur Mediengeschichte eines poetischen Realisten*, hrsg. v. Harro Segeberg u. Gerd Eversberg, Berlin (1999), S.81-102, S.95 ff.

(2)

Nach Gerhard Plumpes Ansicht kompensiert der literarische Realismus durch Tradierung eines überkommenen Klischees vom handlungsmächtigen Subjekt den Verlust der in funktionalen Imperativen gebundenen Individualität. Er affirmiert darin die Abtrennung politisch gesellschaftlicher Faktizität von legitimierendem öffentlichen Diskurs. Historisch falle er damit hinter den Erkenntnisstand der Hegelschen Philosophie, und des in ihrem Modernebegriff entwickelten Problemgehaltes zurück.[33]

Der literarische Realismus kompensiert damit nicht nur lebensweltliche Defizite, die sich aus der Beschränkung der Handlungsautonomie im Rahmen unterschiedlichster 'Sachzwänge' ergibt. Er kompensiert auch nicht lediglich den Verlust eines Handlungsraumes selbst, etwa bezogen auf die Atomisierung der Gesellschaft in austauschbare Einheiten, die über das undurchschaubare System des Marktes mehr 'vernetzt' sind, als daß sie - im Sinne eines emphatischen Handlungskonzeptes - noch 'interagierten'. Der *literarische* Realismus kompensiert vor allem den *politischen* Realismus und entschädigt für die Desillusionierungen, die mit ihm einhergehen.[34]

(3)

Marianne Wünsch beschreibt das Literatursystem als ein System von Ausschließungen, welches über die gesellschaftlich zugelassenen Inhalte der Texte entscheidet. Das Unbewußte, der Tod, Sexualität, Wahnsinn, Fantastik gelten demzufolge im Realismus als illegitime Darstellungsgegenstände. Erst in der Moderne löst die fantastische "Nicht-Identität von Person und biologi-

---

[33] Vgl. Gerhard Plumpe, *Theorie des Bürgerlichen Realismus. Eine Textsammlung*, Stuttgart 1985, Einleitung, S. 38 f.

[34] Vgl. Plumpe (1985), S. 16. Plumpe faßt diese Sicht des Realismus folgendermaßen zusammen: "Trotz erheblicher Differenzen in der jeweiligen literaturpolitischen Akzentsetzung lag die Gemeinsamkeit der realistischen Programmatik in der Kompensation einer desorientierenden Erfahrung der Moderne durch die literarische Präsentation einer harmonischen, überschaubaren, in sich kohärenten Lebensweltfiktion, die, noch diesseits ästhetizistischer Selbstgenügsamkeit, gleichzeitig als Wesenserkenntnis der Welt und des Menschen offeriert wurde." (1985), S. 29.

scher Existenz" das geschlossene und selbstidentische realistische Subjekt ab, das sich über ein stabiles moralisches und rationales Bewußtsein definiere.[35]

Noch fundamentaler gerät die wechselseitige Negierung von Realismus und Fantastik, wo sie nicht an darstellungsfähigen Inhalten, wie in der Liste der Ausschließungen bei Wünsch begegnet, sondern am Repräsentationskonzept der realistischen Schreibweise festgemacht wird, wie bei Rosemary Jackson, die damit freilich über den reinen Epochenbegriff hinausgreift.

*

Der strukturelle Ort, der am Beginn der hier skizzierten Forschungsgeschichte dem Mimesisbegriff als normativem Konzept bei Auerbach und Lukacs zufiel, wird nun offen oder implizit von der literarischen Moderne eingenommen, ihren Entgrenzungen, der Selbstreflexivität, an die sie als Erbe der Frühromantik anknüpfe, oder, bei Bohrer, den neuen Erfahrungsmustern, denen sie zur Artikulation verhelfe.

Die Funktion, die in den erwähnten Ansätzen der Moderne zugewiesen wird, führt letztlich allerdings zu einer Aufweichung der scharfen Epochengrenze, da zahlreiche Untersuchungen Moderne-Elemente in realistischen Texten nachgewiesen haben, wie (stichwortartig) Untersuchungen zu Strukturen poetischer Reflexion, Zitat, Sprachbewußtsein, Mythologie, Abstraktion, Selbstreferenz, diskursive Redevielfalt oder Medienreflexion belegen.[36] Dem

---

[35] Wünsch (1991b).

[36] Vgl. zur poetologischen Reflexion: Winfried Menninghaus, *Artistische Schrift. Studien zur Kompositionskunst Gottfried Kellers*, Frankfurt/M. 1982, zur Mythologie: Renate Böschenstein, "Mythologie zur Bürgerzeit. Raabe - Wagner - Fontane", in: *Jahrbuch der Raabe-Gesellschaft* 1986, S. 7-34, zur Abstraktion: Albrecht Koschorke und A. Ammer, "Der Text ohne Bedeutung oder die Erstarrung der Angst: Zu Stifters letzter Erzählung 'Der fromme Spruch' ", in: *Deutsche Vierteljahresschrift für Literaturwissenschaft und Geistesgeschichte* 61 (1987), S. 676-719, zum Zitat: Christian Grawe, "Crampas Lieblingsdichter Heine und einige damit verbundene Motive in Fontanes Effi Briest", in: *Jahrbuch der Raabe - Gesellschaft* 1982, S. 148-170, zum Sprachbewußtsein: Hans-Martin Gauger, "Sprachbewußtsein im 'Stechlin' ", in: *Bild und Gedanke. Festschrift für Gerhart Baumann*, hrsg. v. Günter Schnitzler, München 1981, S. 311-323, zur Selbstreferenz: Paul Irving Anderson, " 'Der Stechlin'. Eine Quellenanalyse", in: *Interpretationen. Fontanes Novellen und Romane*, hrsg. v. Christian Grawe, Stuttgart 1991, S. 243-274, zur diskursiven Redevielfalt: Wolfgang Rohe, *Roman aus Diskursen. Gottfried Keller 'Der Grüne Heinrich',* erste Fassung 1854/55, München 1993, zur Medienreflexion: Rudolf Helmstetter, *Die Geburt des Realismus aus dem*

Befund eines durch den Realismus zwischen Romantik und Moderne einge-
tretenen Kontinuitätsbruches ist von diesen Untersuchungen also zumindest
implizit widersprochen worden, auch wenn sie sich gewöhnlich nicht mehr
explizit auf die 'Realismus-Debatte' und ihre Begrifflichkeiten beziehen.

Ferner ist zu berücksichtigen, daß, so wie das rhetorische Konstrukt der
realistischen Schreibweise nicht mit der Vielfalt der Textgestalten im Realismus zusammenfällt, die Bestimmungen der Programmatiker sich auf die literarischen Werke nicht einfach *übertragen* lassen.[37] Der Realismus ist nicht als
eine statische Größe zu betrachten, wie es der Systemgedanke bisweilen nahezulegen scheint, sondern als ein dynamisches Verhältnis wechselseitiger
Kommentierung von Programmatik und literarischem Text.[38] Das im Text als
Realitätsbezug unaufhebbare (Brinkmann) oder nur noch prononciert ästhetisch vermittelte (Preisendanz) und insofern markierte Differenzproblem, das
frühere Arbeiten in den realistischen Texten beobachtet hatten, wird durch die
später gewonnenen Erkenntnisse zur Programmatik nicht gegenstandslos.
Schon deshalb sind die Ergebnisse der älteren Forschung nicht einfach obsolet
gewordene Bestandteile unseres Wissens über den Realismus.

3.2 Die Existenz der realistischen Fantastik

Obwohl sie von der Programmatik ausgehend nicht *erwartbar* ist, und von der
Forschung weitgehend marginalisiert wurde, ist die Präsenz einer realistischen
Fantastik unübersehbar. Orientiert man sich zum Zwecke eines ersten Über-
blicks am Motivbestand der von Gero v. Wilpert untersuchten Gespensterge-
schichte, erhält man eine Gruppe von gut fünfzig Texten, verteilt auf zwölf
Autoren.[39] Hinzu kommen Phänomene wie das "Prodigium" des Krähenkrie-

---

*Dunst des Familienblattes. Fontane und die öffentlichkeitsgeschichtlichen Bedingungen des
Poetischen Realismus*, München 1998.

[37] Vgl. Helmstetter (1998), S. 259 ff.

[38] Daß die Kohärenz dieses Systems sich nicht zuletzt seinem Konstruktcharakter verdankt,
zeigt am deutlichsten: Hermann Korte, *Ordnung & Tabu. Studien zum poetischen Realismus*,
Bonn 1989.

[39] Vgl. Gero v. Wilpert, *Die deutsche Gespenstergeschichte. Motiv - Form - Entwicklung*,
Stuttgart 1994, S. 303-349. Dabei ergibt sich folgende Verteilung: Theodor Storm (21),
Theodor Fontane (10), Wilhelm Raabe (6), Levin Schücking (4), Friedrich Gerstäcker (3),
Heinrich Seidel (2), Otto Ludwig (1), Gottfried Keller (1), Charles Sealsfield (1), Friedrich

ges in Wilhelm Raabes *Odfeld,* übernatürliche Macht und übernatürliches Wissen des Schwarzen Geigers in Gottfried Kellers *Romeo und Julia auf dem Dorfe,* oder die Orte heidnischen Wunderglaubens und die Meretlein-Episode im *Grünen Heinrich.* Die Sage von der weißen Frau weist v. Wilpert in zehn Texten Fontanes nach. Die größte Vielfalt an Gattungen, in die das Fantastische eingebettet ist, findet sich bei Keller; in der (romantischen) Mischung mit dem Wunderbaren im Märchen (*Spiegel das Kätzchen*), ferner in Gedicht (*Weingespenst, Geistergruß*), Legende (*Sieben Legenden*), Novelle (*Sinngedicht, Romeo und Julia auf dem Dorfe*) und Roman (*Der Grüne Heinrich*). Das größte Textcorpus bietet, wiederum nach Wilperts Zählung, mit drei Gespenstergeschichten und achtzehn Novellen, in denen sich "Spurenelemente des Gespenstischen" finden, Theodor Storm. Die drei bekanntesten Beispiele realistischer Fantastik dürften mit Storms *Schimmelreiter,* dem spukenden Chinesen in Fontanes *Effi Briest* und den "Geistersehern" im *Sinngedicht* Gottfried Kellers benannt sein. Schon ein flüchtiger Blick auf das Vorkommen fantastischer Motive ohne Befragung ihrer Funktion zeigt also, daß das romantische Motiverbe keineswegs so wirkungsvoll 'entsorgt' wurde, wie es der Wunsch der Programmatiker zum Ausdruck bringt, und daß es nicht bloß vereinzelt in der Unterhaltungs- und Trivialliteratur der Leihbibliotheken fortlebt, wo es im Biedermeier eine Blütezeit erlebte.[40]

In der Forschung haben diese Elemente, von wenigen Ausnahmen abgesehen, kaum Beachtung gefunden, und wo sie berücksichtigt wurden, blieben ihnen gewöhnlich nur die Funktionen als humoristisch verfremdetes Figurenzitat zu dienen, Belehrung über falsches, unaufgeklärtes Bewußtsein zu sein, einen vergangenen Volksglauben in den Chroniknovellen historisch zu dokumentieren oder schlicht als "Stimmungsmittel" zu wirken.[41] Wo doch einmal eine nicht im Sinne der genannten Funktionszuweisungen depotenzierte Fan-

---

Halm (1), Heinrich Riehl (1), Friedrich Eckstein (1). Daß der Motivbestand der Fantastik mehr als die Gespenstergeschichte umfaßt, erklärt, daß Keller nur mit einem Prosatext erfaßt ist.

[40] Vgl. Jörg Schönert, "Behaglicher Schauer und distanzierter Schrecken. Zur Situation von Schauerroman und Schauererzählung im literarischen Leben der Biedermeierzeit", in: *Literatur in der sozialen Bewegung. Aufsätze und Forschungsberichte zum 19. Jahrhundert,* Festschrift für Friedrich Sengle, in Verbindung mit Günter Häntzschel und Georg Jäger hrsg. v. Alberto Martino, Tübingen 1977, S. 27-92.

[41] Vgl. Gero v. Wilpert (1994), S. 306, 313.

tastik konstatiert wird, erscheint sie entweder als Übergangsphänomen im Spätrealismus[42], oder die Befunde werden nicht für eine Diskussion gängiger Realismuskonzepte fruchtbar gemacht.[43] Erst in jüngster Zeit scheint die Aufmerksamkeit für das Begriffspaar Realismus und Fantastik zuzunehmen.[44] Die Deutung der Fantastik als Moraldidaxe über die Verderblichkeit des Aberglaubens, die auch Storms *Schimmelreiter* gefunden hat, sei im Folgenden an Peter von Matts Deutung von Kellers "Geisterseher" im *Sinngedicht* illustriert.[45]

*

Von Matt hat Kellers Text zum Gegenstand einer Betrachtung über die Möglichkeitsbedingungen realistischer Fantastik gemacht. Die Episode handelt von einer Frau, die zwischen zwei konkurrierenden Bewerbern mittels einer arran-

---

[42] Vgl. Marianne Wünsch, "Experimente Storms an den Grenzen des Realismus. Neue Realitäten in 'Schweigen' und 'Ein Bekenntnis'", in: *Schriften der Theodor Storm Gesellschaft* 41 (1992), S. 13-22.

[43] Vgl. Winfried Menninghaus, *Artistische Schrift. Studien zur Kompositionskunst Gottfried Kellers*, Frankfurt 1982. Winfried Freund, *Literarische Phantastik. Die phantastische Novelle von Tieck bis Storm*, Stuttgart, Berlin, Köln 1990, verortet den Realismus in einem Entwicklungsschema, das der Romantik noch eine Doppelfunktion der Phantasie zuschreibt, bei der "beglückende Ausweitung" und "bedrohliche Verengung" einander gegenüberstehen, während sich in Biedermeier und Realismus eine einseitige Akzentuierung des Bedrohlichen einstelle (75). In Tiecks *Der blonde Eckbert* erscheine Fantastik als Folge des "Verrats am Wunderbaren" (24), in Arnims *Isabella von Ägypten* konfligieren utopische Phantasie und satirische Phantastik (54), in E.T.A. Hoffmanns *Sandmann* erblickt Freund eine Apotheose des Realitätsprinzips (85). Der "phantastische Realismus Storms (richtet sich) gegen die Perversion der ursprünglich sozialen Menschennatur durch den Egoisten". (135) Näheres dazu im Storm-Kapitel. Daneben gibt es einzelne Aufsätze zu Storm oder dem Spuk in *Effi Briest,* die ebenfalls in den einzelnen Kapiteln vorgestellt werden, da sie gewöhnlich nicht Bezug auf die hier erörterten Probleme und das Verhältnis von Fantastik und Realismus nehmen.

[44] Vgl. Konrad Ehmlich, "Die Fremde als Spuk: Fontane", in: *Jahrbuch Deutsch als Fremdsprache* 24 (1998), S. 83-96, Detlef Kremer, Nikolaus Wegmann, "Wiederholungslektüre(n): Fontanes 'Effi Briest'. Realismus des wirklichen Lebens oder realistischer Text?", in: *Deutschunterricht* 47 (1995), S.71ff., und Rudolf Hemstetter, (1998), S. 213 ff., 223, 234.

[45] Peter von Matt, " 'Die Geisterseher'. Gottfried Kellers Auseinandersetzung mit der phantastischen Literatur", in: *Gottfried Keller Gesellschaft. 48. Jahresbericht* (1979), S. 1-19 Analog die Schimmelreiter-Deutung, die Freund für den Schulunterricht empfiehlt. Vgl. Winfried Freund, *Theodor Storm. Der Schimmelreiter*, Paderborn, München, Wien, Zürich 1984 (siehe das Storm-Kapitel in dieser Arbeit).

gierten Spukszene entscheidet. Derjenige der beiden Bewerber, der sich durch die Hexenmaske, hinter der sie ihr Gesicht verbirgt, bei der nächtlichen Begegnung nicht erschrecken läßt, qualifiziert sich als Gemahl, erweist er sich doch als jemand, der fest auf dem Boden der Tatsachen steht und damit, wie es scheint, für den Text die Position des Realismus - als Weltanschauung, nicht als davon isolierte Schreibweise begriffen - affirmiert.

Erblickt man den Sinn der Erzählung, wie bei von Matt geschehen, in der moralischen Belehrung über den charakterlichen Defekt der Gespensterfurcht, dann läßt sie sich tatsächlich dem ideologischen System des Realismus vortrefflich einpassen. Sie würde an die Stelle der empfohlenen Abschaffung der Gespenstergeschichte in der Aufklärung eine realistische Kontrafaktur setzen.[46]

Eine Depotenzierung der Fantastik liegt durch eine solche Lektüre insofern vor, als die einseitige Fixierung auf den Ausgang der Erzählung (im Sinne des Todorov-Modells) im vorliegenden Fall eine Verkürzung der eröffneten Bedeutungsbezüge impliziert. Zwar widerspricht von Matt ausdrücklich der von Todorov dem Ende der Erzählung zuerkannten Bedeutung, doch räumt seine eigene Lesart der Erzählung als einer didaktischen Unterweisung über die Schädlichkeit des Gespensterglaubens unübersehbar der realistischen Auflösung und eben nicht dem Moment der fantastischen Irritation den zentralen Platz ein. Nicht zuletzt von Matts eigene Aussage, daß bei Keller "in der Verläßlichkeit des menschlichen Gesichtes die Gewähr für die Wahrheit der ganzen Welt (liegt)", widerspricht diesem Befund.[47]

Liest man den Text lediglich von der realistischen Auflösung her, dann bleibt der allegorische Gehalt des für die Episode zentralen Maskenmotivs unberücksichtigt. Dieses verweist auf eine bei Keller im Rahmen der Rousseau-Rezeption *fundamentale* Intransparenz der sozialen Beziehungen und nicht auf den charakterlichen Defekt eines gespensterfürchtigen Einzelnen.[48] Die

---

[46] Zur Gespenstergeschichte der Aufklärung vgl. v. Wilpert (1994), S. 98-105.

[47] Von Matt (1979), S.13 f.

[48] Mit Kurz lassen sich für die Allegorie dann zwei (autonome) Ebenen unterscheiden, auf denen das Maskenmotiv seine Bedeutung gewinnt und damit von der Metapher unterscheiden, die eine 'Verschmelzung' beider Ebenen zur Folge hat, sowie vom Symbol, das als Element der Narration in Erscheinung tritt und aus dem narrativen Zusammenhang seine Bedeutung gewinnt. Vgl. Gerhard Kurz, *Metapher, Allegorie, Symbol*, Göttingen 1988. Zum

Beschränkung auf die 'wörtliche Bedeutung' hingegen, die Todorov mit Blick auf Poesie und Allegorie zur Voraussetzung für das Fantastische erhoben hatte, führt an dieser Stelle von einer Einsicht in die Funktion der Episode gerade weg. Erst im übertragenen Sinne wird die fantastische Verfremdung des Gesichtes zur Hexenfratze, zum Anthropologicum sozialer Intransparenz, des bei Keller allgegenwärtigen Themas der Verkleidung und Täuschbarkeit, das sich durch die Verwendung der Allegorie auf der Sprachebene als Disjunktion von Zeichen und Bedeutung fortsetzt. Die Klassifizierung der nicht-wörtlichen Fantastik als "rein metaphorisch" und ihre Einordnung als bloße Schwundform bei Todorov greift daher zu kurz.[49]

Kellers Erzählung entspricht so wenig einem der Aufklärung dienstbar gemachten exemplum wie das Experiment, das den roten Faden des *Sinngedichts* bildet, ein *Experiment* ist.[50] Wenn Keller das exemplum als Textgattung ebenso *zitiert* wie das Experiment als naturwissenschaftliche Form der Wissensgewinnung, dann unterläuft er damit jenes (rein) mimetische Prinzip der Darstellung, das von Matt als Voraussetzung seiner Deutung dient, zugunsten einer metatextuellen Reflexion. Die Fiktion der Lesbarkeit, die im Motiv des "auf die Tortur gespannten" Lichtstrahls (312) auf brachiale Weise die Wissenschaft und auf selbstironisch antiillusionistische Weise die Literatur verkörpern, wird durch die groteske Koppelung von wissenschaftlichem Forschergeist und poetischem Sinnspruchglauben *im Gesamttext* parodiert. Dies betrifft insbesondere den Glauben an die Möglichkeit des Experiments im Bereich des sozialen Lebens und damit auch das Maskenexperiment.

Lesarten wie die hier am Beispiel der von Mattschen Lektüre illustrierten stellen, worin immer sonst ihre Produktivität liegen mag, eine Depotenzie-

---

Verhältnis von Maske und Allegorie in der Schauergeschichte, vgl. Hannelore Schlaffer, *Poetik der Novelle*, Stuttgart, Weimar 1993, S. 207 ff. Zur Bedeutung der narrativen Auflösung; Tzvetan Todorov, *Einführung in die fantastische Literatur*, Frankfurt 1992 (1976), S. 42 f.

[49] Als Beispiele einer metaphorisch depotenzierten Fantastik begegnen etwa der Geist aus *Hamlet* oder der Teufel aus dem *Faust* in Theateraufführungen des neunzehnten Jahrhunderts, so bei: Remo Ceserani, "Skepsis und phantastische Literatur", in: Festschrift Wuthenow 1994, S. 96 f.

[50] Zur Deutung des Sinnspruchs als "Unmöglichkeit des Experiments im Bereich des Realen", Anneliese Kuchinke-Bach, "Gottfried Kellers 'Sinngedicht' - Logaus Sinnspruch, beim Wort genommen", in: *Euphorion* 86 (1992), S. 39-64, S. 42.

rung des Fantastischen dar, die es im Folgenden auf ihre Gründe hin zu befragen gilt.

3.3 Gründe für die Marginalisierung der realistischen Fantastik

Für die Marginalisierung der realistischen Fantastik durch die Forschung lassen sich im Wesentlichen drei Gründe ausmachen: der Gattungsbegriff, das Konzept normativer Regeln und die Programmatik.

3.3.1 Gattungskonzept

Hinderlich erweist sich zunächst die verbreitete Orientierung am Gattungsverständnis fantastischer Literatur, wie es Todorov oder Caillois mit ihren einflußreichen Publikationen geprägt haben.[51] Niemand würde Fontanes Roman *Effi Briest* oder Kellers *Sinngedicht* einer solchen Gattung zuschlagen wollen. Obwohl fantastische Textelemente darin unübersehbar sind, scheint die im Vergleich zum Gattungsmuster unerwartete Rolle, die diese Elemente im Plot einnehmen, ihre Identifizierung zu erschweren oder zu verhindern, daß sie als solche ernstgenommen und auf ihre Funktion hin befragt werden.[52]

Offensichtlich behindert hier ein Vorverständnis die Deutung, welches den Bewandniszusammenhang des Textes in einem vermeintlichen Zentrum verankern will, und "periphere" Elemente in ihrer das "Zentrum" irritierenden Potenz nicht wahrnimmt. Dieses läßt sich dann leicht mit zentralen Lektüregewohnheiten zur Deckung bringen, etwa dem Muster "Schicksalsnovelle", dem Fontanes Kriminalerzählungen gerne subsummiert werden,[53] und die, wie *Ellernklipp*, ebenfalls fantastische Elemente enthalten.

Ein Argument gegen das Gattungsverständnis des Fantastischen ergibt sich aber nicht nur aus der Marginalisierung jener fantastischen Elemente, die sich im Sinne des Gattungsbegriffs in 'nicht-fantastischen' Texten finden, son-

[51] Caillois, (1974) und Todorov (1976).

[52] Offensichtlich wird dieses Problem bei v. Wilpert (1994), dessen Interesse der Gattung gilt und der daher bloßen "Nebenmotiven" keinen funktionalen Wert zuerkennen will. Vgl. 312 f.

[53] Vgl. Heinz Schlaffer, "Das Schicksalsmodell in Fontanes Romanwerk. Konstanz und Auflösung", in: *Germanisch-Romanische Monatsschrift* 47 (1996), N.F. 16, S.392-409 und Müller-Seidel (1980).

dern auch daraus, daß Fantastik in einer Vielzahl eingeführter Gattungen erscheint, also das Bewußtsein der Gattungs*variabilität* des Fantastischen in der Fokussierung einer in sich geschlossenen Gattung ausgeblendet wird.[54]

3.3.2. Geschlossenheit des Literatur-"Systems"

Ein weiterer Grund der Marginalisierung dürfte in der theoretischen Modellierung des Realismus als geschlossenem Literatursystem bestehen, das sich über die Befolgung von Ausschlußregeln reproduziert, genauer in der konkreten Fassung des hier implizierten - zu starken - Regelbegriffs.[55] Von ebenso großem Interesse wie das, was diese Regeln effektiv ausgeschlossen haben; z.B. Wahnsinn, Lazarett und Folter in Julian Schmidts Büchnerkritik[56], das Häßliche, Sexualität oder Fantastik, sind die unklaren *Grenzziehungen* dieser Tabus. Nicht nur sind diese Regeln als solche niemals kodifiziert worden. Es existiert auch keine Praxis ihrer Einübung, die den Beteiligten ein sicheres Wissen über die korrekte Anwendung in allen einschlägigen Fällen ermöglicht. Wo die *Grenze* zwischen legitimen und illegitimen Darstellungen verläuft, ergibt sich erst performativ aus der oft unfreiwilligen Erprobung und ist nicht wie das Addieren oder der gelungene Vollzug eines standardisierten Sprechaktes *erlernbar.*

Wo genau die Darstellung einer medizinischen Untersuchung gegen den literarischen Sittencodex verstößt, wußte Theodor Storm wohl kaum, bevor eine entsprechende Stelle in *Ein Bekenntnis* von Paul Heyse brieflich beanstandet wurde, woraufhin Storm sie für die Buchausgabe änderte.[57] Und auch diese Kritik eines einzelnen, wenn auch privilegierten Lesers, explizierte dann nicht eine *allgemein* in Geltung stehende Ausschlußregel, sondern nur das damit offenkundig werdende Problem ihrer Fixierung. Zweifellos wurden naturalistische Schreibweisen tabuisiert, aber an der Grenze zwischen Realismus und Naturalismus, oder diese Grenze überschreitend, siedelt sich Storms No-

[54] Zur Gattungsvariabilität vgl. Ceserani (1994), S. 92 f.

[55] Wünsch (1991b).

[56] Vgl. *Theorie des bürgerlichen Realismus. Eine Textsammlung*, hrsg. v. Gerhard Plumpe, Stuttgart 1985, Einleitung, S. 25 f.

[57] Vgl. Theodor Storm, *Novellen 1881-1888*, hrsg. v. Karl Ernst Laage, Frankfurt/M. (Deutscher Klassiker Verlag), S. 1039 f.

velle *Draußen im Heidedorf* an. Die Figur Römer in Kellers *Grünem Heinrich* widerlegt die Annahme, daß in realistischen Texten pathologische Sachverhalte nicht dargestellt werden oder nur ihre Überwindung vorgeführt wird. Daß dem Bürgertum Eigentum als sakrosankt galt, hinderte Raabe nicht, es in den *Akten des Vogelsangs* dem Sakrileg einer ökonomisch sinnlosen Vernichtung des Erbes zu überantworten.[58] Zweifellos ist die Liste der Ausschließungen für den Realismus signifikant, aber nicht in Form klarer Darstellungskonventionen, die keinerlei Ausnahmen duldeten, sondern als verbreitete 'Tendenzen', die, sofern sie als Regeln faßbar sind, auch überschritten werden konnten und die eben an ihren Grenzen gar keine deutlichen Vorgaben bereithielten.

---

[58] Marianne Wünsch, "Eigentum und Familie. Raabes Spätwerk und der Realismus", in: *Jahrbuch der deutschen Schillergesellschaft* 31 (1987), S. 248-266.

3.3.3 Programmatik und literarischer Text

Als letzter Grund für die Vernachlässigung der realistischen Fantastik sei die Identifizierung von zeitgenössischer Literaturdoktrin und literarischen Texten benannt. Legt man die Aussagen der Programmatiker zugrunde, dann ist eine realistische Fantastik in der Tat wenig erwartbar.[59] Die Stilisierung des Epochenwandels zum Epochenbruch, zur vollständigen Abwicklung der romantischen Vergangenheit, wie sie die Programmatiker anstrebten um ein 'intaktes' Epochenbild konstruieren zu können, kehrt in der Vorstellung vom geschlossenen "Literatursystem" als Forschungsposition wieder.[60] Daß dabei der Versuch, das für die Epoche Typische in einem Realismusbegriff herauszuarbeiten, und Einzeluntersuchungen zu bestimmten Autoren oder Werken, gerade was das Vorhandensein von 'Moderneelemente' betrifft, zunehmend auseinanderklaffen, wurde ausgeführt.

Diese Untersuchungen, die praktisch allen namhaften Autoren des Realismus, Fontane, Keller, Raabe, Storm und Stifter, moderne Schreibweisen zusprechen, entwerfen ein anderes Bild realistischer Literatur als die am Literatursystem als Ganzem orientierten Zugänge. Deren Problematik besteht bisweilen darin, daß sie sich ihrerseits nicht als Einzeluntersuchungen zu offiziellen Literaturprogrammen oder dem ideologischen Diskurs des Realismus begreifen, sondern als Epochenbestimmungen in einem umfassenden Sinn. Hierbei gerät dann leicht aus den Augen, daß die literarischen Texte das offizielle Literaturprogramm auf mehr oder weniger versteckte Weise auch unterlaufen können, auch wenn die betreffenden Autoren sich in ihren program-

---

[59] Julian Schmidt glaubt "nicht mehr an die Verpflichtung, als sentimentaler Vampir nächtlich in den Häusern umherzuschleichen" und faßt das Anliegen der Romantiker wie folgt zusammen: "Gespenster sind die Hauptsache, die beste Regierungsform ist der Despotismus, die katholische Kirche ist sehr tiefsinnig, die Rosen singen uns die gescheiteste Philosophie...". Julian Schmidt, "Die Reaktion in der deutschen Poesie", in: Plumpe (1985), S. 93. Nicht unerwartet erscheint dann auch der Topos von der kranken Einbildungskraft: "Auf die Länge kann ein gesundes Volk eine solche Gespenster- und Maskenwirtschaft nicht ertragen." Julian Schmidt, "Die Verwirrungen der Romantik und die Dorfgeschichte Auerbachs" (1860), in: Plumpe (1985), S. 108.

[60] "Literaturdoktrin" meint, daß die entsprechenden Inhalte in den poetologischen Debatten nicht kontrovers waren, daß über die Institutionen dieser Kritik Macht auf die Autoren ausgeübt wurde und sich deren Schreiben und ihre Selbstauslegung davon beeinflußt (nicht determiniert) erwiesen.

matischen Äußerungen meistens 'systemkonform' verhielten und offensichtlich, wenn sie über programmatische Fragen räsonierten, auch weitgehend systemkonform dachten.[61]

Bei alldem handelt es sich nicht um eine Periodisierungsfrage, also darum, ob bestimmte 'realistische' Texte schon als frühmodern zu bezeichnen wären, und demzufolge auch nicht um eine Frage der (Um-) Klassifizierung. Sondern es geht um das *einer jeden* derartigen Klassifizierung zugrundeliegende Epochenmodell und das damit behauptete Maß an Einheit und Selbstidentität, indirekt daher auch (bei Wünsch) um die Leistungsfähigkeit des Systemmodells, zumindest die Suggestionen, die es möglicherweise transportiert.

Auch für die vorliegende Arbeit sind daher der Realismus als Ausschließungssystem und die Literaturdoktrin der Programmatiker von Bedeutung, doch sollten Geschlossenheit und Kohärenz dieses 'Systems' nicht zu hoch veranschlagt werden, wenn keine Theoriefalle daraus entstehen soll.[62] Von Interesse sind die Ausschließungen schon deshalb, weil sie zu den Bedingungen des Schreibens im Realismus zählen und nur auf dem Hintergrund solcher Doktrinen auch deren Überschreitung als solche erkannt werden kann. Erst die von der Forschung geleistete Rekonstruktion der Programmatik ermöglicht daher jene Verhältnisbestimmung beider Größen, zu der die vorliegende Arbeit beitragen will.[63]

---

[61] Vgl. Helmstetter (1998), S. 259 ff.

[62] Besonders pointiert hat Hermann Korte diesbezüglichen Kohärenzfiktionen widersprochen und als methodologische Konsequenz daraus die Diskursschnittpunkte eines Jahres zum Untersuchungsgegenstand gewählt. Vgl. Hermann Korte, *Ordnung & Tabu. Studien zum poetischen Realismus*, Bonn 1989.

[63] Daher kommt auch der Aufarbeitung dieses Schreibkontextes kein bloß "archivarisches Interesse" zu, vgl. Helmstetter (1998), S. 260. Literaturprogrammatik und literarische Fiktion sind gleichermaßen relevante Erkenntnisgegenstände. Sie lassen sich in dieser Funktion nicht gegeneinander ausspielen, sondern müssen in Beziehung zueinander gesetzt werden.

3.4 Die Situation nach 1848 als unterscheidender Faktor der europäischen Realismen

Form und politische Einbettung des programmatischen Diskurses und das System der Ausschließungen, verstanden als Symptome einer spezifischen geschichtlichen Situation, unterscheiden den Realismus der deutschsprachigen Autoren von dem literarischen Realismus, wie er sich etwa in Frankreich oder Rußland, aber natürlich auch in der Schweiz, präsentierte. Die Zäsur von 1848 hat nicht überall die gleiche Rolle gespielt, daher auch nicht das Syndrom aus politischer Resignation, Positivierung des Pragmatismus und Vermischung lebensweltlicher, literaturpolitischer und poetischer Begrifflichkeiten, welches sich im komplexen Ideologem 'Realismus' als Schreibkontext manifestiert.

Die realistischen Texte Fontanes, Raabes oder Storms sind, legt man das Mimesiskonzept Auerbachs an, nicht nur weniger 'realistisch' als die französischen oder englischen, sie sind zugleich auch 'weniger romantisch' in der Behandlung des Fantastischen als etwa *La Peau de Chagrin* von Balzac oder Gogols *Die Nase.* Dies wiederum hängt damit zusammen, daß schon die Folie der Romantik als Ausgangssituation in den verschiedenen Ländern eine andere gewesen ist. Solche Texte sind im Kontext des deutschsprachigen Realismus kaum denkbar, der die fantastischen Elemente, was die Kausalität der Handlung betrifft, in der Narration an eher untergeordneten Stellen einfügt. So ist es eben, worauf schon hingewiesen wurde, gewiß kein Zufall, daß in Storms *Schimmelreiter*, einem der prominentesten Beispiele, die fantastische Schlüsselszene (im Sinne Todorovs) in den Rahmen der Novelle ausgelagert ist.

Weder stimmen, mit der russischen Literatur verglichen, die Konzepte überein, gegen die man sich wandte, also im russischen Fall etwa der Sentimentalismus, noch die politischen Orientierungen der Realismusprogramme oder deren gesellschaftlich-politischer Kontext.[64] Versuchen, den Realismus als eine die verschiedenen Nationalliteraturen übergreifende Epochen-

---

[64] Zum Sentimentalismus und der politischen Orientierung der russischen Realismusprogrammatiker vgl. Renate Lachmann, "Die Zerstörung der schönen Rede. Ein Aspekt der Realismus-Evolution der russischen Prosa des 19.Jahrhunderts", in: *Poetica* 4 (1971), S. 462-477.

Schreibweise zu profilieren, sind daher gewisse Grenzen gesetzt, auch wenn irrige Konnotationen des "deutschen Sonderwegs" zum Beispiel in der Korrelierung von poetischem Realismus und "deutscher Innerlichkeit" zurecht zurückgewiesen wurden.[65]

Der Schweizer Keller nimmt vor diesem Hintergrund eine Sonderstellung im Rahmen der hier verhandelten Autoren ein. Zweifellos ist bei ihm die Fortführung romantischer Schreibweisen am offensichtlichsten. Sie sticht nicht nur etwa gegenüber den Fontaneschen "Subtexten" und "Finessen" stärker ins Auge, Keller verwirft auch explizit das für den Realismus zentrale Wahrscheinlichkeitspostulat mit dem Hinweis auf die "Reichsunmittelbarkeit der Poesie", deren Legitimation "auch im Zeitalter des Fracks und der Eisenbahnen" zur Geltung zu bringen sei.[66] Insbesondere das *Sinngedicht* setzt den Illusionismus offenkundig außer Kraft.[67]

Andererseits fällt Keller keineswegs aus dem erwähnten historischen Zusammenhang heraus, weil die deutschsprachigen Autoren auf unmittelbare Weise ein länderübergreifendes Lesepublikum hatten. Sie agierten auf einem weitgehend identischen Markt, sahen sich einer über die Landesgrenzen hinaus wirksamen Literaturkritik gegenüber, in die die Programmatik Eingang fand, und nicht zuletzt stellten sie durch die Kommunikation untereinander, insbesondere in Form brieflicher Korrespondenzen, eine dicht vernetzte Öffentlichkeit wechselseitiger Kritik und Einflußnahme her.

Die (ab 1874 erscheinende) *Deutsche Rundschau,* lange Zeit ein kulturelles Zentralorgan im Pressewesen des Deutschen Reiches, hat gerade den Schweizer Autoren Keller und Meyer eine prominente Rolle in ihrer Strategie zugewiesen, die deutschsprachige Literatur unter der Hegemonie des Deutschen Reiches als eine Einheit vorzustellen, die das als mangelhaft empfundene deutsche Nationalbewußtsein kulturell 'unterfüttern' sollte. Dabei spielte die Ausgrenzung der "slavisch-asiatischen" Anteile der österreichischen Literatur,

---

[65] Eine die einzelnen National-Literaturen übergreifende Epochenpoetik legt vor: Hans Vilmar Geppert, *Der realistische Weg. Formen pragmatischen Erzählens bei Balzac, Dikkens., Hardy, Keller, Raabe und anderen Autoren des 19. Jahrhunderts*, Tübingen 1994.

[66] Vgl. Seiler (1983), S. 385.

[67] Vgl. Wilhelm Kühlmann, "Das Ende der 'Verklärung'. Bibel-Topik und prodarwinistische Naturreflexion in der Literatur des 19. Jahrhunderts, in: *Jahrbuch der Deutschen Schillergesellschaft*, 30 (1986), S. 417 - 452, S. 426.

und jener Autoren, die eine Schweizer Nationalliteratur zu begründen versuchten, ebenso eine Rolle, wie die Vorstellung einer aktuellen politischen und literarischen Überlegenheit der Schweiz. Doch verdankte diese sich in der Perspektive der *Deutschen Rundschau*, recht verstanden, dem deutschen Erbe: insbesondere dem Erbe Schillers.[68]

---

[68] Vgl. Günter Butzer, Manuela Günter, Renate v. Heydebrand, "Strategien zur Kanonisierung des 'Realismus' am Beispiel der *Deutschen Rundschau*", in: *Internationales Archiv für Sozialgeschichte der deutschen Literatur* 24 (1999), S. 55-81.

4. Gottfried Keller: *Romeo und Julia auf dem Dorfe*

Von besonderer Bedeutung für eine Lektüre des Fantastischen in *Romeo und Julia auf dem Dorfe* ist die Figur des schwarzen Geigers, die oft die Aufmerksamkeit der Interpreten auf sich zog. Neben den grotesken wurden dämonische Züge hervorgehoben, gelegentlich ist vom Fantastischen oder Unheimlichen die Rede. Hier muß freilich unterschieden werden, ob eine Figur als grotesk, dämonisch oder fantastisch lediglich bezeichnet oder ob diese Prädikate für die jeweilige Deutung des Textes dann auch relevant werden. So spricht etwa Martin Swales vom "grotesken Außenseiter", aber innerhalb seiner sozialpsychologischen Deutung bleiben die Elemente des Grotesken funktionslos, weil sie nicht auf die Internalisierung bürgerlicher Werte als Triebfeder der tragischen Handlung bezogen werden.[1] Entsprechendes gilt für Menninghausens Rede von der "phantastischen Färbung" der Figur, weil ihr dort keine Relevanz für seine Deutung der Erzählung als einer Kritik des Rechts zukommt.[2] Gerhard Kaiser wiederum, demzufolge *Romeo und Julia auf dem Dorfe* eine Neudeutung des himmlischen Jerusalems als "geheiligtem Diesseits des Gefühls" vornimmt, deutet eine mythische Valenz des schwarzen Geigers als "Todesbote" an, die ihre Bestätigung darin finde, daß Keller "seinen Konflikt als Sternbild an den Himmel der Dorfgeschichte projiziert, wo er eine quasi-mythische Figuration bildet."[3] Doch in der Unbestimmtheit des "*Quasi-*" Mythischen bleibt die Valenz des Mythischen und der Zusammenhang mit dem zentralen Deutungsansatz ebenso unklar, wie in den anderen Beispielen des Fantastischen und des Grotesken.[4] In den drei Beispielfällen wird also lediglich die Präsenz bestimmter Elemente mehr oder weniger beiläufig erwähnt, ohne daß Groteske, Mythos oder Fantastik zum Focus der

---

[1] Vgl. Martin Swales, *Gottfried Kellers 'Romeo und Julia auf dem Dorfe'*, in: *Interpretationen zu Gottfried Keller*, hrsg. v. Hartmut Steinecke, Stuttgart, 1984, S. 54-67.
[2] Vgl. Winfried Menninghaus, "Romeo und Julia auf dem Dorfe. Eine Interpretation im Anschluß an Walter Benjamin", in: *Artistische Schrift. Studien zur Kompositionskunst Gottfried Kellers*, Frankfurt 1982.
[3] Gerhard Kaiser, *Gottfried Keller. Das gedichtete Leben*, Frankfurt 1981, S. 314.
[4] Funktional eingebunden sind hingegen die mythischen Motive bei Menninghaus und die christlichen bei Kaiser.

Lektüre würden. Weshalb die Figur des schwarzen Geigers in der entsprechenden Weise dann überhaupt angelegt ist, bleibt unklar.[5]

In der Folge steht daher zunächst das Verhältnis von Fantastik und Groteske im Vordergrund des Interesses, wobei die Groteske vorzugsweise in ihrem Verhältnis zum Bachtinschen Karnevalisierungskonzept behandelt wird (4.1). Den zweiten relevanten Kontext neben der Karnevalisierung bildet die Rousseaurezeption. Um ihre Funktion näher bestimmen zu können, ist angesichts der divergierenden Rousseaudeutungen zunächst ein 'Exkurs' zu Rousseau selbst unausweichlich (4.2). Zielpunkt dieser Lektüre ist Rousseaus negative Anthropologie, die Annahme einer ursprünglichen Selbstentzweiung des natürlichen und des sozialen Menschen, die neben der Einführung des Eigentums, der pessimistischen Geschichtsphilosophie, in Rousseaus zweitem Diskurs die Ungleichheit begründet, eine Denkfigur, die sich bei Keller fortsetzt (4.3). Auf den sozial und ökonomisch entrechteten schwarzen Geiger, die zentrale fantastische Textinstanz, ist diese Thematik beziehbar, insofern sie auf die Idee der Natürlichkeit der Rechtsinstitutionen abzielt. Die Figur selbst oszilliert dabei zwischen subversiven und diagnostischen Qualitäten (4.4).

4.1 Fantastik und Groteske: Der schwarze Geiger

4.1.1 Die sozialpsychologische Deutung

In der Figur des schwarzen Geigers überlagern sich groteske und fantastische Elemente. Mit seiner "schreckbaren(n) Nase, welche wie ein großes Winkelmaß aus dem dürren schwarzen Gesicht ragte", dem Mund, "aus dem er unaufhörlich pustete, pfiff und zischte" und dem ständigen Gestaltwandel, dem

---

[5] Darüber hinaus bleiben die jeweiligen Bezeichnungen auch *als Bezeichnungen* oft rätselhaft. Wo Begriffe wie grotesk, dämonisch, unheimlich, mythisch oder fantastisch weder in einen interpretativen Rahmen eingebettet sind noch als Begriffe *eingeführt* werden, verlieren sie ihre Konturen, und es kommt zu dem von Menninghaus beklagten Problem literaturwissenschaftlichen Hantierens mit "scheinvertrauten interpretativen Grundbegriffen", als deren Beispiele er in seiner Deutung von *Romeo und Julia auf dem Dorfe* die Begriffe Schicksal, Schuld, Sühne und Tragik anführt. Menninghaus (1982), S. 95.

er durch sein Filzhütchen unterworfen ist, trägt der schwarze Geiger unverkennbar Züge des Grotesken im Bachtinschen Sinne.[6]

Daneben besteht eine Unschlüssigkeit hinsichtlich übernatürlicher Macht und übernatürlichen Wissens. Letzteres reklamiert der schwarze Geiger in der Prophezeiung des frühzeitigen Todes der Kinder, die sich im Gang der Handlung tatsächlich erfüllt, ohne daß sich entscheiden ließe, ob die Erfüllung der Prophezeiung gegenüber als kontingentes Ereignis anzusehen ist oder nicht. Unschlüssigkeit besteht auch darüber, ob der schwarze Geiger eine im engeren Sinne dämonische Macht auf Sali und Vrenchen ausübt, wie bereits bei der ersten Begegnung anklingt: "Dazu waren sie in einem seltsamen *Bann*, daß sie nicht wagten, den schmalen Pfad zu verlassen und dem unheimlichen Gesellen unwillkürlich folgten bis an das Ende des Feldes, wo jener ungerechte Steinhaufen lag, der das immer noch streitige Ackerzipfelchen bedeckte." (102).[7] Am Ende der ersten Begegnung ist von der *Erscheinung* des Geigers die Rede, später wähnen sich die beiden unter seinen Schutz gestellt. Keines dieser Elemente, der Bann, unter dem die Kinder stehen, die Erscheinung, zu der der Geiger sich verflüchtigt, die Fähigkeit der Weissagung, gehören der Figur als Elemente der Groteske an.[8]

Die Dämonisierung des schwarzen Geigers wirft die von Menninghaus formulierte Frage auf, warum Keller ausgerechnet dem Entrechteten Attribute des Teufels verliehen hat?[9] Die Sekundärliteratur beantwortet sie gewöhnlich mit einer sozialpsychologischen Erklärung. Vrenchen und Sali haben demnach die öffentliche Anerkennung ihrer Verbindung in Gestalt der Ehe als bürgerliches Kriterium für eine zulässige Liebesbeziehung internalisiert und erfahren die Fixierung auf die äußere Lebensform, die ihnen diese Anerkennung gewährt, als authentisch eigene Motivation.[10] Der schwarze Geiger, der eine freie

---

[6] "Von allen Zügen des menschlichen Gesichtes sind für die groteske Gestalt des Leibes nur Mund und Nase wesentlich, wobei letztere überdies den Phallus vertritt", "Der groteske Leib ist ein werdender Leib. Er ist niemals fertig, niemals abgeschlossen." Michail Bachtin, *Literatur und Karneval. Zur Romantheorie und Lachkultur,* München 1969, S. 16.

[7] Alle Zitate nach: Gottfried Keller, *Sämtliche Werke in fünf Bänden,* Bd. IV, hrsg. v. Thomas Böning, Frankfurt/M.: Deutscher Klassiker Verlag, 1989.

[8] Eine solche Deutung schließt nicht aus, die Prophezeiung im Sinne eines Orakelspruchs einer mythologischen Textdeutung einzupassen, wie Menninghaus sie vorgelegt hat.

[9] Vgl. Menninghaus (1982), S. 131 ff.

[10] Im Text heißt es: "Das Gefühl, in der bürgerlichen Welt nur in einer ganz ehrlichen und gewissenfreien Ehe glücklich sein zu können, war in ihm ebenso lebendig wie in Vrenchen,

Liebe im Kreis seiner Gefolgschaft predigt, ängstigt sie als Spiegel des eigenen unterdrückten Begehren. Durch seine Verteufelung wird er zugleich als unheimlich erfahrbar, die soziale Ausgrenzung und das Spiel der Projektionen geraten zu einer zirkulären Bewegung. Dementsprechend geht "auf die Sozialpsychologie der (fiktiven) Personen" für Menninghaus "der Zirkel von Verstoßung und Verteufelung des Verstoßenen zurück."[11] Wie sehr psychologische Motivation von gesellschaftlichen Faktoren abhängt, macht dementsprechend der Text für Martin Swales deutlich.[12]

Das Problem der sozialpsychologischen Erklärung besteht darin, daß sie im vorliegenden Fall auf einer Ebenenvertauschung beruht. Wie in anderen Texten Kellers ist auch hier die Groteske Bestandteil der vom *Erzähler* entworfenen Welt, und der Text liefert keinen Anhaltspunkt dafür, die Konstruktion der Groteske auf der Ebene der Figurenpsychologie anzusiedeln.[13] Auf der Erzählerebene greifen die Argumente der sozialpsychologischen Erklärung nicht, denn es ist nicht der Erzähler, der die bürgerlichen Werte internalisiert hat und deshalb den Freitod wählt oder gutheißt, ebensowenig wie die Vorgänge aus der Erzählerperspektive als "Zeichen von der um sich greifenden Entsittlichung und Verwilderung der Leidenschaften" zu werten ist, wie es der Zeitungskommentar resümiert (144).

Auch geht mit der sozialpsychologischen Deutung eine bestimmte Auffassung der Fantastik als Zeichen und eine bestimmte Auffassung des Symbols einher, die dem Phänomen nur eingeschränkt gerecht wird. Wenn der schwarze Geiger bei Swales als der dunkle Stern erscheint, dann hat sich die fantastische Figur in ein literarisches Symbol verwandelt, ihre Brüche verschwinden in einem Akt gelingender Aneignung durch die Lektüre. Als Symbol gelesen, unterscheidet sich der schwarze Geiger dann nicht mehr von einer Reihe anderer Signifikanten, wie dem Acker, der Puppe, den Farbsymbolen etc.

---

und in beiden verlassenen Wesen war es die letzte Flamme der Ehre, die in früheren Zeiten in ihren Häusern geglüht hatte ... " (79).

[11] Menninghaus (1982), S. 131 ff.

[12] Vgl. Swales (1984), S. 66.

[13] Eine groteske *Poetik* bei Keller, die das Realismuspostulat suspendiert, hat Wolfgang Preisendanz an *Der Schmied seines Glücks* nachgewiesen: Wolfgang Preisendanz, *Poetischer Realismus als Spielraum des Grotesken in Gottfried Kellers 'Der Schmied seines Glückes'*, Konstanz 1989.

Aber selbst wenn man an der sozialpsychologischen Erklärung trotz der erwähnten Schwierigkeit festhält, erhebt sich die Frage, ob die Phänomene des Fantastischen und des Grotesken in diesem Ansatz nicht unterbestimmt bleiben, ob nicht in der Beschränkung auf diesen Deutungsansatz ein Defizit der Diskussionslage besteht. Andere Deutungen, die dem fantastischen Potential der Figur eher entsprechen, sollen im Folgenden bezogen auf Bachtins Karnevalisierungskonzept versucht und anschließend auf die von Menninghausen hinsichtlich des Mythos perspektivierte 'Kritik des Rechts' bezogen werden.

4.1.2 Bachtins Kategorien der Karnevalisierung

In den *Problemen der Poetik Dostoevskijs* bezeichnet Bachtin Familiarisierung, Exzentrizität, Mesalliancen und Profanierung als Merkmale der karnevalisierten Literatur. "Familiarisierung" meint, daß die Distanz zwischen den Menschen aufgehoben ist,[14] in den Mesalliancen vermischen sich hierarchische Differenzen. Profanierung bezeichnet die Lästerungen, Degradierungen, Erniedrigungen und Obszönitäten, die sich damit verbinden, und die Exzentrizität "erlaubt den verborgenen Seiten der menschlichen Natur, sich in konkret - sinnlicher Form zu zeigen und auszudrücken."[15]

In alldem bekundet sich ein karnevalistisches Weltempfinden, das u.a. durch den "Pathos des Wechsels" und die Vorherrschaft der Ambivalenz gekennzeichnet ist und sich in bestimmten Eigentümlichkeiten des Stils, etwa dem "derben Naturalismus", und in bevorzugten Motiven niederschlägt.[16] Zu den darstellungsästhetischen Konsequenzen zählen die Aufhebung der epischen und tragischen Distanz und die Außerkraftsetzung des Wahrscheinlichkeitspostulates.[17] Literaturgeschichtlich ergibt sich eine Genealogie, die von der menippeischen Satire und dem sokratischen Dialog ausgeht. In späterer

---

[14] An anderer Stelle spricht Bachtin von der familiären *Rede* des Marktplatzes, die "Schimpfworte, Schwüre, Flüche, volkstümliche Scheltgedichte, Blasons etc". umfaßt: Michail Bachtin, *Rabelais und seine Welt. Volkskultur als Gegenkultur*, Frankfurt/M. 1987, S. 52 u. 65 ff.

[15] Michail Bachtin, *Probleme der Poetik Dostoevskijs,* München 1971, S.137 f.

[16] Bachtin (1971), S. 119, 174 u. 180. In der Karnevalskultur selbst zählen zu den wichtigsten Motiven der schwangere Tod und der groteske Leib. Bei Dostoevskij werden u.a. die Erniedrigung des Karnevalskönigs und das Motiv der Schwelle aufgewiesen.

[17] Vgl. Bachtin (1971), S. 138, 127 u. 164.

Zeit umfaßt sie Rabelais, Cervantes, Grimmelshausen, Boccaccio und Shake-speare, Voltaire und Diderot, Balzac, George Sand und Victor Hugo, Sterne und Dickens, Poe und Hoffmann und schließlich Dostoevskij. Alle zusammen bilden das, was Bachtin in einem weiteren Sinne die "Menippee" nennt.[18] Sie zeugt von einem utopischen Moment der Entgrenzung, das ursprünglich der Karnevalskultur eigen war und sich mit dem Untergang dieser Kultur in die karnevalisierte Literatur transformiert haben soll.

Alle zentralen Kategorien lassen sich in *Romeo und Julia auf dem Dorfe* nachweisen. Das Gasthaus, das zum Ausgangsort des karnevalesken Treibens wird, ist hierzu besonders geeignet, widerspricht doch bereits seine Existenz zweckgerichteter bürgerlicher Tätigkeit und Lebensvorsorge. Erbaut von einem "reichen Sonderling", an einer offenbar derart ungeeigneten Stelle ("ein-same Berghalde"), daß niemand dort wohnen mochte, gerät der *"wunderliche Landsitz* in Verfall und zuletzt in die Hände eines Wirtes, der da *sein Wesen trieb."*

Aufschlußreich ist der Bildschmuck des Hauses. Wenn sich *über* den vier Erzengeln des Hauses, die "gänzlich verwittert waren", *kleine* Engel mit *dicken Köpfen und Bäuchen* erheben," ist die Engelshierarchie umgestürzt, das Verhältnis von oben und unten hat sich verkehrt. Andere Gebäudeteile zeigen "lustige Engelscharen" und "singende und tanzende Heilige". Die Ikono-graphie der Heiligen hebt den distanzschaffenden Ernst auf, Heiliges und Profa-nes werden einander angenähert.

Die sich hierin andeutende Familiarisierung vollzieht sich auf der Handlungsebene zwischen Vrenchen und Sali als Repräsentanten einer bür-gerlichen Lebensordnung einerseits und dem "Hudelvölkchen" andererseits. Besonders deutlich wird der Unterschied beider Gruppen durch die Kleidung akzentuiert. Auf dem Fest, bei dem beide Gruppen aufeinandertreffen, legen sich die sonst wilden Locken Vrenchens wohl geordnet, "fein und lieblich" um den Kopf (117) und Sali stellt den Hemdkragen erstmals "ordentlich und ehr-bar" in die Höhe (117). So herausgeputzt im bürgerlichen Sonntagsstaat tref-fen sie nun nun auf die Gesellschaft eines "jungen Burschen" mit einem "zer-knitterten Strohhut", ein Mädchen, das eine Serviette um den Kopf trägt und

---

[18] Vgl. a.a.O., S. 123.

eine "wilde Person" mit einem "Reifen von Rebenschossen um den Kopf gebunden, so daß an jeder Schläfe eine blaue Traube hing" (134). Vrenchens
einfarbigem blauen Kleid (117) kontrastiert die "zusammengewürfelte Tracht"
(134), dem "schönen Blumenstrauß von Rosmarin, Rosen und prächtige
Astern" (118), den sie an der Brust trägt, die "sechsfache Kette von Vogelbee-
ren," die "die schönste Korallenschnur" ersetzt. Indem sich die beiden unter
die "gemeinsame Lustbarkeit" mischen und die Tanzpartner wechseln, heben
sie die von der Kleidung markierten Grenzen sozialer Differenzierung zeit-
weilig auf.

Das wohl auffälligste Element des Bachtinchen Konzeptes ist das der
Profanierung. Sie deutet sich im Namen des Gasthauses als "Paradiesgärt-
chen" an, spitzt sich zu, wenn Vrenchen, die "andächtig und wehmütig" ihr
Lebkuchenhaus trägt, verglichen wird mit einer "heiligen Kirchenpatronin auf
alten Bildern, welche das Modell eines Domes oder Klosters auf der Hand
hält, so sie gestiftet" (133) und gipfelt in der "spaßhaften Zeremonie" der Eheschließung, die der Geiger vornimmt (139). Ihren blasphemischen Charakter
hebt die Schilderung des anschließenden Festzuges hervor, in der die Dämonisierung des Geigers kulminiert. Er führt den "tollen nächtlichen Zug" an
(140), spielt wie besessen, "sprang und hüpfte wie ein Gespenst" und verwandelt den Hügel mit den drei Äckern zum "Blocksberg".[19]

Entscheidend ist, daß bei diesem karnevalesken Treiben die *Grenze* zwischen Spiel und Ernst, zwischen Einbildung und Wirklichkeit immer wieder
ins Wanken gerät, so bei der Zeremonie, die sie "als Spaß (betrachteten), während es sie doch kalt und heiß duchschauerte." (139) Ähnliches gilt für die
Lügengeschichte, die Vrenchen um ihren vermeintlichen Bräutigam spinnt
und in der sie ihn mit einem plötzlich gewonnen Reichtum versieht. Denn beide handeln für einen Tag *wirklich* so, als seien sie "rechtliche junge Leute"
und geben sich "ehrbahr und geschäftig." Auch für diesen einen Tag suspen-
dieren sie nicht die bürgerliche Moral, sondern etablieren stattdessen eine immer brüchige Illusion, ihr zu entsprechen. Vor allem in dieser partiellen und

---

[19] Hier werden freilich auch Elemente des Festes thematisch, die sich bei Bachtin nicht finden, insbesondere in dem besinnungslosen Springen, in dem "keines mehr das andere zu
sehen schien" (83), und solche des Rausches. Zu Rausch und Ekstase vgl. Renate Lachmann,
"Die Schwellensituation. Skandal und Fest bei Dostoevskij", in: *Das Fest. Poetik und Hermeneutik XIV*, hrsg. v. Walter Haug und Rainer Warning, München 1989, S. 307-325, S. 310.

zeitgebundenen Aufhebung der Wirklichkeit, in der Kontamination beider Sphären, liegt die Affinität zum 'karnevalistischen Weltempfinden' Bachtins. Bereits hier deutet sich allerdings auch eine eher unbachtinsche Paradoxie an, insofern die Aufhebung der Wirklichkeit gerade in der imaginär vollzogenen *Anpassung an das Bürgerliche* besteht.

Eine gegenüber der Bachtinschen Beschreibung, ihrer Dichotomie von offizieller und inoffizieller Kultur und der darin virulenten Rolle der Groteske, verkehrte Welt begegnet in Kellers Text: Während die Väter infolge des Streites immer mehr verwildern und sich, aufgrund der zunehmenden Vernachlässigung ihres Äußeren, in grotesk anmutende Anglergestalten verwandeln,[20] repräsentieren die Kinder, die zuvor als Kandidaten des Wilden und Natürlichen hatten gelten können, jene unbeirrbare Fixierung auf die bürgerlichen Tugenden von Ordnung, Sauberkeit, Ehre und sozialer Anerkennung, die im Mittelpunkt der sozialpsychologischen Deutungen steht. Die grotesken Vatergestalten ließen sich zwar noch als Profanierung einer offiziellen Rolle betrachten, aber die Einbindung dieses Elementes in die Gestaltung von Figuren und Handlung läßt an dieser Stelle die offizielle Kultur auf eine Weise erodieren, die gänzlich jene Utopiesignale vermissen läßt, die sich bei Bachtin in die Darstellung der Groteske mischen.

Tatsächlich hat der Text von Beginn an, etwa in der Rede vom *wunderlichen* Sinn für Symmetrie bei den beiden Bauern, das *Ineinander* des bürgerlich Geordneten, der bürgerlichen Rationalität und des Unheimlichen zumindest angedeutet.[21] Es entsteht damit eine Kontamination zweier Sphären, die in diesem Punkt eher an Adorno und Horkheimers Verschlingung von Aufklärung und Mythos denken läßt, als an die Bachtinsche Usurpation der offiziellen Feste.

Mit dem Schlußpunkt der Handlung wiederum, dem Selbstmord und seiner Inszenierung, rücken Sali und Vrenchen näher an jene "grotesken Seelen", um die Renate Lachmann das Spektrum der grotesken Leiber bei Bachtin, bezogen auf Dostoevskij, erweitert hat, ohne freilich in Körper- und Sprachgestik von "Epilepsie, Hysterie, Wahnsinn und Narrheit" die "'Demon-

---

[20] Vgl. Swales (1997), S. 114 f.

[21] Vgl. Swales (1997) S. 111 f.

stration' einer Grenzüberschreitungserfahrung" zu dokumentieren.[22] Noch angesichts des Freitodes und des damit zugleich unabweislich gewordenen Skandales, behalten sie ihre ruhige und überlegte Art bei, als gehe es darum, eine ihnen aufgetragene Arbeit ordentlich und sauber zu erledigen.

Die Karnevalskultur setzt für eine genau begrenzte Dauer die Regeln der offiziellen Kultur außer Kraft. Indem sie jede ihrer Grenzüberschreitungen den rigiden Gesetzen einer gesellschaftlich gestückelten zyklischen Zeit unterwirft, läßt sie die offizielle Kultur nicht nur letztlich unangetastet, sondern trägt im Sinne einer Kompensationsfunktion noch zu deren Stabilisierung bei, solange man in ihr nicht eine 'Ästhetik des Vor-Scheins' erkennen möchte.[23] Was ändert sich bezogen auf dieses Problem unterschiedlicher Einschätzung von Subversion oder Affirmation durch die Transformation des Karnevals in karnevalisierte Literatur und *deren* möglicherweise subversiven Funktionen?

Während Bachtin die zeitliche Struktur der Karnevalkultur immerhin noch erwähnt,[24] verschwindet diese (externe) Ambivalenz und mit ihr die nicht subvertierte offizielle Kultur vollständig in Bachtins Erläuterung der karnevalisierten *Literatur*, die das utopische Moment, das die Karnevalskultur selbst nur als gebrochenes etablieren konnte, in vermeintlicher Reinkultur bewahrt, wo sie nicht gar in eine dialogische Ethik vom guten Leben umschlägt.[25]

Dabei ist offensichtlich, daß die Karnevalisierung als ein *Selektionsprinzip* der Bachtinschen Dostoevskij-Lektüre fungiert, da die Romane ja auch, wenn man an die Beschreibung von Verbrechen, Verhören oder Strafgefangenenlagern denkt, Darstellungen nicht subvertierter offizieller Wirklichkeit und der sie kennzeichnenden Hierarchien enthält. Auch der Kellersche Text ent-

---

[22] Vgl. Lachmann (1989), S. 322 f.

[23] Vgl. Ernst Bloch, *Ästhetik des Vor-Scheins*, hrsg. v. Gert Ueding Frankfurt/M. 1974.

[24] Vgl. "Die Gesetze, Verbote und Beschränkungen... ", Bachtin (1971), S. 137.

[25] Im Dostoevskij-Buch heißt es: "Die Karnevalisierung hat die *offene* Struktur des großen Dialogs ermöglicht, sie hat es zugelassen, daß das soziale Zusammenwirken der Menschen in die höchste Sphäre des Geistes, des Intellektes übertragen wurde, die vorrangig eine Sphäre des einen und einzigen monologischen Bewußtseins, des einen, unteilbaren, sich in sich selbst entwickelnden Geistes gewesen war (z.B. in der Romantik). Das karnevalistische Weltempfinden hilft Dostoevskij, sowohl den ethischen als auch den gnoseologischen Solipsismus zu überwinden. Ein Mensch, der mit sich selbst allein bleibt, kann auch in den tiefsten und intimsten Bereichen seines geistigen Lebens nicht bestehen, kann ohne ein anderes Bewußtsein nicht auskommen. Der Mensch findet niemals seine Fülle nur in sich selbst." (S. 200) Gegen die Tendenz zur Versöhnung wendet sich Lachmann (1989), S. 310 u. 316.

spricht dieser Ausdünnung der gesellschaftlichen Realität durch die alleinige Focussierung der Karnevalisierungskategorien nicht. Hier stehen diese Elemente in schroffem Gegensatz zu der nahezu allgegenwärtigen Präsenz der offiziellen Kultur und der sie kennzeichnenden Hierarchien und Gesetzmäßigkeiten. Auf der Ebene der Familie ist es die patriarchalische Hierarchie, die es den Vätern erlaubt, ihren zerstörerischen Kampf fortzuführen, und in Verbot und offener Gewalttätigkeit schließlich den Angriff Salis provoziert. Der Bezirksrat repräsentiert die Ansprüche der politischen Gewalt, die von der Nutzung des brachliegenden Landstückes in Gestalt des Pachtertrages zu profitieren bestrebt ist und so den Stein ins Rollen bringt. Die rechtlichen Institutionen bringen den schwarzen Geiger um seinen Besitz, da die staatlichen Dokumente fehlen und eine Inkongruenz von Legalität und Legitimität besteht. Und die Kirche hat in Kirchweih- und Erntefest die karnevaleske Festkultur und ihr Störpotential weitgehend usurpiert, also die Entwicklung umgedreht.

Auch der schwarze Geiger repräsentiert nicht ausschließlich ein karnevalistisches Weltempfinden. Schon in den beiden Komponenten seiner Bezeichnung verbindet er eine karnevaleske Festkultur (Geige) mit der offiziellen Kultur der Arbeit (Schwärze), ohne daß sich aus dieser Kontamination eine karnevalistische *Ambivalenz* ergeben würde. Denn die Schwärze ist nicht eine Maskerade, eine Strategie, ein intentionales Element, sondern einfach ein indexalisches Zeichen der Arbeit "... das Gesicht und die Hände aber (waren) ebenfalls *geschwärzt*, denn er trieb allerlei Handwerk, meistens Kesselflicken, half auch den Kohlenbrennern und Pechsiedern in den Wäldern und ging mit der Geige nur auf einen guten Schick aus, wenn die Bauern irgendwo lustig waren und ein Fest feierten." (102) Nicht einmal die Geige, insofern er mit ihr den Bauern zum Tanz aufspielt, gehört eindeutig einer der offiziellen Kultur entzogenen Sphäre an, ebensowenig wie der Wald als Arbeitsstätte Ort einer 'Gegenkultur' wäre, wie der Geiger Vrenchen und Sali gegenüber behauptet: "Kommt mit mir und meinen guten Freunden in die Berge, da brauchet ihr keinen Pfarrer, kein Geld, keine Schriften, keine Ehre, kein Bett, nichts als Eueren guten Willen." (137) Das Chronotop, die typischen Schwellenorte, das Schiffsdeck etc., fehlen hier.[26]

---

[26] Die "schreckbare Nase" des Geigers, von der in der ersten Begegnung die Rede ist, als Element der Groteske gelesen sexuell konnotiert, entbindet die Sexualität der bürgerlichen

Der Kellersche Text beschreibt - im Sinne seiner mimetischen Kompetenz - das Spannungsverhältnis zwischen den gesellschaftlichen Institutionen und der Macht und Gewalt, die sie entfalten, (Familie, politische und rechtliche Institutionen, Kirche) und den in dieser Gesellschaft marginalisierten Gegenkulturen. Die geschilderte soziale Welt weist Bedeutungsspuren des Karnevalisierten auf, doch besitzen diese nicht die Kraft, die kulturellen Grenzziehungen nachhaltig zu irritieren.[27] Daneben zeigen sich in ihr in nüchternem Realismus die Kräfte des "Zentripetalen", das "zur Vereindeutigung, Schließung des Systems, zum Monologischen tendiert."[28] Keller zeigt die gesellschaftliche Marginalisierung der Gegenkulturen, der Gegenfeste und ihrer subversiven Potenz, und er könnte dies nur eingeschränkt tun, wenn sein Text selbst zum "Fest" würde und als textuelle Praxis die kulturelle des Karnevals beerbte, wie Renate Lachmann dies bezogen auf Dostoevskij beschrieben hat.

Romeo und Julia auf dem Dorfe profaniert als Text im Titel einen Prätext, durch all die Elemente, auf die die Literaturkritik aufmerksam machte, die "Kleinkariertheit" der Protagonisten, die Alltäglichkeit der Szenerie in der Annäherung an die Dorfgeschichte, die soziale Typisierung. Aber durch genau dieselben Elemente gewinnt der Text auch seinen sozialen Gehalt, durch die Bewußthaltung der weder im noch durch den Text subvertierbaren, ihm als Darstellung aber aufgegebenen Außengrenzen des Textes.

*

Von diesem Punkt aus läßt sich das Verhältnis von Groteske und Fantastik und damit eine Funktion des Fantastischen in diesem Text neu beschreiben. Groteske und Fantastik sind hier nicht vorrangig durch ihre Affinität gekennzeichnet.[29] Die Groteske im Bachtinschen Sinne zeigt die Gegensätze und

---

Sphäre des Privaten, aber nicht um sie als Teil einer familiarisierten Karnevalsöffentlichkeit sichtbar zu machen. Als eigentümlich ortlos erweist sich damit diese Gegenkultur, nicht weil ihr kein *fester* Ort zufiele (vgl. Lachmann, 1989, S. 314), sondern weil es abgesehen von dem Fest, bei dem er aufspielt, bei den Auftritten des schwarzen Geigers an einem Publikumskollektiv mangelt, bezüglich dessen die feste Rollenzuweisung von Darsteller und Zuschauer durcheinander geraten könnte (vgl Lachmann, a.a.O., S. 307).

[27] Vgl Lachmann (1989), S. 312.
[28] Bachtin (1987), S. 7.
[29] So bei Dostoevskij, vgl. Lachmann (1989), S. 317.

Kontrastfiguren im Zustand der *Vereinigung*, der *Nachbarschaft* des sonst nicht zusammengehörigen, der *Familiarisierung*. Daraus erwächst ihr die Fähigkeit zur *Überschreitung* gesetzter Grenzen, zur *Vermischung* des Disparaten, ihr utopisches Potential.

Die Fantastik hingegen zeigt die Wirklichkeit im Zustand des *Auseinanderfallens*. Eine vormals homogen strukturierte Welt weist plötzlich einen *Riß* auf, die gewohnte Ordnung der Dinge zerfällt, aber eben nicht, um mit dem vormals ausgegrenzten in karnevalistischem Weltempfinden zu einer, wenn auch nur zeitlich gültigen, *Einheit* verschmolzen zu werden, denn von einer solchen "kosmischen Einheit" zeugte nach Bachtin die Konzeption des grotesken Leibes. Diese Implikationen einer gelungen Grenzüberschreitung im Medium der karnevalisierten Literatur findet sich bei Keller nur andeutungsweise und daraus ergibt sich die Funktion des Fantastischen als Dualität zweier miteinander nicht vermittelbarer Welten.

Die Fantastik als der bedrohliche Riß, der durch die vertraute Wirklichkeit führt, als *Angstliteratur*, als Verlust kognitiver Wirklichkeitsbemächtigung zeugt dann gerade von der *Ortlosigkeit* des karnevalistischen Weltempfindens, das sich an die 'offizielle Kultur' weitgehend verloren hat, und von der Nichtverfügbarkeit jener kosmisch - sozialen Utopie, die bei Bachtin das Individuum die Angst vor dem Tod überwinden läßt im Gedanken an das Fortleben der Gattung. Die Dämonisierung des schwarzen Geigers muß damit nicht mehr aus einem Rekurs auf die Figurenpsychologie erklärt werden. Sie wird auf der Ebene Text/ Leser als eine Kulturtheorie lesbar, die in der Dämonisierung der Bachtinschen Groteske deren gesellschaftliche *Marginalisierung* erkennbar werden läßt.

4.2 Rousseaus resignative Anthropologie

Das 'Schicksal' Vrenchens und Salis gründet nicht in einer als grundlos ausgewiesenen Feindschaft zweier Familien, wie bei Shakespeare, sondern in bestimmten geschichtlichen Formationen, die sich in der Sozialpsychologie der Figuren ebenso niederschlägt wie in den Institutionen (Recht) oder im wirtschaftlichen Konkurrenzverhalten der Bauern. Dementsprechend liefert die Entrechtung des schwarzen Geigers eine Ursprungshandlung, welche, der erzählten Zeit vorausliegend, die tragische Handlung in Gang setzt und als Ermöglichungsbedingung aller weiteren Verwicklungen gelten könnte. Diese erschiene somit als urspüngliches Unrecht im Sinne einer historisch lokalisierbaren Tat, die sich zu einer ständigen Besitzverweigerung verlängert und zugleich, darin die mythologische Deutung berührend, auf einen geschichtlichen Ursprung gesellschaftlicher Schuld hinweisen könnte.

Mehr als ein pikantes Detail liegt dann freilich darin, daß, um die Frage Menninghausens noch einmal anders zu wenden, ausgerechnet die Figur, die das 'Schicksal' und die 'tragische Verurteilung zur Schuld' von den Sternen auf den Boden 'realistischer' Tatsachen herunterholen soll, Züge des Fantastischen trägt. Von dieser Problemlage aus scheint ergänzend noch eine andere Funktionsbestimmung des Fantastischen möglich, deren Ausgangspunkt der Rousseaubezug bildet.

*

Der Rousseaubezug drängt sich zunächst im Motiv der Inbesitznahme von Land als Unrecht und Katastrophe erzeugende Ursprungshandlung auf. "Der erste, der ein Stück Land eingezäunt hatte," so heißt es in Rousseaus berühmter Formulierung aus dem zweiten *Discours*, ist der "wahre Gründer der bürgerlichen Gesellschaft" und erzeugt als Folge "Verbrechen, Kriege, Morde, Leiden und Schrecken," eben weil der zum Bürger mutierte Mensch vergessen hat, daß "die Früchte allen gehören und die Erde keinem."[30] Die Genealogie dieses Aktes weist bei Rousseau allerdings die Ungleichheit erzeugende Landnahme ihrerseits, trotz der anderslautenden Emphase, nicht als ursprüngliche, sondern als abgeleitete aus.

Ob es einen signifikanten Unterschied zwischen dem Urmenschen (homme naissant) und dem Wilden (homme sauvage) gibt, mag dahin gestellt bleiben. Wichtig ist, daß der homme naturel in einer bestimmten Phase des Naturzustandes, in dem er nicht mehr als homme sauvage "ohne jedes Verlangen nach seinesgleichen" in den Wäldern umherirrt, aber auch noch nicht durch Landnahme zum "Bürger" geworden war, die Ungleichheit ebenfalls

---

[30] Jean Jacques Rousseau, *Schriften zur Kulturkritik* (Die zwei Diskurse von 1750 und 1755), hrsg v. K. Weigand, Hamburg 1983, S. 191 f.

schon gekannt hat.[31] Es ist nicht erst der *dauerhaft beanspruchte Besitz*, der die Ungleichheit bewirkt, sondern bereits der *soziale Zusammenschluß* als solcher, das Leben in Gruppen mit festem Zusammenhalt. "Die öffentliche Achtung bekam Wert. Wer am besten sang oder tanzte, der Schönste, der Stärkste, der Gewandteste, der Beredsamste wurden am meisten geschätzt. Das aber war der erste Schritt zur Ungleichheit und gleichzeitig zum Laster."[32] Das *Ergebnis* dieser zweiten Verwurzelung der Ungleichheit führt über die ursprüngliche Fragestellung Rousseaus, wie "moralische und politische" Ungleichheit entstanden ist, weit hinaus. "Der Wilde lebt in sich selbst, der zivilisierte Mensch ist immer sich selbst fern und kann nur im Spiegel der Meinung der anderen leben."[33] Die Ungleichheit erzeugt somit die *Verstellung* als 'zweite Natur' des Menschen: "Man mußte sich um seines Vorteils willen anders zeigen als man wirklich war. Sein und Scheinen wurden zwei völlig verschiedene Dinge."[34] Es geht also nicht an, diese Ungleichheit als eine bloße Vorform der durch den Besitz herbeigeführten zu deuten.[35]

Rousseau vertritt nicht nur eine pessimistische Geschichtsphilosphie, die, entgegen seiner Selbstauskunft, den Akt bürgerlicher Besitzaneignung notwendig aus dem Zusammenspiel von perfectibilité und veränderten Umweltbedingungen hervorgehen läßt, sondern auch eine resignative Anthropologie, die eine mit der Gemeinschaftsbildung gleichursprüngliche Selbstentzweiung des Menschen behauptet.[36] Eine "natürliche Sozialität", wie sie später

[31] Daß die verschiedenen Stadien des Naturzustandes durch Uminterpretation kultureller Alterität innerhalb der historischen Anthropologie gewonnen wird, zeigt Markus Christ, "Exkurs: Aufzeichnung und Entgrenzung kultureller Alterität. Topik der Reiseberichte und Rousseaus zweiter Discours", in: *Einführung in die Literaturwissenschaft*, hrsg. v. Miltos Pechlivanos u.a., Stuttgart Weimar 1995, S. 347-353.

[32] Rousseau (1983), S. 205.

[33] Rousseau (1983), S. 265.

[34] Rousseau (1983), S. 221. Vgl. Mark Lehrer, *Intellektuelle Aporie und literarische Originalität. Wissenschaftsgeschichtliche Studien zum deutschen Realismus: Keller, Raabe und Fontane*, New York 1991, S. 28 ff.

[35] So etwa bei Ulrich Kronauer, *Rousseaus Kulturkritik und die Aufgabe der Kunst*, Heidelberg 1978, S. 99.

[36] Eine ähnliche Deutung hat de Man gegen Derridas *Grammatologie* geltend gemacht, in der Rousseau als Inbegriff des Präsenzmetaphysikers figuriert. Vgl. Jacques Derrida, *Grammatologie*, Frankfurt/M. 1974, etwa S. 175, wo Rousseau als "der einzige oder der erste, der die Reduktion der Schrift, so wie sie von der ganzen Epoche impliziert war, thematisieren und systematisieren sollte", oder 271 ff. u. 280 ff (zu den "gefährlichen Supplementen"). De Man hingegen versucht zu zeigen, daß "bei Rousseau genau das gleiche wie bei Derrida

Levi-Strauss in der Rousseaunachfolge vorschwebte, läßt sich daher bei Rousseau selbst schwerlich ausmachen.[37]

Mit dem Naturzustand entwirft Rousseau ein *Bild*, das dem Menschen die Defizite seiner zivilisatorischen Existenz vor Augen führt, ohne ihm den Blick auf einen Zustand ursprünglicher Versöhnung zu gestatten. Im Naturzustand war der Mensch nicht mit sich selbst versöhnt, sondern aus Unwissenheit selbstgenügsam. Erst der vergesellschaftete Mensch, der im Rahmen der "natürlichen Erziehung" zur Selbstgenügsamkeit *gebracht wird*, ist fähig, das Glück dieser Existenzform zu empfinden und ihr damit retrospektiv jenen Sinn zu verleihen, den Rousseau ihr beimißt. Ihm geht es nicht darum, gegenüber den Widersprüchen der Gesellschaft eine urspüngliche Versöhnung zu behaupten, sondern darum, einem gegebenen historischen Gesellschaftszustand die Möglichkeit einer naturalisierenden Legitimation zu verweigern.[38]

Einen natürlichen oder kulturellen Zustand, in dem die Selbstentzweiung aufgehoben wäre, kann es hingegen nie geben, zunächst, weil diese erst mit der Entwicklung eines Bewußtseins des Menschen von sich selbst entstanden ist und einen Schritt *vor* diese Bewußtseinswerdung *zurück* keine Versöhnung des Widerspruches verheißt: "Friede und Unschuld sind uns für immer entgangen, *bevor wir ihre Wonnen genossen haben*. Den beschränkten Menschen der ersten Zeiten war es entglitten: So blieb das glückliche Leben des golde-

---

(geschieht): ein Vokabular der Substanz und der Anwesenheit wird nicht mehr feststellend, sondern rhetorisch gebraucht" Paul de Man, "Die Rhetorik der Blindheit: Jacques Derridas Rousseauinterpretation", in: ders., *Die Ideologie des Ästhetischen*, hrsg. v. Christoph Menke, Frankfurt/M. 1993, S. 185-230, S. 222 f. Weiter heißt es: "Anstatt Rousseau seine Kritiker dekonstruieren zu lassen, dekonstruiert Derrida einen Pseudo-Rousseau und greift dazu auf Einsichten zurück, die er bei dem 'echten' Rousseau hätte finden können" S. 224. De Man weist dies u.a. an den musiktheoretischen Aussagen nach, auf die Derrida Bezug nimmt, vgl. S. 211 ff.

[37] Vgl. Axel Honneth, "Ein strukturalistischer Rousseau. Zur Anthropologie von Claude Levi-Strauss", in: *Merkur* 41 (1987), S. 819-833, S. 823.

[38] Das Ergebnis ist ein antithetisches Denken, aus dessen isolierten Teilen die divergenten Formen der Rousseaurezeption sich selektiv bedient haben. Darnton schreibt dazu: "Jede Zeit erschafft sich ihren eigenen Rousseau. Wir hatten den Rousseau der Anhänger Robespierres, den romantischen, den progressiven, den totalitären und den neurotischen Rousseau. Ich möchte den Anthropologen Rousseau ins Spiel bringen. Er erfand die Anthropologie so, wie Freud die Psychoanalyse erfand, indem er sie auf sich selbst anwandte." Robert Darnton, "Rousseau in Gesellschaft. Anthropologie und der Verlust der Unschuld", in: Ernst Cassirer, Jean Starobinski, Robert Darnton, *Drei Vorschläge Rousseau zu lesen*, Frankfurt 1989, S. 104-114, S. 104.

nen Zeitalters der Menschenrasse *stets ein fremder Zustand*, entweder *weil sie ihn verkannt hat, als sie ihn genießen konnte*, oder *weil sie ihn verloren hat, als sie ihn hätte kennen können.*"[39]

Auch figurieren die sozialen Tugenden, soziale Freigebigkeit, Klugheit und Menschlichkeit, sowie Wohlwollen und Freundschaft, nicht nur als kulturelle Überformungen einer natürlichen Güte im Sinne einer Verfallsgeschichte. Vielmehr werden sie in Opposition zu den höfischen Lastern emphatisch gefeiert. Nicht nur ist die natürliche Güte erst retrospektiv zuschreibbar, sie gewinnt überhaupt erst für den Gesellschaftsmenschen, eben als Quelle der sozialen Tugenden, ihre Dignität. Nur aus der Sicht des Gesellschaftsmenschen ist der homme naturel *gut*, dieser selbst hingegen kennt 'gut' und 'böse' nicht.

Als mögliche Kandidaten einer selbstversöhnten Existenz im Kulturzustand bieten sich auf den ersten Blick der citoyen der antiken Polis (*Erster Discours*), der zur Autarkie am Rande der Gesellschaft erzogene Bürger des Achtzehnten Jahrhunderts (*Émile*) und der die Gegensätze in der Einbildungskraft versöhnende Tagtraum (*Reveries*). an. Die Autarkie am Rande der Gesellschaft (*Émile*) und die patriotische Identifikation mit dem Gemeinwesen (contract social), bilden neben einer Unterweisung in ein realisierbares Erziehungsprojekt oder einer Realutopie der Gesellschaft Orte des Imaginären, an denen Rousseau die Paradoxien, die seine Analysen aufgedeckt haben, durchspielt.

Von einer 'Aufhebung' der Selbstentzweiung kann aber auch hier schwerlich die Rede sein, fällt doch die größt mögliche Wiederannäherung an den homme naturel im *Gesellschaftsvertrag* gerade mit seiner *absoluten Vergesellschaftung* zusammen,[40] während im Emile der Erfolg des Erziehungs-

---

[39] Rousseau (1983), S. 288 f. [Hervorhebungen, G.R.].

[40] Cassirer, dem es gelang, die Einheit des Rousseauschen Werkes unter Einschluß des oft als Fremdkörper empfundenen *Gesellschaftsvertrages* plausibel zu machen, scheint zwei Dinge zu verwechseln, wenn er der gelungenen *Integration* des contract social in das Werk zugleich auch schon die *Lösung* der dort aufgeworfenen zentralen Probleme zumuten möchte: "Wenn die bisherige Zwangsform der Gesellschaft fällt, und an ihre Stelle die freie Form politisch-ethischer Gemeinschaft tritt, - eine Form, in der jeder, statt der Willkür anderer unterworfen zu sein, nur dem allgemeinen Willen, den er als seinen eigenen erkennt und anerkennt, gehorcht - dann ist die Stunde der Erlösung gekommen." Cassirer (1993), S. 39. Das von Rousseau im zweiten Diskurs bezüglich von Verstellung und Inauthentizität beschriebene anthropologische Problem ist nicht schon durch Auflösung von politischer und

projektes auf dem Imaginären der idealen Liebe, auf einer Verspätung der Objektwahl beruht, die in der *unnatürlichen* Unterdrückung des Geschlechtstriebes und seiner Fehlleitung auf die Idee des idealen Partners die größtmögliche *Natürlichkeit* der Existenzform sichern soll.[41] Dem Binarismus von natürlichem und vergesellschaftetem Menschen droht damit eine dekonstruktive Selbstaufhebung. Entscheidend ist dabei nicht, daß die Idee des natürlichen Menschen niemals empirisch realisiert ist, sondern daß die Idee selbst in den begrifflichen Polen, auf denen sie ruht, aufgezehrt wird.

In den *Reveries* ist es die Einbildungskraft, die jene Voraussetzung außer Kraft setzt, auf der die Zuschreibbarkeit von natürlich vs. gesellschaftlich beruht. War zunächst die Harmonie von Umweltbedingungen und Bedürfnisstruktur in der Selbstgenügsamkeit des homme naturel verankert und somit der Natur des Menschen zurechenbar, so erscheint dasselbe Phänomen nun als Produkt einer Einbildungskraft, die ihrerseits als Produkt der Vergesellschaftung erscheint. In diesem Zusammenhang erhält die Frage Starobinskis, "ob das Bild des Naturzustandes nicht nach dem Muster des *Phantasierens* geformt wurde und dessen nach rückwärts projizierte märchenartige Erweiterung ist," [Hervorheb. J.S.] ihre eigentliche Brisanz.[42]

---

rechtlicher Willkür in der volonté générale gelöst und wäre dies selbst dann nicht, wenn es Rousseau gelungen wäre, diese von der volonté de tous überzeugend zu unterscheiden. Der gegen Voltaire verteidigte Optimismus ist daher durch die Rousseauschen Problemstellungen und die Mittel, die er zu ihrer Lösung bereitstellt, nicht hinreichend gedeckt.

[41] Cassirer äußert sich zum Émile wie folgt: "Denn unter allen, an Paradoxien so reichen Schriften Rousseaus ist der 'Émile' vielleicht sein paradoxestes Werk. In keiner anderen scheint er sich so sehr dem Zuge der Phantasie und der Konstruktion zu überlassen, scheint er so völlig alles Gefühl für die 'nüchterne Wirklichkeit verloren zu haben. (...) stattdessen umgibt ihn [Émile, G.R.] ein großes Scheinbild, eine Art sozialer Phantasmagorie, die der Erzieher künstlich für ihn hervorzaubert. Und das Eigentümliche hierbei ist und bleibt, daß dieses ganze, mühsam errichtete System sozialer *Fiktionen* keinem anderen Zweck als dem der *Wahrheit* dienen soll. Es soll den Zögling von der Unnatur der gesellschaftlichen Konvention befreien und ihn zur Einfachheit und Schlichtheit der Natur zurückführen. Aber ist es nicht die höchste Unnatur, wenn man in dieser Weise die bestehende Ordnung der Dinge dem Kinde verbirgt?" Cassirer, (1989), S. 72 [Hervorhebung im Original].
[42] Starobinski (1989), S. 101.

4.3 Rousseausche Motive in *Romeo und Julia auf dem Dorfe*

Die Linie von Rousseau zu Keller wird gewöhnlich auf zwei unterschiedliche Weisen gezogen, die sich beide von der hier aufzustellenden These unterscheiden. Zum einen wird Keller als Rousseau*kritiker* gehandelt, der er sicherlich auch war. Besonders Gerhard Kaiser hat diesen Punkt stark betont und dabei die politischen Differenzen hervorgehoben: "Als Exponent eines defensiv gewordenen Bürgertums versucht er, Ordnungen zu renovieren, deren Unterspülung Rousseau (...) mit vorangetrieben hatte."[43] Nach Kaiser erscheint die Reformation bei Keller als die "wahre, nämlich in Geschichte erscheinende Natur."[44] Ein literarisches Zeugnis des Spottes, mit dem Keller den "Originalitätsgedanken" überzieht, ist der *Herr Jacques*.

Andere Autoren sehen Natur bei Keller als "Inbegriff des Richtigen, Echten, Unverfälschten,"[45] und es ist, in expliziter Bezugnahme auf Rousseau, von "Kellers Affinität für die Verherrlichung der Frühe, d.h. der Natürlichkeit, der Ursprünge" die Rede.[46] Die "Urspünge" werden dabei als "Sinnbilder eines idealen Zustandes" gedeutet. Keller habe sich "zur guten Deutung der Welt" entschlossen und befinde sich "in dieser Forderung nach einem Zusammenwirken von Glauben und Verstand (...) in der Gesellschaft Rousseaus"[47] und damit in Opposition zum Pessimismus Voltaires. Hier verbindet sich eine bestimmte Linie der Rousseaurezeption mit dem Kellerbild der älteren Forschung, das von "fröhlich bejahter Diesseitigkeit,"[48] der Feier des Bürgertums und der Harmonie zwischen Phantasie und Ordnung ausgeht. Die neuere Forschung hingegen diagnostiziert Züge von "Resignation," spricht vom "Phänomen einer 'gelingenden kompositorischen Form' und des Scheiterns positiver Inhalte."[49]

---

[43] Kaiser (1981), S. 686.
[44] A.a.O, S. 489.
[45] Alois Prinz, "Von einem, der auszog... Versuch, auf die Frage nach dem Verhältnis von Literatur und Wissenschaft mit Gottfried Keller eine Antwort zu finden", in: *Wozu Literaturwissenschaft*, hrsg. v. Frank Griesheimer und Alois Prinz, Tübingen 1991, S. 340.
[46] Kaspar T. Locher, *Gottfried Keller. Der Weg zur Reife*, Bern 1969, S. 83.
[47] Locher (1969), S. 86 ff.
[48] So mit kritischem Bezug Renz (1993), S. 1.
[49] Renz mit Bezug auf Menninghaus (1993, S. 2). Christine Renz erkennt in Kellers *Sieben Legenden* zwar einerseits die Synthese von Mensch und Natur (vgl. 166) und eine Feuerbachsche "Bekehrung zum Natürlichen" (161), sowie die "wiedergewonnene Antike als na-

Meiner These zufolge sind der Befund einer negativen Anthropologie und die Rolle, die der Eigentumserwerb darin spielt, die für *Romeo und Julia auf dem Dorfe* zentralen Rousseaumotive. Um diese These zu verdeutlichen, gilt es den Blick zurückzuwenden auf den Text und die Entwicklung der Katastrophe. Manz und Marti eignen sich über Jahre hinweg in stillschweigendem Einvernehmen Teile des mittleren Ackers an und teilen ihn so schrittweise untereinander auf. Der Anstoß zum Streit kommt von außen. Als der Rest plötzlich versteigert werden soll, kommt es zu einem "hartnäckigen Überbieten", an dessen Ende Manz den Acker ersteigert. Nicht das damit legalisierte Besitztum als solches wird aber zum Anlaß jenes Streites, der beide ökonomisch bzw. gesundheitlich ruinieren wird, sondern ein "Dreieck," das Marti "neulich" noch abgetrennt hat. Die "ungehörige Einkrümmung" (79) verletzt Manzens "wunderbaren Sinn für Symmetrie und parallele Linien" (81), in dem sich nichts anderes ausdrückt als der internalisierte Konformitätsdruck, der fremde Blick, der zum eigenen wird.

Was Manz fürchtet, ist das *Gespött der Leute*, dem er sich als Besitzer des verstümmelten Restackers ausgesetzt glaubt (79).[50] Es kommt zu dem selbstzerstörerischen Streit über einen "unbedeutenden Ackerzipfel" (81). Vergeblich besteht Manz darauf, den "lächerlichen und unvernünftigen Schnörkel" zu entfernen. Eine stumme Feindseligkeit, in der sich Selbstgerechtigkeit und Selbstverkennung verbanden, hatten, als Vorgeschmack drohender Verspottung, schon die Zeugen der Versteigerung ausgestrahlt: "Denn obgleich diese (Manz und Marti, G.R.) zu den besten Bauern des Dorfes gehörten und nichts weiter getan hatten als was zwei Drittel der übrigen unter diesen Umständen auch getan haben würden, so sah man sie doch jetzt stillschweigend darum an ... " (78). Die beiden Elemente, die in Rousseaus zwei-

---

türlich-menschliche Diesseitigkeit" (183), stellt dem aber als Gegengewicht thematisch den nicht integrierbaren Tod und die Trauer gegenüber (380), sowie die literarische Reflexivität: "Kellers Kunst behauptet sich damit in ihrer Fähigkeit zur Verwandlung der Realität und somit als eine autonome Form der Darstellung von Wirklichkeit. Sie ist nicht Abbild dessen, was ist, sondern Konstruktion im Sinne Benjamins." (137). Christine Renz, Gottfried Kellers 'Sieben Legenden'. Versuch einer Darstellung seines Erzählens, Tübingen 1993.
[50] Indem Manz die Verurteilung seiner Umgebung vorwegnimmt und der Feindseligkeit, der er sich gegenüberglaubt, mit Aggression begegnet, vollzieht er die Wahrnehmungs- und Handlungsstruktur, die Starobinski an Rousseau offengelegt hat. Vgl. Starobinski (1989), S. 79 ff.

tem Diskurs die resignative Anthropologie begründet hatten, das Streben nach Eigentum und die Verstellung, verklammert auch der Kellersche Text.

Was Manz verhindern will, führt er eben dadurch herbei. Er ist gezwungen, in der Stadt einen "traurigen Gasthof" zu erwerben und "die Leute traten eilfertig unter die Fenster und vor die Häuser, um sich den neuen Bauernwirt anzusehen, und machten mit ihrer Seldwyler Überlegenheit spöttische Gesichter." Sali und seine Mutter schämen sich, da sie den sozialen Abstieg gewärtigen, und indem die Frau des Manz versucht, ihre Scham zu überspielen, forciert sie noch ihre Gekünsteltheit: "So schwänzelte und tänzelte sie mit angestrengter Anmut herum, spitzte lächerlich das Maul, daß es süß aussehen sollte, hüpfte elastisch an die Tische hin..." (89) Die Gäste jedoch haben dieses "Schauspiel" bald satt, bleiben fern und lachen über die "wunderliche Wirtschaft".

In ihrer "Naschhaftigkeit", ihrer wilden "Begehrlichkeit", dem "grundfalschen und verlogenen Schmeichel - und Verleumdungswesen, mit welchem sie jeden Augenblick das Gegenteil von dem sagte, was sie dachte ... " (84) ist die Frau des Manz eine Inkarnation der bürgerlichen Verstellung und Laster, wie Rousseau sie kaum pointierter hätte zeichnen können. Dies vor allem deshalb, weil sich diese Laster erst dem Gang der Entwicklung verdanken und nicht bereits in der 'Natur' dieser Person liegen, die vielmehr in "ursprünglicher Offenheit" und "unschuldiger Plauderei" bestanden hatten. Erst die 'Verfallszeit' bringt hier die Laster hervor und scheint somit den Binarismus von Natur und Kultur intakt zu lassen.

Doch erhebt sich die Frage, wie es um den Gegenpol zur Verfallszeit bestellt ist, und ob sich der Gedanke einer ursprünglichen Natürlichkeit und Selbstversöhnung behaupten kann. Die Opposition von natürlich vs. gesellschaftlich baut der Text auf verschiedenen Ebenen auf. Der wilde, herrenlose Acker opponiert dem bebauten Land, die 'natürliche Eintracht' der pflügenden, noch nicht individuierten Bauern dem Niedergang, den der legale Besitz des mittleren Ackers verursacht, die Prozeßwut der Väter dem unschuldigen Spiel der Kinder.

In der ersten Erwähnung des brachliegenden Ackers im zweiten Abschnitt der Erzählung wird dieser als Ort des Naturfriedens eingeführt. "Eine Welt von geflügeltem Tierchen summte *ungestört* über ihm." Der ziellos unkoordinierten Bewegung, die mit dieser *Welt* geflügelter Tierchen aufgerufen ist, opponiert die gleichmäßige Bewegung der Bauern, die "wie zwei unterschiedliche Gestirne hinter die Wölbung des Hügels hinabgingen und verschwanden, um eine gute Weile darauf wieder zu erscheinen." Die *natürliche* Bahn des Gestirns wird zur *mechanischen* Bewegung der menschlichen Körper. Als Ironie erscheint es, wenn der Text ihrem Schritt eine "gewisse natürliche Zierlichkeit" zubilligt. Gleichzeitig wird in der Ineinssetzung des Gezierten mit dem Natürlichen schon auf dieser Entwicklungsstufe eine Selbstentzweiung des Natürlichen behauptet. Damit ist aber dem Bild der vermeintlich 'natürlichen' Eintracht, das Manz und Marti zu Beginn bieten, bereits eine Differenz eingezogen.

Der mechanische Automatismus, mit dem die beiden Bauern ihre 'Bahn' ziehen, nimmt dabei als Bild lediglich vorweg, was später, von allen komischen Bezügen entkleidet, als unbeirrbare Sturheit den Weg in die Katastrophe bahnt, ebenso besinnungslos begangen, wie es das Bild der Gestirne bereits ausdrückt. Die Besinnungslosigkeit der Väter, die sich beispielsweise darin zeigt, daß Marti "ohne zu wissen warum" seine Tochter schlägt, wird mit der Gestirnsbewegung ebenso in den Bildbereich des Natürlichen geschoben, wie durch den Vergleich mit den "Weberschiffchen des Geschicks" in den des Mechanischen. "Jeder sah wohl, was der andere tat, *aber keiner schien es zu sehen*, und sie entschwanden sich wieder, indem jedes Sternbild still am andern vorüberging und hinter diese runde Welt hinabtauchte. So gehen die Weberschiffchen des Geschickes aneinander vorbei und 'was er webt, das weiß kein Weber.' " (77)

Die Auslegung des Geschehens als schicksalhaft/natürlich wird damit sowohl in der Überlagerung von Mechanik und Natur als Bildspender fraglich wie auch durch den intertextuellen Bezug auf Heine, mit dem die Vorstellung der Schicksal webenden Weberschiffchen als Literarisierung kenntlich gemacht wird. Die Verkehrung des Natürlichkeitsbegriffes liegt darin, daß das Natürlich-Lebendige im Bild der Gestirne als Unbelebtes in Erscheinung tritt, während das Mechanische den vergesellschafteten Lebewesen zugeschlagen wird. Wenn hier 'Natur' und 'Leben' auseinander treten, so wohl kaum in der Fiktion einer positivierten Frühphase, an die die pflügenden Bauern als einem Element des Rousseauschen 'Naturzustandes' auf den ersten Blick erinnern mögen, vor allem in dem Bild der Autarkie, das sie evozieren und das Rousseau beschreibt: "Solange sie nur Werke herstellten, die einer allein machen konnte, und Künste pflegten, die nicht die Zusammenarbeit mehrerer Hände erforderten, lebten sie so frei gesund, gut und glücklich, wie sie es ihrer Natur nach sein konnten, genossen weiter unter sich die Wonne eines unabhängigen Verkehrs."[51] Tatsächlich erinnern sie in ihrem Autismus an Rousseaus These eines fehlenden menschlichen Gemeinschaftsinstinktes.[52]

Daß zu den Vätern und ihren später offenbar werdenden 'gesellschaftlichen Lastern' in der Unschuld der Kinder zunächst eine Opposition aufgebaut wird, scheint besonders deutlich im Hinweis auf das kindliche Unverständnis angesichts der väterlichen Gewalt: "Die Rauhheit der Väter, an sich ziemlich neu, war von den arglosen Geschöpfen noch nicht begriffen und konnte sie nicht tiefer bewegen." Deutlicher als in der Rede von den arglosen *Geschöpfen* könnte die Natürlichkeit dieser Unschuld kaum semantisiert werden. Ermatinger beschwört denn auch die "in reinem Morgenglanz leuchtende Schilderung der spielenden Kinder am Anfang".[53] Dennoch zeigen sich im Spiel der Kinder bereits alle Elemente, die Verfall und Niedergang als vermeintliches Vergesellschaftungsphänomen ausweisen sollen: das Streben nach Besitz, die Verstellung, die Einbildungskraft und die grundlose Aggression, die in der kindlichen Grausamkeit die Gewaltbereitschaft der Erwachsenen noch überbietet.

Das Streben nach Besitz deutet sich in Salis Raub der Puppe an (8), die in ihrer symbolischen Signifikanz in einem seltsamen Schwebezustand verbleibt. In "ihrer *völligen* Nacktheit" sitzt sie zunächst "wie ein Fräulein zwischen den Broten". Später wird das zerstörte Spielzeug als *Leichnam* bezeichnet und als *Marterleib*. Mißhandlung und Zerstörung inszenieren die Vergegenständlichung des Menschenähnlichen, die symbolische Besetzbarkeit der Puppe. Der Text eröffnet den Zusammenhang von Grausamkeit und Imagination noch deutlicher, wenn es zur Erklärung heißt; "das *wenige Leben* in dem dürftig geformten *Bild* erregte die menschliche Grausamkeit." Keller ist weit davon entfernt, mit Rousseau die kindliche Grausamkeit einer Mischung aus Unwissenheit und Tätigkeitstrieb zuzuschreiben (*Émile*, 44), wie es denn oh-

---

[51] Rousseau (1983), S. 213.
[52] Vgl. Cassirer (1989), S. 60.
[53] Emil Ermatinger, *Gottfried Kellers Leben*, Zürich 1950[8], S. 327.

nehin nicht darum gehen kann, zwischen beiden Autoren eine Punkt zu Punkt Entsprechung zu suchen. Wesentlich ist, wie Rousseau und Keller mit zum Teil unterschiedlichen Motiven dieselbe Denkfigur einer resignativen Anthropologie im Sinne einer ursprünglichen Selbstentzweiung begründen. Schon die Aggression als Widerpart des Natürlichen ist ein ganz unrousseausches Motiv. Es wird aber in der ebenfalls unrousseauschen Idyllisierung der Kindheit als *friedvollem Zusammensein* der sich umschlungen haltenden Kinder als Kellersche Opposition faßbar.

Auch die Verstellung ist Bestandteil des spielerisch eingeübten Repertoires kultureller Verhaltensweisen. Vrenchen, empört über die Behandlung ihres Spielzeuges, "schlug ihn einigemal mit der Puppe, *und er tat, als ob es ihm weh täte*, und schrie au! so *natürlich*, daß sie zufrieden war ... " (74) Interessant ist, wie die dekonstruktive Bewegung, die das vermeintliche Gegenbild natürlich kindlicher Unschuld erfaßt, durch die wiederholte Verwendung des Natürlichkeitsprädikates noch akzentuiert wird: "Sie trennten ihn (den Kopf, G.R.) sorgfältig los von dem ausgequetschten Leichnam und guckten erstaunt in sein hohles Innere. Als sie die bedenkliche Höhlung sahen und auch die Kleie sahen, war es der *nächste und natürlichste* Gedankensprung, den Kopf mit der Kleie auszufüllen ... " (75 f.)

Ganz folgerichtig nehmen die Kinder im Spiel, bezogen auf die symbolischen Instanzen, die darin den schwarzen Geiger vertreten, die Stelle der Väter ein. Der Bezug ist beinahe überall faßbar. Sali fängt eine Fliege und sperrt sie in den von der Kleie geleerten Kopf, so daß "der Tönende jetzt einem weissagenden Haupt (glich)," (10) dem sie lauschen. Der "*Prophet*", der "Undank und *Schrecken*" erweckt, spielt unverkennbar auf den schwarzen Geiger an, ebenso wie das "ansehnliche Denkmal von Feldsteinen", unter dem die Kinder das tönende Haupt begraben, an den mittleren Acker denken läßt, der von Feldsteinen der beiden anderen Äcker bedeckt ist, unter denen der Besitz des Geigers 'begraben' liegt. Sie empfinden "einiges *Grauen*, da sie etwas Geformtes und Belebtes begraben hatten, und entfernten sich ein gutes Stück von der *unheimlichen* Stätte."

Die Bezüge, die diese Szene eröffnet, mißversteht man, wenn man sie lediglich als selbstgenügsamen Gebrauch von Kunstmitteln, als ästhetischen Formalismus hinstellt. Für Gerhard Kaiser verweist der tönende Puppenkopf auf die Zukunft, der vergrabene 'wiederholt' das Verfahren der Väter. Kaiser sagt oder erklärt einerseits zuviel, wenn er in einer symbolischen Lektüre entziffert, wofür der schwarze Geiger steht und damit die semantischen Leerstellen restlos auffüllt, andererseits zu wenig, wenn er die Parallelität des Puppenvergrabens und 'Rechte-Vergrabens' ungedeutet läßt. Die Kontrastierungen, Parallelismen und Kreisformen drohen daher als poetische Überdeterminiertheit eine Existenz *neben* den bedeutungskonstitutiven Elementen anzunehmen.[54]

4.4   Natur, Unnatur und Recht

Es bleibt die Frage zu klären, wie der Zusammenhang zwischen Anthropologie, Kulturtheorie und Fantastik im vorliegenden Fall zu denken ist. Wie zu Beginn erläutert, kann es nicht darum gehen, den Kellerschen Text der fantastischen *Literatur* zuzuordnen, in der die Grenzbestimmung der natürlichen Wirklichkeit zum zentralen Thema erhoben würde. Es handelt sich um Textelemente, deren Sinn erst entschlüsselbar ist, wenn man ihre spezifischen Funktionalisierungen erkennt. Dies kann nur gelingen, indem man sie zu den nicht-fantastischen Themen in Beziehung setzt, in diesem Fall dem der Vergesellschaftung und des Rechts. Es muß also zunächst geklärt werden, in welchem Verhältnis der schwarze Geiger, als eine Figur des Fantastischen gelesen, mit dem Modell einer vermeintlich ursprünglichen natürlichen Versöhnung und der gesellschaftlichen Verfallsgeschichte steht.

Geht man davon aus, daß der Text eine Entwicklung beschreibt, die von einer vermeintlich anfänglichen Idylle (bäuerliche Autarkie, Kinderspiel) über den Eigentumserwerb zur Katastrophe führt und erkennt darin gleichzeitig ein überindividuelles Geschehen, dann impliziert dies zugleich eine geschichtsphilosophische Konstruktion. Auch der Geiger in seiner semantischen Überdeterminiertheit, die groteske, mythologische und fantastische Motive verknüpft, zählt zu den textuellen Instanzen, die eine 'übersetzende' Lektüre nahezulegen scheinen.

---

[54] Vgl. Kaiser (1981), S. 302 u. 306.

Die Pointe in *diesem* Zusammenhang besteht dann darin, daß der schwarze Geiger, als Figur des Fantastischen gelesen, unmöglich Bestandteil einer solchen Konstruktion ursprünglich selbstversöhnter Natur und gesellschaftlicher Verfallsgeschichte sein kann, weil er in seiner 'Unnatur' in einer solchen Geschichtserzählung nicht vorzukommen vermag. Die fantastische Figur verhindert die Möglichkeit einer linear kausalistischen (oder auch dialektischen) Lektüre, die die Katastrophe in einer Urspungshandlung der Beraubung lokalisierbar macht. Sie verhindert Geschichtsphilosophie, die teleologische Auslegung des Geschehens, wie dies in anderer Weise die Dekonstruktion von natürlichem und vergesellschaftetem Menschen getan hatte. Diese setzt sich fort in der Dekonstruktion der in den Naturbegriff hineingetragenen Differenz von natürlich und übernatürlich als unklarer Grenzziehung des Wirklichen durch die fantastische Unschlüssigkeit. In der Fantastik wird die 'Natur' neuerlich aufgespalten, in die Oppositionsglieder von natürlich und übernatürlich zerlegt und in der Irritation der Grenze zwischen Wirklichkeit und Einbildung fragwürdig gemacht. Eine solche 'Natur' dürfte schwerlich vereinbar sein mit geschichtsphilosophischem Denken und den diesem innewohnenden Legitimationsfiguren. Sie ist aber - und dies betrifft den zweiten Aspekt - auch nicht vereinbar mit einigen grundlegenden Auffassungen von Natur und Recht.

Damit nähert sich die vorliegende Lektüre, von einer anderen Seite her, der Deutung Menninghausens an, *Romeo und Julia auf dem Dorfe* könne als eine "Kritik des Rechts" gelesen werden. "Nur als mythisch vergeltende", schreibt Menninghaus, "als negative, nicht aber als positive Macht bestimmt das Recht das Geschehen: ein Vorbehalt gegenüber dem Recht, der über der moralischen Verdammung des Unrechts stets noch übersehen worden ist."[55] Das mythische Verhängnis tritt an die Stelle der rechtlichen Strafe und suspendiert die Fiktion des freien Willens.[56]

---

[55] Menninghaus (1982), S. 107.

[56] Ebda. Das wirft freilich einige Fragen auf: Insofern es sich um das positive Recht handelt, demgegenüber der schwarze Geiger rechtlos erscheint, stellt sich die Frage, in welcher Weise das positive Recht und die Rechtsinstitutionen den Mythos in sich bergen oder aus sich heraustreiben. Anders gesagt: inwiefern läßt sich die Darstellung eines mythischen Verhängnisses noch als eine Kritik des positiven Rechtes und der Rechtsinstitutionen lesen? Damit scheint ein im Grunde unplausibles Verhältnis der 'Verursachung' vorausgesetzt.

Ein erster Anhaltspunkt für eine Kritik des Rechts aus der Perspektive des Fantastischen ergibt sich aus dem Sachverhalt, daß das Ereignis geschehenen Unrechtes, das eine lineare Lesart der Verwicklungen innerhalb der kulturellen Eigentumspraxis zu ermöglichen scheint, die erwähnte Frage aufwirft, ob der Benachteiligte überhaupt der Gemeinschaft rechtsfähiger Subjekte angehört, die sich im Rahmen neuzeitlicher Begriffe über ihre menschliche Natur (Vernunft, Sprache, Sozialität) konstituiert und zwar auch dort, wo, wie bei John Locke, dem Eigentumsrecht explizit der Status eines Naturrechtes abgesprochen wird. Wenn, wie im vorliegenden Fall, der Eigentumsanspruch seine Evidenz behält, kehrt sich das Problem der Applikation, wie zu zeigen sein wird, in ein Problem der Legitimation des Rechtes um.

Das neuzeitliche Naturrecht bietet gegen die gewaltsam ausgetragenen religiösen Diffenzen die Gleichförmigkeit der Rechtsverhältnisse und die Identität der Rechtssubjekte auf. Der Idee des Naturrechts wird dabei eine kultur-invariante Bedeutung zugesprochen, so wie dies Wilhelm Diltehey beschrieben hat:

"Es liegen nach diesem System [des Naturrechts, G.R.] in der Menschennatur feste Begriffe, gesetzliche Verhältnisse, eine Gleichförmigkeit, welche überall dieselben Grundlinien von wirtschaftlichem Leben, rechtlicher Ordnung, moralischem Gesetz, Schönheitsregeln, Gottesglauben und Gottesverehrung zur Folge haben muß. Diese natürlichen Anlagen, Normen und Begriffe in unserem Denken, Dichten und Glauben und gesellschaftlichem Handeln sind unveränderlich und vom Wechsel der Kulturformen unabhängig."[57]

Als Kritiker einer solchen Feier des Rechtsgedankens trat wiederum Rousseau in Erscheinung. Er entlarvte den Gedanken der Gleichheit aller Rechtssubjekte in seiner Kritik der gesellschaftlichen Institutionen als ideologische Verschleierung von Partialinteressen. Aus Angst vor Plünderungen schließt sich der Reiche mit den anderen Reichen zusammen und entwirft "schließlich den ausgedachtesten Plan, den jemals der menschliche Geist ausbrütete, nämlich zu seinen Gunsten sogar die Kräfte derer zu benutzen, die ihn angriffen, aus seinen Gegnern seine Verteidiger zu machen ... " Um ihren Besitz zu sichern und die Ungleichheit festzuschreiben, wollen sie "Vorschriften über Gesetz

---

[57] Wilhelm Dilthey, *Das natürliche System der Geisteswissenschaften im 17. Jahrhundert,* in: *Gesammelte Schriften* II, Stuttgart, Göttingen 1977, S. 90.

und Frieden erlassen, denen jeder zu folgen verpflichtet ist, die kein Ansehen der Person gelten lassen und auf gewisse Weise die Launen des Glücks wiedergutmachen, indem sie den Mächtigen wie den Schwachen gleicherweise gegenseitigen Pflichten unterwerfen."[58] Die Zuspitzung dieser Kritik hat Karl Marx geliefert und zwar im Rückgriff auf eine zentrale Rousseausche Kategorie, derjenigen des Scheins. Die *Geldform des Arbeitslohnes* und die *Rechtsform des Arbeitsvertrages* verschleiern nach Marx die Ausbeutung, die in der Fronarbeit noch sinnfällig wurde und als eine solche unmittelbar erfahrbar war.[59]

In der zweiten Hälfte des neunzehnten Jahrhunderts stehen einander in der Rechtslehre unterschiedliche Auffassungen gegenüber.[60] Sowohl, im Anschluß an Kant, der Formalismus, wie dann auch der Positivismus verabschiedeten die Vorstellung einer überzeitlichen Geltung der Rechtsbegriffe. Tatsächlich begünstigte der vermeintlich voraussetzungslose Rechtsformalismus jedoch die Interessen der ökonomisch expansiven Gruppen und den Kapitalbesitz, weshalb Rudolf v. Ihering, beeinflußt von Darwin, in seiner gleichnamigen Schrift den "Kampf ums Recht" (1872) ausrief.

Auch Formalismus und Positivismus liegt als Rechtsidee die gelingende Vermittlung von positivem Recht und normativem Gehalt zugrunde. Eben darauf zielte ja die Kritik Iherings, ob im Sinne einer "Philosophie der Staatszwecke" bei den Liberalen oder im Sinne des Formalismus, der seine Geltung einer autonomen Sphäre des Rechts verdanke, oder bei den Positivisten. Der Unterschied zu den traditionellen Rechtsbegriffen besteht lediglich darin, daß diese Vermittlung nicht auf einem genetischen Argument der Herleitung, wie in der Romantik bei Savigny, oder einem ahistorischen der Überzeitlichkeit beruht.

Das Problem, das der schwarze Geiger dem Denken des Rechts beschert, geht diesen Differenzierungen und Innovationen der zeitgenössischen Rechtstheorie voraus, es ist an eine fundamentalere Bedingung der Zuschreibung von Rechten und der Definition natürlicher Personen gebunden. Daß in *Romeo und Julia auf dem Dorfe* Rechtsform (Eigentumsrecht) und Rechtsin-

---

[58] Rousseau (1983), S. 227.
[59] Vgl. Karl Marx, *Das Kapital*. Band I. Volksausgabe Berlin 1959, S. 595.
[60] Für das folgende vgl. Nipperdey (1994), S. 656 ff.

stitutionen einerseits und die Idee der Gerechtigkeit andererseits auseinander-
fallen, was den Bezug auf Rousseau und Marx nahelegte, erscheint offensichtlich. Daneben ist eine Legitimationsfigur des Eigentums- bzw. Erbrechtes
betroffen, die sich auf die genealogischen Beziehungen natürlicher Personen
stützt. Als Schnittstelle unvereinbarer Wirklichkeitskonzepte bewahrt der
schwarze Geiger ein subversives Potential gegenüber den Vereinheitlichung-
stendenzen einer auf die menschliche Natur gegründeten Rechtsidee (Dilthey)
und einer in ihr behaupteten Legitimitätsbedingung des Rechtes.

Die Pointe in *diesem* Zusammenhang besteht darin, daß die Legitimität
des Besitzanspruches in der biologisch natürlichen Identität des Geigers wurzelt. Indem er diese als fantastische Figur in Frage stellt, scheint er zunächst
einfach außerhalb der Gemeinschaft rechtsfähiger Subjekte zu stehen. Aber
genau dadurch, durch seine in der sozialen Ausgrenzung affirmierten Existenz, irritiert er die Kategorie des Natürlichen, auf der dieser Akt beruht und
zerschneidet damit das Band, das die Rechtsidee noch an ihr vermeintlich natürliches Fundament knüpft.

Als subversive Gestalt gelesen, rückt er damit wieder in ein Verhältnis
der Affinität zur Bachtinschen Groteske. Für die fantastische Subversion gilt
dann allerdings nicht dasselbe wie für die groteske, die eine Marginalisierung
des karnevalistischen Weltempfindens offenbar machte. Ihr geht es nicht um
die Darstellung einer gesellschaftlichen Marginalisierung, sondern um die
Dekonstrution einer Legitimationsfigur rechtsphilosophischen Denkens.

5. Einbildungskraft und Fantastik in Gottfried Kellers *Der Grüne Heinrich*

Als ein Schlüsselerlebnis Kellers gilt seine Begegnung mit Ludwig Feuerbach und dessen Religionsphilosophie. Feuerbachs Analyse des Imaginären, seine Ausführungen über die Vertauschung von "Bild" und "Sache", stellen daher einen naheliegenden Orientierungspunkt für das Thema der Einbildungskraft im Kellerschen Roman dar. Ich möchte zunächst zeigen, daß die Pointe der literarischen Rezeption bei Keller in einer Abweichung vom Feuerbachschen Wissenschaftsoptimismus besteht, denn die in der Projektion gedachte Selbstentfremdung erscheint bei Keller, anders als bei Feuerbach (und in anderer Weise bei Marx), als nicht aufhebbar. Von Feuerbach trennt Keller die Dominanz, die er der Kategorie der Gesellschaft gegenüber der Natur einräumt, von Marx' Feuerbach-Thesen, die ebenfalls an diesem Punkt ansetzen, die pessimistische Perspektive auf Gesellschaft (5.1). Ferner werden die Mechanismen der Spiegelung, die Feuerbach und Marx als 'Aufklärer' aufzulösen trachteten, bei Keller zu produktiven literarischen Verfahren, wie insbesondere die fantastische Episode vom Meretlein zeigt (5.2).[1]

Feuerbachs Versuch, die menschliche Einbildungskraft einer Verkennung der religiösen Bildersprache zu überführen, mündet, wie Kellers Roman vor Augen führt, nicht notwendig darin, sie als ein freies oder natürliches menschliches Vermögen zurückzugewinnen. Die gesellschaftlichen Restriktionen, denen sie jenseits des religiösen Bilderzaubers unterliegt, sollen im Rückgriff auf das Foucaultsche Modell der Disziplinargesellschaft erläutert werden, für das sich in Kellers Text frappierende Anknüpfungspunkte finden lassen (5.3).

Jedoch stellt der Roman nicht nur die Ausgrenzungen und kulturellen Grenzziehungen dar, sondern zugleich auch deren Irritation und Überschreitung in Form einer synkretistischen "Phantasie", die heterogene Wirklich-

---

[1] Dies haben untersucht: Winfried Menninghaus, *Artistische Schrift, Studien zur Kompositionskunst Gottfried Kellers*, Frankfurt/M. 1982 und, daran anschließend, Thomas Meurer, "Das 'Meretlein'. Anmerkungen zu einem vernachlässigten Problem in Gottfried Kellers 'Grünem Heinrich'", in: *Wirkendes Wort* 44 (1994), S. 40-46.

keitsentwürfe verbindet und poetologisch reflektiert. In einem ähnlichen Sinne, "durch die vielfältig gebrochene Erzählerebene", hat Thomas Meurer der Meretlein-Episode "Züge des Phantastischen" zugesprochen (5.4/ 5.5).

Es sind dies zugleich jene Elemente, die eine Anknüpfung an romantische Schreibweisen implizieren und als solche über die Meretlein-Episode hinausgreifen. Jene nicht fantastische Idee, die als gesellschaftliches Imaginäres durch den vermeintlichen Antagonismus ins Wanken gerät, analog zu den Kollektivideen Ehre, Eigentum, Recht etc. in den anderen Texten, erschließt sich in Kellers Roman aus dem Biographiethema, also dem 'Bildungsroman' als jenem problematischen Gattungsbegriff, dem der Roman gerne zugeordnet wurde. Als negativer Bildungsroman einer phantastischen Lebensgeschichte in Anknüpfung an romantische Traditionen führt *Der Grüne Heinrich* den Gedanken biographischer Teleologie ad absurdum (5.6).[2]

5.1 Keller und Feuerbach

Indem er die göttlichen Attribute als mißverstandene Selbstbeschreibungen des Menschen deutete, die auf das Gattungswesen abzielen, hat Ludwig Feuerbach die Bewertung der Einbildungskraft als eines problematischen menschlichen Vermögens neu akzentuiert. Die von Feuerbach beschriebene Logik der Projektion, und damit das "Geheimnis der Religion", beinhaltet demzufolge in zwei Schritten eine Vertauschung von Subjekt und Objekt: als Vergegenständlichung des menschlichen Wesens in Form der Gottesidee und als Selbstsituierung in Form eines diesem Gott gegenübergestellten oder unterworfenen *Objektes*.[3] Daß Feuerbach durch seine Analyse dieser Spiegelungen die projektive Selbstverkennung des menschlichen Bewußtseins aufzuheben intendierte zugunsten einer unverzerrten Selbsttransparenz, kennzeichnet

---

2 Wo nicht anders vermerkt, wird die zweite Fassung als Text zu Grunde gelegt. Die Unterschiede der beiden Fassungen sind jedoch für die vorliegenden Ausführungen im allgemeinen nicht von Belang. Wo dies der Fall ist, wird es eigens vermerkt.

3 Vgl. Ludwig Feuerbach, *Das Wesen des Christentums*. Werke in sechs Bänden (V), hrsg. v. Erich Thies, Frankfurt/M. 1976 (1841), S. 44.

seine Position als Erbe der Aufklärung, die hier freilich ihren Erkenntnisoptimismus aus dem Auftrieb der "materialistischen" Wissenschaften bezieht.[4]

Die Attraktivität der religiösen Vorstellungswelt geht in der Feuerbachschen Analyse über die banale Kompensation durch die Jenseitsvertröstung hinaus. Sie scheint zunächst darauf zu beruhen, daß Gott nicht einfach Begriff der Gattung, sondern Begriff der Gattung *"als eines Individuums (ist),"*[5] also eine im Grunde irreduzible Funktion einnimmt. Als Begriff der 'Gattung als Individuum' kann "Gott" durch den bloß abstrakten Begriff der menschlichen Gattung zwar analytisch aufgelöst, im Haushalt der Psyche aber nicht ohne weiteres substituiert werden. Wenn daher die Bilder der Religion *als Bilder* zu behandeln für Feuerbach bedeutet, Religionsphilosophie als "psychische Pathologie" zu betreiben, stellt sich dem Projekt dieser 'Entmythologisierung' ein Problem der praktisch-therapeutischen Konsequenzen: Die wunscherfüllenden Bilder der Phantasie kennzeichnen das religiöse Bewußtsein, nicht eine abstrakte Vorstellung (von Gott) und eben auch nicht eine abstrakte Vorstellung vom Menschen als Gattungswesen.[6] Ferner entspringt dieses, wie Feuerbach selbst konstatiert, dem "Gefühl eines Mangels", ein Mangel, der sich nicht durch die Analyse der Projektion bereits auflöst.[7]

Was Feuerbach dem Menschen bezüglich der religiösen Einbildungskraft durch seine Analyse 'nimmt', kann daher eine Kompensation nur dann erfahren, wenn die auf das Jenseits und das religiöse Figurenarsenal gerichteten Wunschbilder im "Diesseits" eine neue Perspektive ihrer gesellschaftlichen Realisierung erhielten. Feuerbachs Problem lag nicht zuletzt darin, daß eine solche Perspektive mit der Kritik an der theologischen Dogmatik und der spekulativen Philosophie Hegels noch nicht gewonnen war, was das Einfallstor für die Marxsche Kritik bildete. "Das menschliche Wesen", schreibt Marx

---

4 Konersmann schreibt: "Den Menschen wieder als Original einzusetzen, heißt für Feuerbach, ihm durch Inversion der Spiegelung seine Unmittelbarkeit wiederzugeben." Ralf Konersmann, "Phantasma des Spiegels. Feuerbachs Umkehrung der Spekulation," in: *Archiv für Begriffsgeschichte* 28 (1984), S.179- 200, S. 189.

5 Feuerbach (1976), S. 181.

6 Vgl. Feuerbach (1976), S. 12, 89 f. u. 210. Diese Vorstellung wurde von den Zeitgenossen verdächtigt, ihrerseits eine neues Mythologem bereitzustellen, so von Max Stirner, der Feuerbach, wie Stepelevic schreibt, den "Spuk des Gattungswesens" austreiben will. Vgl. Lawrence S. Stepelevic, "Stirner contra Feuerbach", in: *Ludwig Feuerbach und die Philosophie der Zukunft*, hrsg. v. Hans Jürgen Braun u.a., Berlin 1990, S. 643-655, S. 650.

7 Vgl. Feuerbach (1976), S.86.

in der sechsten Feuerbach-These lapidar, "ist kein dem einzelnen Individuum innewohnendes Abstraktum. In seiner Wirklichkeit ist es das Ensemble der gesellschaftlichen Verhältnisse."[8]

Zwar gibt es bei Feuerbach ein, wie Alfred Schmidt es nannte, "(deklarativ bleibendes) Pathos des Politischen ... und der Sexualität"[9], zwar feiert er den "Naturforscher", vor allem den Chemiker, als Menschheitsbeglücker und empfiehlt dem Volk im Anschluss an Moleschotts Ausführungen über die Bedeutung des Phosphors für das Denken begeistert die Nahrungsumstellung von Kartoffeln auf Erbsen. Aber daß der "Erbsenstoff" den "Keim zu einer neuen, wenn auch langsamen und allmählichen, aber umso solideren Revolution enthält"[10], wie Feuerbach nach 1848 konstatiert, stellt selbst eine Art säkularisierter 'Jenseitsvertröstung' dar und bot jedenfalls für Keller keinen ausreichenden Anlaß, jene "fröhlich bejahte Diesseitigkeit" und die "gute Deutung der Welt" dauerhaft zu stabilisieren, zu der er sich nach Ansicht der älteren Forschung infolger Rousseau- und Feuerbacherlebnisse entschlossen hatte.

---

8 Karl Marx, "Feuerbach-Thesen", in: *Deutsche Ideologie*, 1846, 6. Feuerbach-These, zitiert nach Negt (1996), S. 506. Bezeichnend für diesen Zusammenhang ist ein Aphorismus, in dem Feuerbach den Unterschied von Idee und Interesse leugnet, bezogen auf eine Stelle aus Castelars Rede gegen eine spanische Monarchie - "Die Geschichte der Menschheit ist ein steter Kampf zwischen den *Ideen* und *Interessen*; für den Augenblick siegen immer die letzteren, auf die Dauer immer die Ideen". Ludwig Feuerbach, *Anthropologischer Materialismus. Ausgewählte Schriften I*, Frankfurt/M. 1967, S. 236, [Hervorhebung im Original].

9 Alfred Schmidt, *Emanzipatorische Sinnlichkeit. Ludwig Feuerbachs anthropologischer Materialismus*, München 1973, S. 266. Daß Feuerbach Sinnlichkeit als "aktives Prinzip der Freiheit" deutet und als "praktisch, politisch und staatstragend" versteht, wie Ursula Reitemeyer zum Zwecke seiner Rehabilitierung ausführt, ändert nichts daran, daß sich diese Emphase und ihr geschichtsphilosophisch-utopischer Kern einer Vernachlässigung des Gesellschaftlichen *in der Analyse* verdankt. Ursula Reitemeyer, *Philosophie der Leiblichkeit. Ludwig Feuerbachs Entwurf einer Philosophie der Zukunft*, Frankfurt/M. 1988, S. 123 f. Zudem bleibt Feuerbach der kritisierten idealistischen Philosophie mehr verhaftet, als er wahrhaben wollte, wie Dorothee Vögeli ausgehend von der Frühschrift "Gedanken über Tod und Unsterblichkeit" nachweist: "'Leben' ist idealisiert und wie bei Hegel im dynamischen Subjektbegriff enthalten", von einer Wende zur Natur könne daher nur in eingeschränktem Sinne die Rede sein. Dorothee Vögeli, *Der Tod des Subjekts. Die Mystik des jungen Feuerbach, dargelegt anhand seiner Frühschrift 'Gedanken über Tod und Vergänglichkeit'*, Würzburg 1997, S. 52.

10 Vgl. Ludwig Feuerbach, "Die Naturwissenschaft und die Revolution", in: *Anthropologischer Materialismus. Ausgewählte Schriften II*, Frankfurt /M. 1967, S. 212-230, S. 230. Auch der "schmähliche Verlauf und Ausgang unserer sogenannten Märzrevolution" verdankte sich, Feuerbach zufolge, den "Kartoffelstopfern". A.a.O.., S. 229.

Die "Verherrlichung der Frühe, d.h. der Natürlichkeit, der Ursprünge" als "Sinnbilder eines idealen Zustandes", von denen Dünnebier in diesem Zusammenhang spricht,[11] all das blieb letztendlich eine Episode, gebunden an das Neue und Revolutionäre der Feuerbachschen Ausführungen, denen Keller 1848 selbst beiwohnte. Es hat aber Lebensauffassung und vor allem sein *Schreiben* weit weniger nachhaltig geprägt als jene mutmaßten, die das Feuerbacherlebnis allein auf dieser Ebene situierten.

Eine andere Ebene wird der Feuerbachrezeption zugewiesen, wenn das Verfahren der Projektion selbst als Gegenstand oder Struktur der literarischen Darstellung entziffert wird. Ersteres hat Christine Renz an *Eugenia* und *Der schlimmheilige Vitalis* aus den *Sieben Legenden* in Bezug auf das Statuenmotiv untersucht, letzteres Gerhart v. Graevenitz, der die im Feuerbachschen Mythologiebegriff angelegte "Verschränkung von begrifflicher Reduktion und bildlicher Illusion, von Abstraktion und Ikonisierung"[12] auch auf die Figurenkonstruktion selbst angewendet wissen will. Der in ein Bild des Anderen projizierte Wesensbegriff erzeuge bei Feuerbach nicht nur den "Gott der Christen, nicht nur die 'phantastischen Gattungsbegriffe' der Mythologie, auch die 'realistischen' Helden kommen so zustande."[13]

Als unausgesprochene Konsequenz dieses Gedankens ergibt sich eine bedeutsame Differenz zu Feuerbach selbst. Denn was bei Keller entfällt, ist ein möglicher *Ausgang* aus der Entfremdung, jene Nähe zum Wissenschaftsoptimismus, der Feuerbach Entlarvung, Aufhebung des selbstentfremdeten Bewußtseins und gelingende 'Renaturierung' des Menschen hatte in eins setzen lassen. Dies ist, was die 'mythologische' Struktur der realistischen Texte als deren Konstitutionsbedingung betrifft, natürlich ebenso unmöglich, wie es zweifelhaft erscheint, ob die Vergegenständlichungen der Statuenliebe aufhebbar sind, da das Begehren aus den verdinglicht dämonischen Formen, in

---

11 Die ältere Arbeit von Hans Dünnebier sei stellvertretend genannt für die Tendenz, die Relevanz Feuerbachs für den Autor Keller in jenem Erweckungserlebnis zu suchen, das in der vorbehaltlosen Bejahung des Diesseits und der natürlich- sinnlichen menschlichen Existenz bestehen soll: "Der fruchtbare Mutterboden alles Denkens ist dem früheren Idealisten nunmehr die volle, blühende Sinnlichkeit." Hans Dünnebier, *Gottfried Keller und Ludwig Feuerbach*, Zürich 1913, S. 51.
12 Gerhart v. Graevenitz, "Mythologie des Festes - Bilder des Todes", in: *Das Fest. Poetik und Hermeneutik XIV*, hrsg. v. Walter Haug und Rainer Warning, München 1989, S. 555.
13 v. Graevenitz (1989), S. 554.

denen es seiner gewahr wird, gar nicht oder nur um den Preis seiner Negation befreit werden kann.[14]

Entscheidend für die *literarische* Feuerbachrezeption Kellers scheint daher weniger das Befreiungserlebnis, von dem er in seinen Briefen bezüglich der Vorlesungen berichtet, als vielmehr die unaufhebbare Dynamik von Täuschung, Entlarvung und Desillusionierung, die Keller in den Rang anthropologischer Konstanten erhebt, und für die ihm Feuerbach mit seinen Analysen zur Bildverfallenheit des Bewußtseins eine theoretische Brücke baut.[15] Der Grund für die erwähnte Inkongruenz von biographischer Emphase und literarischer Transformation erklärt sich daher letztlich aus den erörterten inneren Widersprüchen: vorsichtiger ausgedrückt, der inneren Unvollständigkeit des Feuerbachschen Programmes, das - zumindest außerhalb der Diätetik - das nicht zu leisten vermochte, was es hätte leisten müssen, um die Emphase seines Vortrages einzulösen. Die Analyse des Fantastischen in den nächsten beiden Abschnitten bleibt auf die Behandlung der Einbildungskraft bei Feuerbach bezogen.

5.2 Die Meretlein-Episode

Die Erzählung vom Meretlein, im Stile der Chroniknovellen und in Form eines alten, fragmentarisch erhaltenen Tagebuches, gebrochen durch mehrere Erzählfiguren in den Roman eingefügt, eröffnet eine Reihe von Analogien zwischen den Figuren Heinrich und Meret, unter denen die Verweigerung des Gebetes die auffälligste ist.[16] Ursula Mahlendorf hat die Elemente dieser Erzählung einer Analyse aus psychoanalytischer Sicht unterzogen.[17] Das Porträt ermöglicht den Pflegeeltern eine Aufspaltung in die 'gute' Meret, die als Bild

---

[14] Dem entspräche Freunds Deutung der realistischen Fantastik. Vgl. Winfried Freund, *Literarische Phantastik. Die phantastische Novelle von Tieck bis Storm*, Stuttgart Berlin Köln 1990.

[15] Vgl. Mark Lehrer, *Intellektuelle Aporie und literarische Originalität. Wissenschaftsgeschichtliche Studien zum deutschen Realismus: Keller, Raabe und Fontane*, New York 1991, S. 21-36.

[16] Weitere Parallelen bezogen auf Verstoßung, Verschränkungen von Tod und Leben, spezifische Topoi und Ausgestaltung der Frauenbilder, weist Meurer nach, (1994), S. 44.

[17] Ursula Mahlendorf, "The Crime of Punishment: The Psychology of Child Abuse and the Meretlein Incident in Gottfried Keller's 'Der Grüne Heinrich'", in: *German Quarterly* 70 (1997), S. 247-260.

wertgeschätzt, und nach dem aus den Bestrafungen resultierenden Tod als solche memoriert werden kann, und die 'böse', die zur Besserung fortgeschickt wird. Dieser Vorgang, ebensowie die die Tatsache, daß die Strafe ohne Angabe von Begründungen erfolgt, verstößt gegen die Erziehungsnormen der pietistischen Pädagogik der Aufklärungszeit, in die Keller die Episode vordatierte, entgegen dem tatsächlichen Alter des Bildes, das ihm als Anregung diente.[18]

Sowohl Heinrich wie auch Meret werden, in der Lektüre Mahlendorfs, durch ihre religiöse Erziehung zu einem Verrat am Gott ihrer Kindheit gezwungen. Wenn Heinrich das Dankesgebet für die wenig abwechslungsreichen Speisen verweigert, dann zeigt sich darin nicht nur, insofern er keine Dankbarkeit empfindet, ein Aufrichtigkeitsproblem, sondern das ihm abverlangte Gebet verweist auch darauf "that he has to give up the god of pleasures, the god of his infancy, and exchange him for the public, utilitarian, provident, plain god of both his mother and the punitive Calvinist society he enters when he enters school."[19]

Ungehorsam und Strafe sind jene Elemente der Episode, die auch dem fantastischen Ereignis der Auferstehung bzw. dem Scheintod Merets eine Funktion zuzuweisen vermögen. In der Perspektive der aufklärerischen Medizin und Pädagogik wird die "Unart" Merets als "Krankhaftigkeit" verbucht. Ihre Auferstehung verursacht daher ein Problem der kategorialen Einordnung des vermeintlich 'Kranken' und läßt an die Stelle der selbstgewissen Kontrolle ein Erschrecken angesichts des Übernatürlichen treten. Zugleich liefert die Untote allerdings mit dem scheinbaren Beweis ihrer Hexenhaftigkeit jenen Vorwand, der die Bestrafung in den Augen der Pflegeeltern als notwendig hatte erscheinen lassen.

---

18 Eine andere Veränderung gegenüber dem realen Bild, das Keller kannte, betrifft das Geschlecht des Kindes, die Verwandlung in ein unwiderstehlich verführerisches Mädchen, das in allen Männern Begehren auslöst. Die Bestrafungen sind typisch, da sie im Falle Merets auch an ihre sexuelle Attraktivität, im Falle Heinrichs lediglich an einen Mangel an Disziplin gebunden ist. Vgl. Mahlendorf (1997), S. 254.

19 Mahlendorf (1997), S. 250. Ergänzend heißt es, bezogen auf den frühen Verlust des Vaters: "His emotional integrity makes it impossible for him to obey his mother. Curiously, but fittingly for the paternal orphan, the pleasure god is paternal rather than maternal. Because the mother has had to assume the role of the father whom he lost at age two or three, i.e., at the end of the oral and beginning of the anal phase, his god of pleasure has merged into the image of his dead father." A.a.O., S. 251.

Aus diesem double bind zweier gleichermaßen unkomfortabler Optionen, als krank oder als Hexe mißhandelt zu werden, führt erst die Einbettung der Episode in den Gesamttext hinaus und die Funktionen, die ihm in dieser erweiterten Perspektive zukommen. Mahlendorf konstatiert, bezogen auf Heinrich als Adressaten der Meretlein-Episode, der seine Erfahrungen darin gespiegelt sieht, eine gewissermaßen 'erbauliche' Funktion. Heinrichs Widerstand, der sich auf psychologischer Ebene vollziehe, entspreche mit der Auferstehung Merets ein körperlicher Widerstand. Ihre Verweigerung übersteige Heinrichs bei weitem, ihr falle deshalb aufgrund des Triumphes über jene, die sie bereits für tot erklärt hatten, eine Art Vorbildfunktion zu: "Her loyality to life keeps the memory of her father before her tormentors' startled eyes. Her very resurrection speaks of the intense desire to survive the nightmare of her childhood."[20]

Man kann jedoch die Frage nach der Relevanz der Episode und ihrer Spiegelungen noch auf einer anderen Ebene stellen. Dann führt sie zurück zu den im Abschnitt über Feuerbach angesprochenen Fragen. Keller kehrt das Feuerbachsche Programm, die 'Entspiegelung' des menschlichen Bewußtseins, nicht einfach um. Das würde bedeuten, ein seiner selbst nicht bewußtes Imaginäres an die Stelle der Feuerbachschen Aufklärung zu setzen. Aber die Spiegelungen des Bewußtseins werden als solche für das literarische Verfahren produktiv gemacht, wie dies Menninghaus in Bezug auf Schlegels "bewußtseinssteigernde poetische Reflexion" für die Meretlein-Episode beschreibt.[21] Kellers Gebrauch des Imaginären unterscheidet sich daher vom religiösen, wie Feuerbach es beschreibt, weil er 'reflexiv' ist. Er unterscheidet sich aber auch von den Feuerbachschen Versuchen, es analytisch aufzulösen. Offensichtlich hat das Imaginäre bei Keller einen anderen anthropologischen Status als bei Feuerbach, und daraus erklärt sich, weshalb in dem gesamten Roman nicht zu Feuerbachs Ikonoklasmus, sondern nur zu den von ihm geschilderten Verfahren der Projektion poetologische Äquivalente existieren.

Bezogen auf die Fantastikdiskussion bedeutet dies, daß Feuerbach jener Reihe 'bilderstürmender' Kritiker angehört, der in der (metaphorischen) Semantik des Gespenstischen nur die auflösbaren Trugbilder der Einbildungs-

---

[20] Mahlendorf (1997), S. 257.
[21] Meurer (1994), S. 46.

kraft zu sehen vermag. Außerhalb der Selbsttransparenz des aufgeklärten Bewußtseins existiert lediglich das "Gespenst der Phantasie".[22] Feuerbachs theoretische Position fußt damit auf dem sicheren Boden des Todorovschen Unheimlichen, der allemal gelingenden Enträtselung und der 'vernünftigen' Kohärenz.

Die Spiegelungen in Kellers Werk hingegen, betrachtet man sie nicht lediglich als belanglose Spielerei, entziehen einer Realitätsprüfung im Sinne Todorovs und Feuerbachs den Boden. Die poetische Reflexion Schlegels hat mit einer bloßen Widerspiegelung des Eigenen im Fremden, wie sie die erbauliche Deutung der Meretlein-Episode voraussetzt, wenig gemein. Die poetische Reflexion verweist auf das unendliche Bewußtsein im Sinne einer regulativen Idee, die ein erzähltechnisches Äquivalent im vorliegenden Fall in dem verschachtelten Perspektivenwechsel findet. Nimmt man den Gedanken der poetischen Reflexion ernst, dann impliziert er eine problematische Dezentrierung jenes Bewußtseins, dem die Realitätsprüfung im Zusammenhang fantastischer Ereignisse auferlegt ist.

5.3. Freie und 'krankhafte' Einbildungskraft

Daß auch nach der Bekanntschaft mit der Philosophie Feuerbachs an die Stelle der imaginären Selbstverkennung nicht eine 'freie', 'natürliche' Einbildungskraft tritt, sondern eine gesellschaftlich (de-) formierte, zeigt *Der Grüne Heinrich* in großer Deutlichkeit. Nicht zuletzt von den Restriktionen, die sich mit einem solchen 'Bildungserlebnis' nicht auflösen, handelt der Roman. Innerhalb der Tradition des Bildungsromanes nimmt, insbesondere verglichen mit Goethes *Meister* als dem 'Muster'-Exemplar, die Schilderung der Kindheitsphase im *Grünen Heinrich* einen breiten Raum ein.

---

22 Feuerbach (1976), S. 88. Gleichwohl spricht Feuerbach der Einbildungskraft eine historische Wahrheit zu, deren Zeit mit seiner Religionsphilosophie jedoch zugleich abgelaufen ist. So heißt es im Zusammenhang der "zweiten Person" Gottes: "Die *psychologische* Wahrheit und Notwendigkeit, die allen diesen Theo- und Kosmogonien zugrunde liegt, ist die *Wahrheit und Notwendigkeit der Einbildungskraft als des terminus medius zwischen dem Abstrakten und Konkreten.*" S. 96 [Hervorhebung im Original]. Entsprechend enthüllt sich die "Wahrheit" der Religion erst in ihrer Transformation, vgl. S. 218 f.

Der ohne Vater aufwachsende, allein von der nachgiebigen Mutter erzogene Heinrich erfährt seine Existenz zunächst als eine weitgehend selbstbe-
stimmte, als Experimentierfläche einer ungezügelten Einbildungskraft, die
sich in Weltdeutung (Animismus), Spiel (Menagerie) und einer Privatsprache
der gleitenden Signifikanten niederschlägt. So stehen die Namen "Wolke" und
"Berg" für alle Dinge, die "Achtung und Neugier einflößten" und die "Vorstellung von Gott" vermag problemlos von dem goldenen Wetterhahn auf dem
Kirchturm auf einen "prächtig gefärbten Tiger" im Bilderbuch überzugehen.[23]
Nicht bloß die beweglichen oder eigenbeweglichen Dinge (Wolke), alles besitzt in dieser Phase des kindlichen Animismus Bewußtsein.[24] Die Grenzen
zwischen belebt und unbelebt, natürlich und übernatürlich, Person und Gegenstand etc. spielen in dieser Phantasiewelt ebensowenig eine Rolle wie die Vorstellung einer an solche Grenzziehungen gebundenen und solcherart *fixierba-
ren* Bedeutung überhaupt. Erscheint die Sprache doch lediglich als ein Material, das sich an die noch labile Erfahrungswelt, wie sich in Anlehnung an
Horkheimer und Adorno sagen läßt, mimetisch anschmiegt[25] und sich mit dieser in einem ständigen Wandel befindet. Charakteristisch für dieses von Piaget
im Rückgriff auf Baldwin als *projektiv* bezeichnete Denken sind seine "Adua-
lismen",[26] die die Logik der Feuerbachschen Projektion insofern unterlaufen,
als ihnen eine klare Trennung von Immanenz und Transzendenz, Bewußt-
seinsinhalt und Gegenstand etc. fremd bleibt.

Vollends werden Worte mit unbekannter Bedeutung und aus dem Wort-
zusammenhang gelöste Buchstaben zum Spielball der Phantasie, die sich erst
mit dem Eintritt in die Schule einer strengen Reglementierung ausgesetzt
sieht. Die folgende Passage liest sich daher fast wie eine Umkehrung der Mo-
ritzschen Behandlung des Buchstabierens in *Anton Reiser*, insofern Antons
"Begierde, lesen zu lernen, von Tag zu Tag stärker (wurde)," als er nämlich
"merkte, daß wirklich vernünftige Ideen durch die zusammengesetzten Buchstaben ausgedrückt waren."[27]

---

[23] Mahlendorf (1997), S. 250.

[24] Vgl. Jean Piaget, *Das Weltbild des Kindes*, Frankfurt/M. Berlin Wien 1980, S. 145-161.

[25] Vgl. Max Horkheimer, Theodor W. Adorno, *Dialektik der Aufklärung*, Frankfurt/M.
1971, S. 163 zu den Gestiken "der Unmittelbarkeit", S.163, zum "mimetischen Impuls", S.
164 ff.

[26] Piaget (1980), S. 40.

[27] Karl Philipp Moritz, *Anton Reiser*, Stuttgart 1972, S. 15.

"Ich hatte schon seit geraumer Zeit das Wort Pumpernickel gehört, und es gefiel mir ungemein, nur wußte ich durchaus keine leibliche Form dafür zu finden, und niemand konnte mir eine Auskunft geben, weil die Sache, welche diesen Namen führt, einige Stunden weit zu Hause war. Nun sollte ich plötzlich das große P benennen, welches mir in seinem ganzen Wesen pernickel!" Ich hegte keinen Zweifel, weder an der Welt, noch an mir, noch am Pumpernickel, und war froh in meinem Herzen, aber je ernsthafter und selbstzufriedener mein Gesicht in diesem Augenblick war, desto mehr hielt mich der Schulmeister für einen durchtriebenen und frechen Schalk, dessen Bosheit sofort gebrochen werden müßte, und er fiel über mich her und schüttelte mich eine Minute lang so wild an den Haaren, daß mir Hören und Sehen verging. Dieser Überfall kam mir seiner Fremdheit und Neuheit wegen wie ein böser Traum vor, und ich machte augenblicklich nichts daraus, als daß ich, stumm und tränenlos, aber voll innerer Beklemmung den Mann ansah." (35f.)[28]

Daß die Phantasie keinen gesellschaftlich legitimen Ort besetzt und nur im normabweichenden Modell der vaterlosen Familie ein künstlich verlängertes Dasein fristen konnte, zeigt das Schicksal, das sie in der Konfrontation mit der schulischen Denk- und Sprachnorm erleidet. Die 'Umkehrung der Sichtbarkeit', die Foucault bezogen auf die Ablösung herrschaftlicher Repräsentation durch Techniken der Überwachung, modellhaft im Benthamschen Panoptikum, beschreibt,[29] findet bei Keller eine Entsprechung, die den unsichtbaren Aufseher allerdings auf groteske Weise in den Bereich des Sichtbaren zurückbefördert.

"Am Nachmittage wurde ich wieder in die Schule geschickt, und ich trat mit großem Mißtrauen in die gefährlichen Hallen, welche die Verwirklichung seltsamer und beängstigender Träume zu sein schienen. Ich bekam aber den bösen Schulmann nicht zu Gesicht; er hielt sich in einem Verschlage auf, welcher eine Art Geheimzimmer vorstellte und ihm zur Einnahme von kleinen Kollationen diente. An der Tür dieses Verschlages befand sich ein rundes Fensterchen, durch welches der Tyrann öfters den Kopf zu stecken pflegte, wenn draußen ein Geräusch entstand. Die Glasscheibe dieses Fensterchens fehlte seit geraumer Zeit, so daß er durch den lee-

---

28 Alle Zitate, sofern nicht anders vermerkt, aus: Gottfried Keller, *Der Grüne Heinrich. Zweite Fassung*, hrsg. v. Peter Villcock, in: *Sämtliche Werke in sieben Bänden*, hrsg. v. Thomas Böning u.a., Bd. III, Deutscher Klassiker Verlag, Frankfurt/M. 1996.
29 Vgl. Michel Foucault, *Überwachen und Strafen. Die Geburt des Gefängnisses*, Frankfurt 1976, S. 256 ff.

ren Rahmen sein Haupt weit in die Schulstube hineinstrecken konnte zur sattsamen Umsicht. An diesem verhängnisvollen Tage nun hatte der Hausmeister gerade während der Mittagszeit die fehlende Scheibe ersetzen lassen, und ich schielte eben ängstlich nach derselben, als sie mit hellem Klirren zersprang und der umfangreiche Kopf meines Widersachers hindurchfuhr. Die erste Bewegung in mir war ein Aufjauchzen der herzlichsten Freude, und erst als ich sah, daß er übel zugerichtet war und blutete, da wurde ich betreten, und es ward zum dritten Male klar in meiner Seele, und ich verstand die Worte: "Und vergib uns unsere Schulden, wie auch wir vergeben unseren Schuldigern!" (37f.)

Der Kontext der vorangegangenen 'Transparenzerlebnisse' und die in der Repetition phrasenhaft anmutenden Redeform weisen das Schuldbekenntnis als ein ironisches aus. Die "düstere kriminalistische Weise, in welcher die Schuljustiz gehandhabt wurde" und die, wie es bezogen auf den Katechismusunterricht heißt, "Pein dieser Disziplin", bedeuten bei Keller, im Unterschied zur Foucaultschen Beschreibung der christlichen Beichte, nicht die *vollständige* Erzeugung einförmiger Identität im Rahmen institutionalisierter Machtpraktiken, wie die ironische Anspielung auf die Bitte um Vergebung als internalisierte 'Beichtform' eher am Rande illustriert.

Bis hin zur Darstellung des Militärs ist *Der Grüne Heinrich* von einem Foucaultschen Panorama gesellschaftlicher Disziplinarsysteme und Kontrollmechanismen durchzogen. Wenn Foucault Individualisierung als Normabweichung beschreibt, die sich in besonderer Weise Verfahren der *Prüfung* und der *Abrichtung der Körper* bedient, so sind beide Elemente in der Kellerschen Darstellung des Kasernenlebens kombiniert.

"Jetzt mußten wir aber auch die Hände darstrecken, ob sie gewaschen und die Nägel ordentlich beschnitten seien, und nun war die Reihe an manchem biedern Handarbeiter, sich geräuschvoll belehren zu lassen. Dann gab man uns ein kleines Büchelchen, das erste einer ganzen Reihe, in welchem Pflichten und Haltung des angehenden Soldaten in wunderlichen Sätzen als Fragen und Antworten deutlich gedruckt und numeriert waren. Jeder Regel war aber eine kurze Begründung beigefügt, und wenn auch manchmal diese in den Satz der Regel, die Regel aber hintennach in die Begründung hineingeraten war, so lernten wir doch alle jedes Wort andächtig auswendig und setzten eine Ehre darein, das Pensum ohne Stottern herzusagen. Endlich verging der Rest des ersten Tages über den Bemühungen, von neuem stehen und einige Schritte gehen zu lernen, was unter dem Wechsel von Mut und Niedergeschlagenheit sich vollendete." (455f.)

Die Abrichtung der Körper hatte schon "die kriegerischen Übungen" "mit dem Turnen verwandt" (120) erscheinen lassen und erhält ihren dramaturgischen Höhepunkt in dem verhinderten Abschied von Judith, als der kommandierende "Tyrann" die Marschierenden "wie ein Besessener im Geschwindschritte an das entgegengesetzte Ende des weiten Platzes (führte)". Auf diese Weise verhindert er, daß Heinrich der Geliebten einen Blick nachsenden kann, bevor mit ihrer Auswanderung der erste Teil der Lebensgeschichte abschließt.

Ihre Ursprungsszene findet die Disziplinierung der Körper wiederum in der Schule, verbunden mit den Aspekten der Sichtbarkeit, der minutiösen Zeiteinteilung und der Formierung geschlechtlicher Identität. Sehr treffend zeigt die folgende Passage, wie eine praktische Notwendigkeit - der Wechsel der zu knappen Sitzgelegenheiten - von einem Zeremoniell der Körperabrichtung überformt wird, in dem man mit Foucault die gesellschaftliche Funktion dieses Sitzplatzwechsels erblicken kann.

"Der Hauptlehrer thronte auf einem erhöhten Katheder und übersah das Ganze, zwei Gehilfen standen ihm bei, machten die Runde durch den ziemlich düstern Saal, hier und dort einschreitend, nachhelfend und die gelehrtesten Dinge selbst beibringend. Jede halbe Stunde wurde mit dem Gegenstand gewechselt; der Oberlehrer gab ein Zeichen mit einer Klingel, und nun wurde ein treffliches Manöver ausgeführt, mittels dessen die hundert Kinder in vorgeschriebener Bewegung und Haltung, immer nach der Klingel, aufstanden, sich kehrten, schwenkten und durch einen wohlberechneten Marsch in einer Minute die Stellung wechselten, so daß die früher fünfzig Sitzenden nun zu stehen kamen und umgekehrt. Es war immer eine unendlich glückliche Minute, wenn wir, die Hände reglementarisch auf dem Rücken verschränkt, die Knaben bei den Mädchen vorbeimarschierten und unseren soldatischen Schritt gegen ihr Gänsegetrippel hervorzuheben suchten." (85)

Im Kontext der normierten Identität steht auch das Motiv des lauten Sprechens, das Nachbeten der zur Formelhaftigkeit geronnenen Glaubensinhalte, dem sich Heinrich in Entsprechung zur Meretlein-Episode verweigert, huldigt er doch "Gott" nicht als dem Gegenstand der theologischen Dogmatik sondern als dem "Befriediger und Erfüller einer Menge dunkler und drangvoller Herzensbedürfnisse" (43).

Im Wandel der unterschiedlichen Strategien der Bestrafung Merets und Heinrichs sieht Mahlendorf Foucaults Thesen aus *Überwachen und Strafen* bestätigt.[30] Auf Seiten der Mutter Heinrichs muß die Sprache die Rolle der Strafe übernehmen; statt den Sohn angesichts seiner Kritik an den Mahlzeiten "strafend zur Ruhe" zu weisen, "widerlegt" sie ihn "mit Beredsamkeit", mit gesellschaftlichen Stereotypen von "Menschenschicksalen und Lebensläufen", deren Darlegung Heinrich mit einem "geheimen Grauen" erfüllt. In welchem Maße die Formung normierter Identität sich in vorgefertigten Sprachmustern vollzieht, hatte schon die Angst vor dem Vergessen der "dunklen Worte" im Katechismusunterricht gezeigt (88). Mit dem Zwang zum lauten Sprechen einher geht die Herstellung einer Öffentlichkeit, die als Beobachtungs-, Bewertungs- und Bestrafungsinstanz fungiert.

Unschwer läßt sich der Roman selbst, liest man ihn vom Ende her, als Erfüllung der von der Mutter kolportierten gesellschftlichen Narrative und Redensarten verstehen.[31] Der *Grüne Heinrich* bildet das gesellschaftliche Sprachgeflecht *als Machtgeflecht* ab, der auch Heinrich durch die gewählte *Sprachverweigerung* (analog zum Meretlein) nicht zu entfliehen vermag.

Obwohl die Geschichten der Mutter unverstanden bleiben, erlangen sie als gesellschaftlichen Effekt paradoxerweise die Kraft der Widerlegung und erzeugen in dieser Undurchschaubarkeit die Wirkung des "Grauens". Denn die Wirklichkeit, aus die der im Sinne biographischer Ursprünglichkeit 'natürliche' Wildwuchs der Einbildungskraft ausgeschlossen ist, entpuppt sich nicht als zuhanden gemachte Objektivität und Sachlichkeit, als die sie der gründerzeitlicher 'Realitätssinn' und die Romantikkritik feiern, sie wird selbst *unheimlich*, wie die aufschlußreiche semantische Fügung von der "fremden wunderbaren Disziplin", die das Recht zur Eheschließung an ein religiöses Bekenntnis bindet, und die Rede von den "gefährlichen Hallen" der Schule als Ort "beängstigender Träume" bezeugen.

Liest man die Erzeugnisse der kindlichen Einbildungskraft als Produkt des "mimetischen Impulses" im Sinne Adornos, als von der Zivilisation "ta-

---

[30] Vgl. Mahlendorf (1997), S. 248f. Mahlendorf konzentriert sich, im Unterschied zu den folgenden Überlegungen, auf die Meret-Episode.

[31] Dies gilt für beide Fassungen, insofern Heinrich, in unterschiedlichem Grade, das Ziel gelingenden Künstertums ebenso verfehlt wie die Einordnung in das bürgerliche Leben.

buierte mimetische Züge", dann ließen sich die im *Grünen Heinrich* geschilderten politischen Feste als gesellschaftliche Großereignisse, die ein überkommenes Gemeinschaftsmodell restituieren, als Wiederkehr der "falschen Mimesis", analog zum "faschistischen Formelwesen" begreifen.[32] Genau dies, eine *gewaltsame* Aufhebung der Differenzen, stellt die ironisch kommentierte Verwechslung von Schaupiel und Leben beim Tellfest dar (277, 280) und die Geschichte des Heinrich Lee, in Bruchstücken, eine Allegorie der Zivilisationsgeschichte.[33]

Daß der kulturell erzeugte Sinn das in ihm nicht Enthaltene als Produkt einer krankhaften Einbildungskraft ausschließt,[34] zeigt am deutlichsten die Gestalt Römers, in dem die zum Wahnsinn mutierte Einbildungskraft, obwohl für den Erzähler nur Spiegel seiner *eigenen* Eitelkeit, ausgelagert und hospitalisiert wird.

"Ich glaube, wenn Römer sich eingebildet hätte, ein Nilpferd oder ein Speiseschrank zu sein, so wäre ich nicht so unbarmherzig und undankbar gegen ihn gewesen; da er aber ein großer Prophet sein wollte, so fühlte sich meine Eitelkeit durch ihn verletzt und waffnete sich mit den äußerlichen scheinbaren Gründen." (428)

Nicht bloß Römer lebt in einer Scheinwelt, vollzieht sich doch seine Internierung nur unter dem "Scheine des Rechts" und aus "scheinbaren Gründen". Daß Heinrich, auch wenn er sich eingesteht, das Beste, was er bisher gelernt habe, "aus der Hand des Wahnsinns empfangen" zu haben (352), dem Wahnsinn gleichwohl den Status einer Erkenntnisform abspricht und somit seine

---

32 Adorno, Horkheimer (1971), S. 163 ff. Diese Deutung widerspricht daher der Gleichung, die Gabriel Imboden aufmacht: "Natur = Poesie = ewig sich gleich Bleibendes = rein Menschliches = ursprünglich Volkstümliches", Gabriel Imboden, *Gottfried Kellers Ästhetik auf der Grundlage der Entwicklung seiner Naturvorstellung. Studie zur Begründung der geometrischen Struktur in der Novellistik*, Frankfurt/M. 1976, S. 70, zitiert nach Hugo Aust, "Bürgerlicher Realismus. Forschungsbericht (Teil II)", in: *Wirkendes Wort* 35 (1985), S. 72-85, S. 74.

33 Zur Bedeutung der Allegorie für den Roman vgl. *Gottfried Keller, Sämtliche Werke. Bd. 3, Der Grüne Heinrich. Zweite Fassung*, hrsg. v. Peter Villwock, Frankfurt/M. 1996, S. 956 f. Vgl. auch: Peter Utz, "Der Rest ist Bild. Allegorische Erzählschlüsse im Spätwerk Gottfried Kellers", in: *Die Kunst zu enden*, hrsg. v. Jürgen Söring, Frankfurt/M. Bern New York 1990, S. 65-77.

34 Vgl. Foucault (1976), S. 307, 311.

Ausschließung im Sinne Foucaults betreibt, zeigt sich in den als allein möglich gesetzten Reaktionen von Kriminalisierung und Mitleid.

Gesellschaftliche Auslegung und gesellschaftliches Sein der Phantasie treten in der Analyse des Romans auseinander. In der gesellschaftlichen *Auslegung* ist die Phantasie (toposgerecht) *verderblich* und in diesem Sinne der Lüge verschwistert, die mit der gleichen Konsequenz, die den Wahnsinnigen in die Irrenanstalt bringt, ins Gefängnis führt, in dem ein "Lügengefährte" Heinrichs ein ebenso anonymisiertes Ende findet, wie Römer seinerseits in dem unbekannten französischen Irrenhaus, in dem er als verschollen gilt. In ihrem gesellschaftlichen *Sein* ist die Phantasie *verdinglicht*, in den Ritter- und Liebesromanen ebenso wie in der Dogmatik "religiöser Sektiererei" und der "fanatischen Bibelauslegung" oder dem Kunsthandwerk Habersaats. Die Lüge zeigt jene problematische Form an, in der sich im gesellschaftlichen Raum die Vermischung von Einbildung und Wirklichkeitsverpflichtung dokumentiert. Auf diesen Zusammenhang verweist ihre Verwurzelung im Rollenspiel, das im Konfliktfeld ökonomischer Interessen diese *als Lüge* erst erzeugt: so bei den Schulden, die Heinrich durch verlorene Wetten oder Geschicklichkeitsübungen ansammelt und die sein Mitschüler, ein "dienstbarer Dämon", sorgfältig in das "Schuldenregister" einträgt. Sie sind für den einen Teil eines Spiels, für den anderen geschäftlicher Ernst und fordern den gegenseitigen Vorwurf der Lüge erst heraus.

Kennzeichen des gesellschaftlichen Umgangs mit dem Imaginären ist die Negierung eines diesem genuinen und legitimen Status. Besonders deutlich wird dies in der Auffassung der Religion, insofern das "Fabelhafte" und symbolisch Mehrdeutige der Bibel mit tödlichem Ernst behandelt, als solches also verkannt wird, und deshalb in handgreifliche Gewalt mündet.[35]

> "Wenn ich den widerspruchlosen Ernst sah, mit welchem ohne Mienenverzug das Fabelhafte behandelt wurde, so schien es mir, als ob von alten Leuten ein Kinderspiel mit Blumen getrieben würde, bei welchem jeder Fehler und jedes Lächeln Todesstrafe nach sich zieht." (305).

---

[35] Eine Analogie hierzu bildet die Zerstörung der heimlich angelegten Wachsfigurensammlung, als diese von der Mutter entdeckt und das Entwenden des Wachses gerügt wird.

5.4. Heidnische Natur und christliche Kultur

Im *Grünen Heinrich* figurieren heidnische Wiedergänger (Judith, Meret) als Träger eines in der christlichen Kultur als fremd erfahrenen Begehrens, als Kandidaten einer ursprünglichen Natürlichkeit im Rousseauschen und Feuerbachschen Sinn. Das System der Ausschließungen allerdings gerät nicht ins Wanken. Heinrich liebt Anna, ohne sie sexuell zu begehren, Judith begehrt er, ohne sie zu lieben. Die in dieser Konstellation vorgeprägte Wertigkeit kehrt sich um, wenn Heinrich die jung verschiedene Anna recht gleichgültig beerdigt, während Judith zur Vertrauten und Lebensgefährtin aufrückt, im Rahmen einer entsexualisierten Beziehung, die das durch die Gleichgültigkeit vorübergehend irritierte Verhältnis der Werte neu etabliert, insbesondere die Trennung von Liebe und Sexualität. Nur die Personen fluktuieren als mehr oder weniger austauschbare Elemente in dem System der Wertpräferenzen, das System selbst bleibt unangetastet.[36]

Indem Judith als Verkörperung der begehrenswerten und begehrenden Frau in die Nähe zum Heidentum gestellt wird, erhält das System der Werte und Auschließungen seinen kulturellen Index, es verweist, für den an Feuerbachs Religionskritik geschulten Autor wenig erstaunlich, auf das Christentum. Aber nicht das Heidentum *in vorchristlichem Zustand* gelangt zur Darstellung, sondern die *Kontamination* der beiden Kulturen, die meist von Gewalt geprägten Berührungspunkte, die Umerziehung, die, wo sie mißlingt, eine medizinische Intervention auf den Plan ruft (Meretlein), das Weiterleben des Heidnischen im kulturellen Gedächtnis (Sage), die hybriden Formen der sich überlagernden Zeremonien (Feuer), und die Topographie der fremden Orte (Heidenstube). In allen genannten Bereichen erzeugt die Ausschließung zugleich die Angst vor der Rückkehr des als fremd markierten.

---

36 Daß das auf Judith sich richtende sexuelle Begehren, verglichen mit der 'reinen Liebe' zu Anna, ein minderwertiges ist, bildet das ebenso unentbehrliche wie wiederum unausgesprochene Argument dafür, daß es als nicht lebbar und als nicht darstellbar *vorausgesetzt* werden kann. Auch in diesem Sinne zählt Sexualität zum Inventar jener Ausschließungen, über die der bürgerliche Realismus definiert worden ist. Vgl. Marianne Wünsch, "Vom späten 'Realismus' zur 'Frühen Moderne': Versuch eines Modells des literarischen Strukturwandels", in: *Modelle des literarischen Strukturwandels*, hrsg. v. Michael Titzmann, Tübingen 1991, S. 187-204.

Meret teilt mit Judith die erotische Attraktivität, die bei Judith mit eindeutigen Konnotationen des Heidnischen versehen ist. Wenn sie am Schluß des Romanes als "Geist des Berges" erscheint, ist aus dem "Feldgespenst" eine heidnische Wiedergängerin geworden. Die Funktion des Fantastischen in einem Roman, der dem Hegelschen Gattungsbegriff gemäß, nach Klaus-Detlef Müller, "die Beziehungen des seiner Wirklichkeit entfremdeten Individuums zur Totalität der vergegenständlichten Bedingungen seines Daseins zur Anschauung bringt,"[37] besteht in diesem Zusammenhang darin, den Realitätsstatus vermeintlich intakter Gegenwelten fraglich zu halten; den der von Hegel gescholtenen Geßnerschen Idyllen ebenso wie den der Dorfwelt, die bei Müller als Gegenwelt fungiert oder, im vorliegenden Zusammenhang, den der heidnischen Vergangenheit: Als (Zerr-) *Spiegel* des eigenen Begehrens gerät dieses in den Blick, nicht als *fingierte Realität* eines vergangenen Kulturzustandes.

5.5. Poetologische Kontexte: Mimesis und Synkretismus

Zwei für die Fantastik bedeutungskonstitutive Kontexte mit poetologischen Implikationen bestehen in der Domestizierung der Einbildungskraft durch die Norm der Naturnachahmung (5.5.1) und im Synkretismus als Verarbeitung kultureller Traditionen (5.5.2).

5.5.1. Naturnachahmung

Das Mimesisproblem wird im *Grünen Heinrich* anläßlich der Malerausbildung behandelt. Daß die Norm naturgetreuer Darstellung im Zusammenhang mit Natur*bemächtigung* steht, spricht der Text deutlich aus, wenn der kundige "Land- und Forstmann", dessen Naturverhältnis offensichtlich eines der praktischen Verwertung ist, zum Kunstrichter bestellt wird. Die poetologischen Reflexionen über die Malerei werden also nicht, wie bei der literarischen Bezugsquelle, Geßners *Brief über die Landschaftsmalerei*, unter den Vorzeichen einer vermeintlichen ästhetischen Autonomie geführt, sondern in den gesell-

---

[37] Klaus-Detlef Müller, "Die 'Dialektik der Kulturbewegung'. Hegels romantheoretische Grundsätze und Kellers *Grüner Heinrich*," in: *Poetica 8* (1976), S. 300-320, S. 302.

schaftlichen bzw. zivilisatorischen Kontext ihrer Entstehung gestellt, was an anderer Stelle auch die Abqualifizierung von "Romantikern und Allegoristen" als "arbeitsscheu" anzeigt.

Der im Mimesispostulat sich bekundende "Realitätssinn" bezieht sich ferner nicht auf eine als *natürlich* gedachte Wirklichkeitsgrenze, sondern auf eine gesellschaftliche, die die krankhafte Einbildung als Widerpart zu den "edlen und gesunden Formen Claude Lorrains" (255), eine Geßneranspielung,[38] erst erzeugt. Denn die "phantastischen Formen" sind solche, die die Natur, wenn auch "spärlicher" als zunächst erwartet, selbst bietet. Daß die Ausschließung, auf der die vermeintliche Natur*nachahmung* beruht, tatsächlich etwas nicht zeichnens*wertes* betrifft, wird explizit im Verweis des Oheims auf die verfaulten Weidenstöcke, die die Geßnersche Engführung der Naturnachahmung auf das Naturschöne fortschreiben.[39]

"Krankhaft" (vgl. 209) ist also nicht erst die sich gegenüber dem Naturvorbild autonom setzende Einbildungskraft, sondern bereits die, die die Grenzen des Darstellungs*würdigen* verletzt;[40] die "Fels*gespenster*" (206) sind nicht eindeutig Ausgeburten schöpferischer Phantasie, sondern Ausdruck einer problematischen Grenzziehung. Die Kellersche Semantik des Gespenstischen reflektiert damit das Problem, im Feld der legitimen und illegitimen Darstellungen noch zwischen 'Einbildung' und 'Wirklichkeit' sicher unterscheiden zu können, da ein der Darstellung vorgegebenes Naturwirkliches, auf das man gewissermaßen nur zu schauen brauchte, als Orientierungspunkt entfällt. Die der Fantastik eigentümliche Wirklichkeitsirritation bildet somit die Paradoxie ab, die im normierenden Verweis auf eine vermeintlich nicht kulturell erzeugte 'Natur' als *Bestandteil einer kulturellen Grenzziehung* besteht, eine Denkfigur, die eingangs analysiert wurde.

---

38 Vgl. Salomon Geßner, "Brief über die Landschaftsmalerei", in: *Sämtliche Schriften III*, hrsg. v. Martin Bircher, Zürich 1974, S. 231- 273, S. 250.

39 So heißt es: "Dann möchte ich auch wissen, was an solchen verfaulten Weidenstöcken Zeichnenswertes ist, da dünkte mich doch eine gesunde Eiche oder Buche erbaulicher...", Geßner (1974), S. 209.

40 Die Norm der Landschaftsdarstellung ist zugleich eine der Landschaftserfahrung. Eine andere Landschaftserfahrung als die prosaische der Landbewohner vermittelt die Landschaft nicht zuletzt als Kulisse der Liebeserlebnisse. Als solche ist sie jedoch zugleich eine der Derealisierung von Erfahrung selbst, in der die Wirklichkeit zum Traum wird (297), ebenso wie später die Erfahrung von Schönheit (der Geliebten) die Selbstverortung als "Gegenstand eines poetischen Scherzes" involviert (364).

Die Nähe des Fantastischen zum gesellschaftlich Illegitimen vermag die Wendungen vom "phantastischen Wesen meiner Abgeschiedenheit" (263; illegitimer Status des Sonderlings), dem "tollen Spuk des Philosophen" (353) und der Bezeichnung Judiths als "verwünschte Hexe" (375) überhaupt erst zu erklären, Bezeichnungen, die rätselhaft bleiben, solange man sie mit Todorov als Hinweise auf einen realen oder bloß eingebildeten Spuk zu lesen versucht, denn nicht einmal ein realer *Aberglaube* bekundet sich ja hier in der Rede von Spuk und Hexe.

Es ist die unsichere Grenziehung zwischen Einbildungskraft und Wirklichkeit, die im Rekurs auf die 'übersinnlichen Erscheinungen' semantisierbar wird und der Fantastik ihre Funktionsstelle in diesem Zusammenhang zuweist. Beispielhaft zeigt dies die Engelserscheinung auf der Glasscheibe, die ein verlorenes Bild schützte, bevor sie als Grabbeigabe für Anna umfunktioniert wird. Die Erscheinung der drei musizierenden Engel, "war so luftig und zart durchsichtig, daß ich nicht wußte, ob sie auf den Sonnenstrahlen, im Glase oder nur in meiner Phantasie schwebte." (448)

Offensichtlich opponiert die Behandlung der Einbildungskraft durch den Text, wie sie in solchen Passagen reflektiert wird, dem Mimesisgebot und seinen genannten gesellschaftlichen Implikationen. In der Semantik des "Schwebens" kommt dabei eine unübersehbare Nähe zur Verflüssigung des Thetischen und des mimetischen Bildes im poetologischen Programm der Frühromantiker zum Ausdruck: "...wie auch die Bilder und Antithesen nur angedeutet oder vielmehr aufgelöst sein müssen, damit der schwebende und fließende Ausdruck dem lebendigen Werden der beweglichen Gestalten entspreche", heißt es im Athenäum.[41]

5.5.2 Synkretismus

Was die Phantasie im *Grünen Heinrich* illegitimerweise gebiert, sind nicht tatsächliche *Gespenster*, sondern eine synkretistische Depotenzierung heterogener Wirklichkeitsentwürfe, die als fantastische Mischung von Wirklichkeit und Einbildung den Gestus der Wirklichkeitsbemächtigung negiert. 'Gespen-

---

[41] *Kritische Friedrich-Schlegel-Ausgabe*, hrsg. v. Ernst Behler, Paderborn München Wien 1958 ff. II, Athenäums-Fragmente, S. 165-255, Nr. 217.

stisch' wird dann die Wirklichkeit, die ihre kategoriale Ordnung verliert, wobei der Synkretismus die 'Adualität' des kindlichen Animismus fortschreibt.[42]

Zentrales Textsymbol für den Synkretismus ist der "Trödel", zunächst im Zusammenhang des Gedanken- und 'Weltdeutungs-Trödelladen' der Frau Margret, die bereitwillig der "suchenden Phantasie zu Hilfe kam". Hier wohnt die "Phantasie" der "kühnsten Gedanken" in unmittelbarer Nachbarschaft zu allerlei Geister- und Gespenstergeschichten. Wenn der kindliche Animismus im wesentlichen eine spontane und privatistische Verarbeitung des sinnlich Gegebenen darstellte, bearbeitet der Synkretismus der Frau Margret mit Vorliebe in einer Art Gegenöffentlichkeit kulturelle Deutungsangebote, mündliche und schriftliche *Traditionen*.

"Für Frau Margret hatte ohne Unterschied alles, was gedruckt war, wie die mündlichen Überlieferungen des Volkes, eine gewisse Wahrheit, und die ganze Welt in allen ihren Spiegelungen, das fernste sowohl wie ihr eigenes Leben waren ihr gleich wunderbar und bedeutungsvoll; sie trug noch den ungebrochenen Aberglauben vergangener Zeiten an sich ohne Verfeinerung und Schliff. Mit neugieriger Liebe erfaßte sie alles und nahm es als bare Münze, was ihrer wogenden Phantasie dargeboten wurde... "(60).

Alle Überlieferungen sind für die stoffsuchende Phantasie von gleichem Wert. Katholizismus, Aberglaube, Naturphilosophie, Theosophie, alte Reisebücher, die Akten der Hexenprozesse, Träume, Bibeln, Kosmographien, "kuriose Mythologien"; alles wird zum Stofflieferanten der umbildenden, keiner dieser heterogenen Denkordnungen unterworfenen Einbildungskraft. Der den tradierten Quellen eigentümliche Anspruch auf verbindliche Weltdeutung wird suspendiert, um "in betreff des Religiösen und Wunderbaren eine gewürztere Nahrung zu suchen als die öffentlichen Kulturzustände ihnen darboten." (61) Eine "wunderliche Mischung" stellt das von diesen "Belehrungen" profitierende Publikum dar (63), und eine 'wunderliche Mischung' stellt nicht zuletzt der Roman selbst dar, denn wenn *Der grüne Heinrich* vom problematischen

---

42 Eine zentrale Rolle spielt der Synkretismus in der Deutung des *Grünen Heinrich* bei v. Graevenitz (1989, vgl. S. 548 ff). Der Synkretismus Kellers wird dort, in Abhebung von Wagner und Flaubert, als "zyklisch strukturiert" bestimmt, ein Synkretismus, "der einfach den Zustand der Gegenwart beschreibt, ein Museum aller Epochen, 'Moderne' nicht mehr als durch Revolution oder ästhetische Erziehung an die Schwelle zur Zukunft geführt, sondern Moderne als Zeit aller Zeiten." A.a.O., S. 551.

Status der Einbildungskraft handelt, verweist er zugleich auf den eigenen Status der Fiktion.

Deutlich werden die selbstreferentiellen Bezüge etwa bei der 'Mischfigur' Römer. "Aus den Händen des Wahnsinns" hat auch der Roman wesentliche Aspekte seiner 'verwilderten' Struktur empfangen. Römer erscheint von Beginn an als eine Figur der nicht integrierbaren Kontraste und ist als solche poetologisch lesbar. Einerseits ist er der unheimliche *Schatten*, andererseits der *Klassizist*, der den "homerischen Einfall in seiner einfachen Klassizität" über alles Ausgesuchte, Pikante und Interessante stellen will (402). Über politische Fragen fertigt er allerlei "geheimnisvolle Papierschnitzel" an, die offenbar der Klarheit des auf die Homerischen Figuren fallenden Lichtes entbehren, wie denn auch der Lobpreis der Klassizität sich den Hinweis auf die "pikante Wahrheit in der Lage des Odysseus" nicht versagen mag, "wo er nackt und mit Schlamm bedeckt vor Nausikaa und ihren Gespielen erscheint".

Der gleiche Gegensatz von Klassizitätsorientierung und Pikanterie findet sich auch im Roman selbst, bezogen auf die vielfach als anstößig kritisierte Badeszene Judiths, die Keller in der Zweitfassung dann gestrichen hat, und, am anderen Pol, die Goetheverehrung (320ff.). Die Rede Römers und der Roman weisen daher in diesem Zusammenhang den gleichen performativen Widerspruch auf. Auch wird die Abgrenzung vom Wahnsinn mehrfach unterlaufen, bezogen etwa auf das "unheimliche Allegorienwesen" das als Traumtext erscheint und Verstand und Identität bedroht (597) und seinerseits eine poetologische Valenz besitzt.[43]

Der die Tradition der romantischen Arabeske aufnehmende Verstoß gegen die realistische Darstellungsnorm der vernünftigen Linearität läßt sich als eine Konstitutionsbedingung des Kellerschen Romans bezeichnen, was dazu führte, daß der *Grüne Heinrich*, zum Verdruß seines Verfassers, als Negativbeispiel Eingang in den Schulunterricht fand.[44] Wenn im Rahmen früher eigener Schöpfungen von der "phantastischen Bildung" des Wachses die Rede ist, die als *Sinnbilder* dienen sollen (96), dann ist dieser Kommentar ebenso auf

---

[43] Vgl. den Kommentar in: Keller, *Der Grüne Heinrich* (Zweite Fassung, Deutscher Klassiker Verlag), S. 956 f.
[44] Vgl. Emil Ermatinger, *Gottfried Kellers Leben*, Zürich 1950[8], S. 305.

das eigene Textverfahren beziehbar, wie die nach theosophischen Schriften verfertigten Zeichnungen.

> "Dann nahm ich Bogen Papier und zeichnete darauf, nach den Angaben jenes Buches, große Sphären mit Kreisen und Linien kreuz und quer, farbig begrenzt und mit Zahlen und lateinischen Lettern besetzt. Die vier Weltgegenden, Zonen und Pole, Himmelsräume, Elemente, Temperamente, Tugenden und Laster, Mesnchen und Geister, Erde, Hölle, Zwischenreich, die sieben Hinmmel alles war *toll und doch nach einer gewissen Ordnung ducheinandergeworfen* und gab ein angestrengtes, lohnendes Bemühen." [95, Hervorhebung, G.R.]

Von einem anderen "Trödelmännchen" durcheinandergeworfen ist auch die "tolle Sammlung" der von Heinrich angefertigten Kartenkompositionen, die nur zusammengefügte "Bruchstücke" enthält (753). Was Foucault als historische Abfolge von Epistemen beschreibt, überführt der Roman in die Synchronie des Textes, in welcher die in Korrespondenzen sich entfaltende Denkform der Analogie als 'häretische Tradition' präsent gehalten wird und stilbildend wirkt. Die Text-Ordnung des Trödels erzeugt ein Durcheinander, das an die chinesische Enzyklopädie erinnert, die Foucault in *Die Ordnung der Dinge* erwähnt und setzt in seiner Kombinatorik die historische Kohärenz der Foucaultschen Episteme außer Kraft.

5.6 Barock- und Romantikrezeption vs. 'natürliche Teleologie' des Menschenlebens

Schon Ermatinger hat die Arabeske als stilbildend für die "kühne Phantasie des Romantikers" Keller bezeichnet, wobei die Bedeutung des romantischen Erbes durch die explizite Romantikkritik nicht aufgehoben wird.[45] Andere Stichworte, die einen Zusammenhang zu zentralen Konzepten der Frühromantik implizieren, sind mit Analogie, Fragment (Meretlein-Episode) und Mischung bereits gefallen. Der Synkretismus verweist, poetologisch betrachtet, auf die Gattungssynkretismen wie sie etwa Tiecks *Der Blonde Eckbert* hinsichtlich der Verbindung von Novelle, Märchen, phantastischer Erzählung und Lyrik aufweist, und auf die Ausführungen zu Chemie und Mischung in

---

[45] Vgl. Ermatinger (1950), S. 257.

den Fragmenten Friedrich Schlegels.[46] Das Analogieverfahren findet im "Zauberstab der Analogie" bei Novalis eine Entsprechung, ohne daß die Einbettung in den weltanschaulichen Zusammenhang in diesem Falle vergleichbar wäre.[47]

In diesem Zusammenhang scheint eine Verdeutlichung der unterschiedlichen Ebenen des Romantikbezuges angebracht, die auch auf unterschiedliche Begriffe von Romantik selbst Bezug nehmen muß. Die Besonderheit der Frühromantik liegt nicht zuletzt in der Kombination einiger im Grunde gegenläufiger Tendenzen. Ein skeptizistisches Sprachbewußtsein, wie es sich in der Rede von "der Unmöglichkeit und Notwendigkeit einer vollständigen Mitteilung" widerspiegelt,[48] verbindet sich mit einer Verabschiedung des Systemgedankens, aus dem das Individuelle als Gegenstand der Reflexion wiedergewonnen zu haben, einen Fortschritt verhieß, hinzu kommt – auf dieser Seite - die optimistische Geschichtsphilosophie. Vor allem aber gelingt es den Frühromantikern, die nichtdarstellbare Totalität und damit einen epistemologisch skeptizistischen Befund in innovative, literarisch produktive Verfahren umzumünzen, wie sie in Ironie, Fragment, Analogie und Witz begegnen.

---

[46] Vgl. zum "chemischen Zeitalter" und der "chemische(n) Natur des Romans, der Kritik, des Witzes, der Geselligkeit, der neuesten Rhetorik und der bisherigen Historie", *Athenäum*, Nr. 248 (FSII, 248, Pikulik). Zur Chemie vgl. auch Heinz Gockel, "Friedrich Schlegels Theorie des Fragments", in: *Romantik. Ein literaturwissenschaftliches Studienbuch*, Königstein/ Ts 1979, hrsg. v. Ernst Ribbat, S. 22-37, S. 31.

[47] Der Bezug auf die frühromantische Analogie impliziert eine andere Akzentsetzung als die Korrelation von Analogie und "poetischer Integration", vgl. Aust (1985), S. 73.

[48] Bei Gockel heißt es dazu, im Zusammenhang der Böhme-Rezeption: "Ironie ist mehr als eine artistische Attitüde des Sprechens. Sie ist Verstellung im ursprünglichen Wortsinne. Sie verstellt das, wovon sie eigentlich zu reden hätte. Aber sie kann nur von ihm sprechen in der Verstellung. Als das Wissen vom unendlichen Zusammenhang alles Lebendigen ist sie zugleich Ausdruck der Unmöglichkeit, von diesem Zusammenhang adäquat reden zu können. Vom Unendlichen wäre in Poesie und Wissenschaft zu reden. Aber jedes Wort ist endlich, ist begrenzt und hat einen fest umrissenen Horizont an Bedeutungen." (1979, S. 28). Und bei Mennemeier: "Ironisches Bewußtsein ist, von hier betrachtet, nichts anderes als die Reflexion auf die Tatsache, daß, was dem Normalverstand als unwandelbares Sprachmedium erscheint, nur mehr Augenblick in einem unendlichen Prozeß empirischer Setzungen ist, daß im Hinblick auf die unmöglichen oder noch nicht erreichten vollendeten Begriffe Sprache sich als bloß vorläufiger, seiner eigenen Überholbarkeit nicht bewußter Sprachzustand erweist. Ironische Sprache als produktive Reaktion auf diese Einsicht bleibt zwar ihrerseits an das Schicksal aller Sprache als einer jeweils fixen geschichtlichen Größe gebunden; doch sucht sie in der Fixierung zugleich die Antizipation auf ihre eigene Negation und selbst die Negation dieser Negation zu bewerkstelligen". Franz Norbert Mennemeier, "Fragment und Ironie beim jungen Friedrich Schlegel. Versuch der Konstruktion einer nicht geschriebenen Theorie", in: *Poetica* 2 (1968), S. 348-370, S. 358.

Nicht nur die romantischen Verstöße gegen die Gradlinigkeit des Erzählens, das Kellersche Textgewebe,[52] markiert eine Verletzung der realistischen 'Regelpoetik'. Auch die Verwendungen von Emblem und Allegorie desavouieren die von Eisele als realismustypisch beschriebene Naturalisierung der poetischen Artefakte. Emblematisch ist der Schädel Zwiehans, den Heinrich auf seiner "Pönitenzreise" mitführt, eingeführt mit Grabinschrift als inscriptio und der Schlußsentenz als subscriptio. Als memento mori begleitet der Totenkopf die Reise, an den später mitverschuldeten Tod der Mutter gemahnend, wobei die Lektüre des Plots als Erfüllung der mütterlichen Weissagungen in der Emblemstruktur, dem Auseinandertreten von Bezeichnetem und Bezeichnendem - analog zur Allegorie - , zugleich als Deutung faßbar wird.

Die Geschichte Zwiehans selbst handelt nicht zufällig von einer permanenten Irreführung, die sich auf den Leser überträgt. Das "unheimliche Allegorienwesen" (718) des Traumgeschehens und der barocke Topos von der verkehrten Welt erscheinen gar als gespenstische Bedrohung der mit dem Verstand gleichgesetzten Identität, als deren Gegenpol wiederum ein Geflecht mündlicher und schriftlicher Traditionen erscheint.

> "Der Kopf schmerzte mich fieberhaft, während ich das Geträumte *zusammenlas*. Diese verkehrte Welt, in welcher das im Wachen müßige Gehirn bei nachtschlafener Zeit auf eigene Faust zusammenhängende Märchen und *buchgerechte Allegorien*, nach *irgendwo gelesenen Mustern*, mit *Schulwörtern* und satirischen Bezeichnungen aushecke und fortspann, begann mich zu ängstigen, wie der Vorbote einer schweren Krankheit; ja, es beschlich mich sogar wir ein Gespenst die Furcht, auf diese Art könnten meine dienstbaren Organe mich, das heißt meinen Verstand, zuletzt ganz vor die Türe setzen und eine tolle Dienstbotenwirtschaft führen." (717f.)

Das "Herausspinnen einer fingierten, künstlichen, allegorischen Welt aus der Erfindungskraft, mit Umgehung der guten Natur," das Lys an anderer Stelle bemängelt (434), nicht ohne zugleich sein Vergnügen an den inkriminierten Produkten einzugestehen, das auf dem Kontrast zu den eigenen Werken be-

---

[52] Vgl. Gottfried Keller, *Der grüne Heinrich, Zweite Fassung*, Deutscher Klassiker Verlag, S. 961.

ruht, stellt einen offenkundigen Werkkommentar, insbesondere zum Traum-
kapitel, dar.

Emblematik und Allegorie stiften aber für Kellers trödelhaften Mischt-
ext keine *kohärente* Poetik, so wie dies im Falle der Emblematik etwa für
Stifter gezeigt werden konnte.[53] Sie werden vielmehr in einer Art musealem
Gestus als noch virulente Traditionsbestände archiviert und infolgedessen als
einzelne Schreibweisen ironisiert.[54] In diesem Durcheinander der Denksyste-
me und Darstellungsstile verliert der "Verstand" seine feste Basis, und es ist
insofern kein Zufall, daß der in der realistischen Poetik zwangsläufig *fremde*
Schädel der Emblematik zum Gegenstand eines inszenierten Spukes wird, der
den Adressaten an seinem Verstand zu zweifeln nötigt.

Das Prinzip der Vermischung erscheint somit, poetologisch gewendet,
als Synkretismus realistischer, romantischer und barocker Darstellungsfor-
men.[55] Das "Fabelhafte" löst, wiederum poetologisch gewendet, die 'Realität'
als Konstruktion eines gewaltsam thetischen Denkens auf, in dessen Kontext
die Scheiterhaufen des religiösen Wahns standen.

---

[53] Vgl. Ingeborg Ackermann, "'Geistige Copie der Welt' und 'Wirkliche Wirklichkeit'. Zu
B.H. Brockes und Adalbert Stifter, in: *Emblem und Emblematikrezeption. Vergleichende
Studien zur Wirkungsgeschichte vom 16. bis 20. Jahrhundert*, hrsg. v. Sibylle Penkert, Darm-
stadt 1978, S. 436-501.

[54] Vgl. v. Graevenitz (1989), S. 551.

[55] Zum Barock im *Grünen Heinrich,* vgl. Gottfried Keller, *Der Grüne Heinrich, Zweite Fassung,* Deutscher Klassiker Verlag, S. 957.

6. Elemente des Fantastischen bei Theodor Storm

Im Mittelpunkt des folgenden Kapitels steht Theodor Storms Novelle *Der Schimmelreiter*. Im Folgenden sollen zunächst Unklarheiten der vorgenommenen Klassifizierungen, Besonderheiten der Rezeptionsgeschichte Storms und Gemeinsamkeiten der vorliegenden Deutungen untersucht werden (6.1). Wie weiter oben erläutert, setzen die üblichen Lektüren der realistischen Fantastik voraus, daß aus der Sicht des Lesers weder eine Unschlüssigkeit hinsichtlich der Natur der dargestellten Ereignisse entsteht, noch, wie im Falle der okkulten Fantastik, eine Sicherheit bezüglich der Existenz des Übernatürlichen. Beides widerspräche den etablierten Realismusbegriffen. Zunächst soll daher der Nachweis geführt werden, daß eine Todorovsche Lektüre des *Schimmelreiter* möglich ist (6.2).

Gleichzeitig zeigt der Stormsche Text Grenzen des Todorovschen Ansatzes auf, die mit der eingangs erwähnten Vernachlässigung der Literarizitätsphänomene zusammenhängen. In diesem Fall geht es weniger um die oben beschriebenen Formen literarischer Selbstreflexionen des Imaginären als Medium der Fiktion, sondern darum, ob die Realitätsprüfung (ausschließlich) so vorgenommen werden kann, wie dies bei Todorov geschieht (6.3), welche Phänomene einer solchen Gleichsetzung von fiktionalen und lebensweltlichen Geschehnissen entgegenstehen, und worin ihre Relevanz besteht (6.4).

Nach diesen auf die Poetik des Textes zielenden Überlegungen, die einen Unterschied von realistischer und romantischer Fantastik verdeutlichen, werden als bedeutungskonstitutiver Kontext Phantasmen der Eigentümergesellschaft analysiert, die Storm in seinen Texten darstellte (u.a. in *Bulemanns Haus, Der Schimmelreiter*). Das Verhältnis von Ökonomie und Fantastik wurde mehrfach thematisiert, meist im Anschluß an Marx, etwa das Wort von der "gespenstigen Gegenständlichkeit" der Ware, sein Beispiel des tanzenden Tisches oder die "gesellschaftliche Hieroglyphe" betreffend, in die der Wert das Arbeitsprodukt verwandele. Von Marx' Werttheorie konnte daher gesagt werden, sie besitze ihrerseits die Form einer "phantastischen Geschichte"[1]

---

[1] Jürgen Schampel, *Das Warenmärchen: über den Symbolcharakter der Ware im 'Kapital' von Karl Marx*, Königstein/Ts. 1982, "Vorspiel".

(6.5) Die Marxsche Warenanalyse gilt es auf die Kategorie des Eigentums im Realismus zu beziehen (6.6) und dann diese Ansätze für eine Lektüre der Stormschen Texte fruchtbar zu machen (6.7).

6.1. Zum Stand der Diskussion

Theodor Storm ist unter den deutschsprachigen Autoren ohne Zweifel der prominenteste, für manche der einzig nennenswerte Vertreter einer realistischen Fantastik im zu untersuchenden Zeitraum.[2] Als einziger der realistischen Autoren findet er Erwähnung im "Werkführer durch die utopisch-fantastische Literatur", wenngleich nur mit dem Band *Neues Gespensterbuch*, einer um 1845 entstandenen Sammlung von Gespenstergeschichten, die erstmals 1862 in der Zeitschrift *Viktoria* und dann erst wieder 1913 gedruckt erschien.[3]

Tatsächlich begegnen bei Storm die fantastischen Elemente in so massiver Präsenz, daß eine Einordnung des Phänomens unausweichlich wurde,[4] wobei gerade die Stormdeutungen von den diesbezüglichen Begriffsunsicherheiten nicht unberührt geblieben sind. Häufig vermischen sich zeitdiagnostische und ästhetische Begrifflichkeiten;[5] von Aberglauben, gesellschaftlichem

---

[2] Vgl. Winfried Freund, "Der Bürger und das Grauen", in: *Theodor Storm und das 19. Jahrhundert*, hrsg. v. Brian Coghlan u. Karl Ernst Laage, Berlin 1989, S. 108 f.

[3] Freund (1989), S.108f. 1988 wurde die Handschrift gefunden und neu veröffentlicht: Theodor Storm, *Neues Gespensterbuch. Beiträge zur Geschichte des Spuks*, hrsg. v. Karl Ernst Laage, Frankfurt/M. Leipzig 1991 Vgl. *Werkführer durch die utopisch-phantastische Literatur*, Band 4, hrsg. v. Franz Rottensteiner u. Michael Koseler, Meitingen 1989 ff. (Erg. April 1992). Kein Eintrag zu den Realisten findet sich in: *Bibliographisches Lexikon der utopisch-phantastischen Literatur*, hrsg. v. Joachim Körber, Meitingen, 1984 ff.

[4] Karl Ernst Laage zählt neben dem *Schimmelreiter* zu dem 'Unheimlichen und Gespenstigen': *Geschichten aus der Tonne, Am Kamin, Die Armesünderglocke, Im Brauerhause, Eekenhof, Ein Bekenntnis* und *Hans und Heinz Kirch*. Vgl.: Karl Enst Laage, "Theodor Storm erzählt eine plattdeutsche Gespenstergeschichte", in: *Theodor Storm. Studien zu seinem Leben und Werk. Mit einem Handschriftenkatalog*, Berlin 1985, S. 122-130, S. 123. Bei Karl Friedrich Boll, der Spuk, Ahnungen und Gesichte untersucht, gesellen sich hinzu: *Eine Malerarbeit, Von heut und ehedem* und *Zur Chronik von Grieshuus*. Vgl.: Karl Friedrich Boll, "Spuk, Ahnungen und Gesichte bei Theodor Storm", in: *Schriften der Theodor-Storm- Gesellschaft* 9 (1960), S. 9-23, S. 12, 18 u. 20. Gero v. Wilpert spricht, wie erwähnt (s.o., Kap.3) von einundzwanzig Erzählungen, in denen sich "Spurenelemente des Phantastischen" finden.

[5] So schreibt Margaret Peischl in ihrer Arbeit über das Dämonische bei Storm: "Eben während der heutigen wissenschaftlich und materialistisch orientierten Epoche gibt es, entweder als Reaktion dagegen oder sogar als Äußerung derselben, viele irrationale, unverständliche

Wahn und Mystizismus ist die Rede,[6] dem Gespenstischen und Dämonischen, und auch vom Fantastischen,[7] ohne daß diese Begriffe meist näher bestimmt oder voneinander abgegrenzt würden. Wo dies geschieht, fehlt gewöhnlich der Bezug auf eingeführte Begrifflichkeiten,[8] und wo das Fantastische in einer Weise, die das Realismuskonzept irritieren müßte, zur Sprache kommt, wird es sogleich *begrifflich* negiert. Denn was Marianne Wünsch bezogen auf *Ein Bekenntnis* als finale Bestätigung des Realismus beschreibt, gilt als zentrales Kennzeichen des Fantastischen im Sinne Todorovs und läßt sich weder dem realistischen Programm noch den gängigen Realismusbegriffen der Forschung problemlos einpassen.[9]

Ein besonderes Problem im Falle Storms stellt die Rezeptionsgeschichte seiner Werke in der Moderne, insbesondere der ersten Jahrhunderthälfte dar, die Zählebigkeit der teilweise schon von den Zeitgenossen gebildeten Klischees, die untergründig auch noch manche der späteren Revisionen beeinflußte. Anhängerschaft und Ablehnung treffen sich dabei in ähnlichen, nur unterschiedlich bewerteten, Merkmalszuschreibungen Stormscher Dichtung. So erheben Kritiker schon früh den Vorwurf der Heimattümelei. Franz Mehring spricht von einem "Modedichter", der "in holder Harmonie mit den Tee-

---

Ereignisse, die zweifellos als dämonisch bezeichnet werden können: die Bewegung der Nationalsozialisten im Zweiten Weltkrieg, die heutige Verbreitung bizarrer religiöser Kulte, bei denen ein despotischer Leiter über das Leben vieler Menschen herrscht, der häufige Gebrauch von sinnesbeeinflusenden Drogen, das große Interesse an Horrorfilmen und die Geisterbeschwörungen, die auch in der neuesten Zeit von katholischen Priestern und anderen Geistlichen bezeugt und bewirkt worden sind." Margaret T. Peischl, *Das Dämonische*, Bern 1983, S. 7. Zum Begriff des Dämonischen vgl. auch ebd. S. 51. Der Begriff des Dämonischen ist mit dem Hinweis auf "unverständliche Ereignisse" zu weit gefaßt, um eine bestimmte Textsorte des Phantastischen, Unheimlichen oder Wunderbaren definieren und gegen Formen realistischer Literatur abgrenzen zu können.

[6] Vgl. Hartmut Vincon, *Theodor Storm*, Stuttgart 1973, S. 65.

[7] Vgl. G. Weinreich, *Theodor Storm. Der Schimmelreiter*, Frankfurt/M. 1988, S. 60 ff, sowie; Winfried Freund, *Theodor Storm. Der Schimmelreiter*, Paderborn, München, Wien, Zürich 1984, S. 44-59.

[8] Vgl. Winfried Freund, *Literarische Phantastik. Die phantastische Novelle von Tieck bis Storm*, Stuttgart Berlin Köln 1990, S. 7-15.

[9] So heißt es: "Würde unser Text nun diese okkulte Ebene bestätigen, entstünde, wie gesagt, ein fantastischer Text, wie sie die frühe Moderne in so großer Zahl kennen wird, indem aber sowohl der Binnen- als der Rahmenerzähler eine Diskussion über die mögliche Bestätigbarkeit dieses Elementes vermeiden, bleibt der Text ein realistischer." Marianne Wünsch, "Experimente Storms an den Grenzen des Realismus. Neue Realitäten in Schweigen' und 'Ein Bekenntnis'", in: *Schriften der Theodor Storm Gesellschaft* 41 (1992), S. 13-22, S. 21.

kesseln von Husum (summt)."[10] Dieser soll, wie Bollenbeck ausführt, "nur rühren, soll fürs Heimatliche, Häusliche und Familiäre zuständig sein. Das paßt um die Jahrhundertwende zur Wiederentdeckung der Provinz, zur vermeintlichen Rückbesinnung auf die Kräfte des Volkes, des Stammes, der heimatlichen Natur, zur Opposition gegen Modernismus und Großstadtkultur."[11] Im Nationalsozialismus erfährt der Antimodernismus, den man gerade auch im *Schimmelreiter* gerne erblickt hat, dann endgültig seine rassenideologische Verklärung.[12]

Wie sich Kritik an Storm auf bisweilen kaum mehr unterscheidbare Weise mit der Kritik an einer bestimmten, historisch dominanten *Lesart* seiner Texte verbinden kann, zeigt die folgende Bemerkung von Wolfgang Preisendanz:

"Wer ihn [den Rangunterschied, G.R.] nicht wahrhaben will, wer sich das Gefälle zwischen den Hochplateaus der europäischen und der deutschen Erzählkunst des 19. Jahrhunderts verdecken möchte, indem er auf das Unvergleichbare, weil Wesenhaft Deutsche bei Storm und seinesgleichen abhebt, der deckt ein fatales Verständnis dieses Deutschen auf. Er verteidigt eine höchst problematische Unzeitgemäßheit, deutet Verzögerung und Verspätung als positive Werte, verhehlt sich die mangelnde Offenheit für die Herausforderungen der Moderne."[13]

---

[10] Zitiert nach Georg Bollenbeck, *Theodor Storm. Eine Biographie*, Frankfurt/M. 1988, S. 337. Ähnlich hatte bekanntlich schon Fontane die "Husumerei" des Kollegen bemängelt.
[11] Vgl. Bollenbeck (1988), S. 336.
[12] Ein Weiterleben völkischer Terminologien ist auch in der bundesrepublikanischen Literaturgeschichtsschreibung noch gelegentlich zu beobachten. So schreibt etwa Boll (1960, S. 10) über den *Schimmelreiter*: "Er ehrte in ihm (dem Aberlauben, G.R.) auch eine vieltausendjährige Seelengeschichte seines Stammes." Über die Verfilmung von 1934, die in der Stilisierung Haukes zum nordischen Führer und der Darstellung der (dörflichen) 'Massen' unverkennbar propagandistische Züge trägt, heißt es in den 1976 erstmals erschienenen *Erläuterungen und Dokumenten* des Reclam Verlages kommentarlos: "Zur Nachwirkung gehört schließlich auch, daß der *Schimmelreiter* 1934 unter der Regie von Curt Oertel und Hans Deppe verfilmt wurde. Marianne Hoppe spielte Elke Folkerts, Matthias Wiemann Hauke Haien. Der Film (Prädikat "künstlerisch besonders wertvoll") bekam im In- und Ausland begeisterte Kritiken und wurde nach dem Kriege noch mehrfach im Fernsehen gezeigt" *Erläuterungen und Dokumente: Theodor Storm, Der Schimmelreiter*, hrsg. v. H. Wagener, Stuttgart 1991 (1976). Zu den Schimmelreiter-Verfilmungen vgl. Günter Spurgat, *Theodor Storm im Film*, Lübeck 1987.
[13] Wolfgang Preisendanz, "Gedichtete Perspektiven in Storms Erzählkunst", in: ders.: *Wege des Realismus*, München 1977, S. 204-216, S. 204.

Das Problem der ideologisch aufgeladenen Lektüren verwandelt sich hier unversehens in die "höchst problematische Unzeitgemäßheit" *des Textes*. Zum Nachteil der Argumentation nicht voneinander abgesetzt sind die kritische Beschreibung von Rezeption (das "wesenhaft Deutsche") und Fiktion (Verzögerung, Verspätung, mangelnde Offenheit), so daß sie auf diffuse Weise miteinander verschwimmen. So wenig angemessen es im Übrigen scheint, "Unzeitgemäßheit" national-ideologisch zu positivieren, so sehr überrascht es andererseits, die Abweichung von der Modernitätsnorm umstandslos einem Mangel an ästhetischer Qualität gleichgesetzt zu sehen.[14] Man gewinnt den Eindruck, daß eine wirkungsvolle Ablehnung einer politisch verdächtigen und dann reaktionären Vereinnahmung Storms zum damaligen Zeitpunkt, jedenfalls in den Augen von Preisendanz, eine kritische Bewertung des Textes selbst erforderlich machte.

Insbesondere Harro Segeberg hat dazu beigetragen, daß die Frage nach Rückwärtsgewandtheit oder Modernität Storms inzwischen differenzierter betrachtet wird. Er stellt fest, daß Storm im Rahmen seiner Tönnies-Rezeption nicht das verklärte Bild einer vormodernen Gemeinschaft restaurativ der Gesellschaft entgegenhält, sondern beobachtet, wie innerhalb der beginnenden Moderne die gesellschaftlichen Modernisierungsschübe gerade in der 'Gemeinschaft' spürbar werden, etwa was die Rolle von Ökonomie und Technik in der Gründerzeit betreffen.[15]

---

[14] Dies gilt umso mehr, als Preisendanz dem Poetischen Realismus eine spezifische Darstellungsleistung zugeschrieben hatte, ebenso wie dann auch dem Stormschen Perspektivismus. Wolfgang Preisendanz, *Humor als dichterische Einbildungskraft. Studien zur Erzählkunst des poetischen Realismus, München 1963.* Zum Perspektivismus vgl. Preisendanz (1977), S. 209 ff. u. Roy C. Cowen: "Eigentlich erreichen die poetischen Realisten ihre Wirkung dadurch, daß sie zugleich die Inadäquatheit der Erzähler aufweisen und damit seinen 'Wahrheitsbesitz' unterminieren. So gibt es andeutungsweise auch in dem Roman mehr als eine Perspektive." Roy C. Cowen, *Der poetische Realismus. Kommentar zu einer Epoche*, München 1985, S. 178.

[15] Vgl. Harro Segeberg, "Ferdinand Tönnies' 'Gemeinschaft und Gesellschaft' und Theodor Storms Erzählwerk. Zur literarischen Spiegelung eines Epochenumbruchs", in: *Deutsche Vierteljahresschrift für Literaturwissenschaft und Geistesgeschichte* 59 (1985), S. 474-496, ders., *Literarische Technik-Bilder. Studien zum Verhältnis von Technik- und Literaturgeschichte im 19. und frühen 20. Jahrhundert*, Tübingen 1987, S. 55-106 u. ders, "Kritischer Regionalismus. Zum Verhältnis von Regionalität und Modernität bei Storm", in: *Theodor Storm und das 19. Jahrhundert*, hrsg. v. Brian Coghlan u. Karl Ernst Laage, Berlin 1989, S. 120-132.

Die ideologische Indienstnahme durch völkische Bewegungen der ersten Jahrhunderthälfte, gipfelnd im Nationalsozialismus, erzeugte in der Folgezeit jedoch auch Rettungsstrategien, die die Kategorie des Irrationalen - 'Fantastischen' - beibehielten und lediglich deren Bewertung im Stormschen Text umzukehren versuchten, indem sie sie einem "Bewußtseinsrealismus"[16] zuschrieben, ebenso wie zuvor Akzeptanz und Ablehnung sich in ähnlichen Merkmalszuschreibungen trafen.

Der *Schimmelreiter* galt nun als Erzählung über die verhängnisvolle Wirkung des Aberglaubens, Storm wurde mit der im Schulmeister figurierten Perspektive des Aufklärers identifiziert.[17] Das "Phantastische und seine Überwindung" bilden daher für Winfried Freund das Thema dieser Novelle.[18]

An anderer Stelle macht Freund den Deichgrafen selbst, daß er nur "sich selbst, sein Ansehen, seinen Ruhm" im Sinn hat, für die Dämonisierung verantwortlich, die damit als unausweichlich erscheint:

> "Den Unterdrückten und Machtlosen bleibt nichts, als ihre anmaßenden Führer und Peiniger im dunklen Gefühl des Bedrohtseins zu dämonisieren. Der gespenstische Schimmelreiter steht in einer Reihe mit dem wilden Jäger, den Burg- und Schloßgeistern und den blaublütigen Vampiren. In ihnen hat das Volk die Arroganz der Macht verteufelt und seinen namenlosen Ängsten Gestalt gegeben."[19]

---

[16] Winfried Freund, "Der Bürger und das Grauen", in: *Theodor Storm und das 19. Jahrhundert*, hrsg. v. Brian Coghlan u. Karl Ernst Laage, Berlin 1989, S. S. 108-114, S. 108.

[17] Bei Freund heißt es dazu: "Über die Verkörperung des männlichen Helden und nordischen Heros war Hauke Haien im Nationalsozialismus zum literarischen Modell des Führerprinzips verkommen. Wilhelminische und faschistische Heroisierungen hatten den zutiefst sozialen Gehalt von Storms Alterswerk verschüttet. Seine Wiederentdeckung stellte sich nach 1945 als dringende Aufgabe." Freund (1984), S. 45.

[18] Ebda. Vgl. auch: "Storm entwickelt eine Reihe erzählerischer Strategien, um den Leser in die Lage zu versetzen, das Mystische als unzeitgemäßen Aberglauben zu demaskieren. Nur derjenige, dem durch die Art des Erzählens die Möglichkeit zur Selbstaufklärung durch erkennende Reflexion geboten wird, kann zum mündigen Leser heranreifen", Freund (1984), S. 59.

[19] Freund (1990), S. 144. In eine ähnliche Richtung zielt die Deutung, die Jean-Jacques Pollet über *Bulemanns Haus* vorgelegt hat. Auch hier wird eine ethische Lektüre vorgeschlagen, um die Provokation des Fantastischen dem Realismus eingliedern zu können: "T. Storm introduit donc dans le code de vraisemblable (...) une dichotomie que l'on pourrait formuler ainsi: ce qui est moralement convenable est ici intellectuellement inconcevable. L'auteur de Bulemann invite donc implicitement son lecteur à renverser la proposition: ce qui est intellectuellement concevable - c'est-à-dire ce que nous tenons, nous acceptons pour 'réalité' - est on verité moralement insupportable. Le fantastique, ainsi manié, devient l' instrument d'un

Unabhängig von den erwähnten stormspezifischen Rezeptionszusammenhängen entwickelt Volker Hoffmann seine Lektüre der Teufelspaktgeschichten im Realismus.[20] Die entsprechenden Texte - neben dem *Schimmelreiter* fallen darunter von Keller *Romeo und Julia auf dem Dorfe*, und die zweite der *Sieben Legenden: Die Jungfrau und der Teufel*, von Fontane *Grete Minde, Ellernklipp* und *Der Stechlin*[21] - greifen demnach auf ein Biographiemodell der Goethezeit zurück, das an die Stelle zufälliger Schicksalsschläge, denen mit Stoizismus zu begegnen sei, die Idee eines 'vernünftigen' Lebensplanes setzt: das ordnungsgemäße Durchlaufen der verschiedenen Lebensstufen, die rechtzeitige Ablösung von der Herkunfts- und die Bildung einer eigenen Fortpflanzungsfamilie, die Verpflichtung zum Maßhalten.[22] Demzufolge dienen die Teufelspaktgeschichten dazu, normabweichende Lebensentwürfe als negative Lebensgeschichten zu präsentieren. Eine solche ergibt sich im Fall Hauke Haiens als Folge von Mesalliance, Sonderlingsstatus und der "Werkstiftung unter dem eigenem Namen auf Kosten der Fortpflanzungsfamilie".[23]

Die *Dämonologie*, die der Teufelspakt impliziert, büßt dabei ihre Bedeutung weitgehend ein, was als Voraussetzung dafür gilt, daß das Motiv überhaupt in die realistische Fiktion übernommen werden kann. Die Existenz eines Fantastischen, wie Todorov oder Caillois es beschrieben hatten, wird für

jugement éthique désabusé sur la réalité." Jean-Jacques Pollet, "Maisons hantées. 'Das öde Haus', 'Bulemanns Haus', 'Das unbewohnte Haus'", in: *Les songes de la raison. Mélanges offerts à Dominique Iehl*, Bern 1995, S. 157. Die Argumentation beruht auf einer Äquivokation. "Intellectuellement in-/ concevable" heißt nicht in beiden Fällen dasselbe. Wenn wir die Realität als eine unmoralische nicht akzeptieren, bedeutet das nicht, daß wir sie zugleich auch in ihren physikalischen Gesetzmäßigkeiten ablehnen müßten. Vielmehr ist unklar, was es überhaupt bedeuten sollte, aus *moralischen* Gründen die *physikalischen* Gesetze abzulehnen oder in Zweifel zu ziehen.
[20] Volker Hoffmann, "'Zum wilden Mann'. Die anthropologische und poetologische Reduktion des Teufelspaktthemas in der Literatur des Realismus am Beispiel von Wilhem Raabes Erzählung", in: *Jahrbuch der Deutschen Schillergesellschaft* 30 (1986), S. 472-492, und ders., "Theodor Storm. Der Schimmelreiter. Eine Teufelspaktgeschichte als realistische Lebensgeschichte", in: *Interpretationen. Erzählungen und Novellen des 19. Jahrhunderts Bd.2*, Stuttgart 1990, S. 333-370.
[21] Vgl. Hoffmann (1986), S. 474.
[22] Hoffmann (1990), S. 343 f.
[23] Entsprechend heißt es: "Die Teufelspaktserie wird zur Lebensgeschichte verallgemeinert. Was der Teufelspakt dadurch dämonologisch verliert, gewinnt er an Bedeutungkraft." Hoffmann (1990), S. 342.

den Realismus verneint und dem Motivbestand nur in 'entdämonisierter' Form ein Funktionswert zuerkannt, der sich auch dort einstellt, wo eine Teufelsgestalt als solche gar nicht auftritt. Damit ergibt sich als Konsequenz, daß derjenige, der den Teufelspakt abschließt, und derjenige, mit dem er ihn abschließt, letztlich zusammenfallen, wie explizit beim "Selbsthelfer" und "Selbstverführer" Hauke Haien, der mit sich den Pakt schon vor dem Schimmelkauf geschlossen habe.

Keineswegs eliminierbar hingegen ist bei Hoffmann die in der Anthropologie des 18. Jahrhunderts verankerte *Semantik* von Teufel und Spuk als solche. Zu einem Opfer des Teufels oder selbst teuflisch wird der Mensch demnach, wenn er die ihm angemessene Mischung der Seinsbereiche, "vom Geisterreich bis zum Reich der Elemente" gefährdet, wie Hauke durch seine unstillbare Faszination für die Elemente (Wasser), durch sein Gebanntsein von der Grenze zwischen Leben und Tod, die sich hinter der Fixiertheit auf den Deich verbirgt, oder durch seine einseitig geistig-intellektuelle Begabung.[24]

So unterschiedlich die Deutungen Freunds und Hoffmanns ausfallen, sie stimmen zumindest implizit darin überein, daß eine Fokussierung der fantastischen Elemente im Sinne der oben genannten Konzepte unmöglich oder unfruchtbar ist. Dies trifft auf die zwischen Gesellschaftskritik, moralischer Erbaulichkeit (Verderblichkeit des Egoismus) und Sozialpsychologie oszillierende Lektüre Freunds ebenso zu wie auf die Lektüre Hoffmanns, der ja die Entdämonisierung als Voraussetzung der realistischen Integration des Motivs betrachtet.

Im Folgenden soll zunächst gezeigt werden, daß Storms *Schimmelreiter* Elemente des Fantastischen im Sinne Todorovs enthält.[25] Insofern die Besonderheit des Fantastischen gerade in der Unmöglichkeit einer klaren Grenzziehung zwischen Realem und Nichtrealem besteht, erweist sich die Lektüreanweisung, "das Wahre und Wirkliche aus dem phantastisch-realistischen Ge-

---

[24] Daß der Deichbau daher in einem präzisen Sinne als teuflisches Werk zu lesen ist, weist Hoffmann durch eine Fülle von Textbelegen nach (1990, S. 355 ff).
[25] Einen ähnlichen Befund wie in der hier vorgelegten Interpretation, legt, ohne Bezug auf die Fantastikdiskussion bereits Alt vor: "Ohne sich zu engagieren, bringt der Autor (oder seine zwei Rahmenerzähler) Vernunft, das Irrationale, Intelligenz und Ignoranz, Aufklärung und Aberglauben, in dauernde Gegenüberstellung. Dieses Prinzip bestimmt die Struktur des Ganzen." Arthur Tilo Alt, "Flucht und Verwandlung", in: *Schriften der Theodor Storm Gesellschaft* 25 (1976), S. 9-24, S. 20.

misch herauszufiltern",[26] als kontraproduktiv. Die Möglichkeit einer klaren Trennbarkeit von realen und eingebildeten Vorfällen, auf der der Antagonismus von Aufklärung und Aberglaube beruht, wird durch die fantastischen Elemente infrage gestellt.[27]

Mit "Irrationalismus" hat dies zunächst wenig zu tun. Hinter der Opposition von "Aufklärung" und "Aberglaube", die Freund in dem Text thematisiert sieht, verbergen sich gesellschaftliche Phänomene, die nicht nur den Zusammenhang von Aufklärung und Naturbeherrschung und die damit verbundenen ökonomischen Interessen offensichtlich werden lassen, sondern auch die kulturellen Grenzziehungen, auf denen die christliche Identität beruht, und die bei Hauke Haien als Gegenpol zum bekämpften Aberglauben figurieren. Wenn die christliche Kultur, die den Freitod als Normverstoß sanktioniert, indem sie den Toten den kulturell definierten 'natürlichen' Platz auf dem Friedhof versagt, sich durch ihre Abgrenzung von den Heiden (nach außen) und dem "Aberglauben" (nach innen) definiert, dann wird die Möglichkeit dieser klaren Grenzziehung im Text unterlaufen. An vielen Details wird sich zeigen lassen, daß der Text die Begriffe 'Aufklärung' und 'Aberglaube' nicht in einem schlichten Oppositionsverhältnis beläßt.

6.2 Eine Todorovsche Lektüre

Das zentrale Ereignis irreduzibler Unschlüssigkeit im *Schimmelreiter* findet sich zu Beginn, in der Begegnung des (zweiten) Erzählers mit dem gespenstischen Reiter. In der Darstellung der Begegnung zeigt sich zugleich die von Todorov betonte Bedeutung der Modalisation:[28]

---

[26] Freund (1984), S. 45.
[27] Damit soll die kritische Perspektive, die Storm (auch in anderen Werken) auf den Aberglauben einnimmt, keineswegs geleugnet werden, aber Rationalität und Irrationalität sind auf eine Weise ineinander verschlungen, daß ein sicherer Ort der Beurteilung, etwa ein an der Aufklärung orientierter Vernunftbegriff, nicht so problemlos zur Verfügung steht, wie Freund anzunehmen scheint. Todorov spricht an anderer Stelle im Hinblick auf den Briefroman von "stereoskopischem" Erzählen und der Aufspaltung in mehrere Erzählerperspektiven. Vgl. Tzvetan Todorov, "Die Kategorien der literarischen Erzählung", in: *Strukturalismus in der Literaturwissenschaft*, Köln 1972, hrsg. v. H. Blumensath, S. 283.
[28] Anders verhält es sich mit dem Imperfekt, dessen Bedeutung Todorov zufolge darin besteht, daß "nicht der gegenwärtige Erzähler so denkt, sondern die Person von einst" (1976, S. 38). Für den *Schimmelreiter* scheint der Sachverhalt nicht einschlägig, was mit der Erzählperspektive zusammenhängt.

"...immer deutlicher... *glaubte ich* eine dunkle Gestalt zu erkennen, und bald, da sie näher kam, sah ich es, sie saß auf einem Pferde, einem hochbeinigen hageren Schimmel; ein dunkler Mantel flatterte um ihre Schultern, und im Vorbeifliegen sahen mich zwei brennende Augen aus einem bleichen Antlitz an..."
"mir war, als streifte mich der fliegende Mantel, und die Erscheinung war, wie das erste Mal, lautlos an mir vorübergestoben. Dann sah ich sie fern und ferner vor mir; *dann war's, als säh ich* plötzlich ihren Schatten an der Binnenseite des Deiches hinuntergehen."
[635f., Hervorhebungen, G.R]

Entscheidend wirkt hier nicht die Modalisation als solche, sondern die Art, wie sie eingesetzt wird, genauer, der Moment, in dem sie wegfällt. Zwar faßt der Erzähler die Möglichkeit einer Täuschung ins Auge und relativiert damit die Glaubwürdigkeit des Augenzeugenberichtes, andererseits beschreibt er gerade den entscheidenden Augenblick des (ersten) Vorbeireitens außerordentlich detailliert und ohne Modalisierung. Nur aus der Ferne, so scheint es, konnte die Ansicht des Reiters auf einer Täuschung beruhen, nicht aber im Moment der größten Nähe; eine Sinnestäuschung wäre demnach ausgeschlossen.

Einer derartig eindeutigen Auflösung widersprechen aber zwei andere Details der Darstellung, der fehlende Hufschlag und die Tatsache, daß der Erzähler weiterhin von einer "Erscheinung" spricht und damit jede definitive Einordnung zurückweist. Eine besondere Beglaubigung erfährt der Bericht im Übrigen dadurch, daß der Erzähler zu dem betreffenden Zeitpunkt von der Geschichte Hauke Haiens noch gar nichts wissen konnte und daher unverständlich ist, woraus sich - im Rahmen einer realistischen Fiktion - seine Einbildungskraft an dieser Stelle gespeist haben sollte. Die Schilderung dieser Begebenheit läßt sich auf einen Bewußtseinsrealismus, dem es um die Entlarvung des Aberglaubens in der rückständigen Dorfgesellschaft ginge, nicht reduzieren,[29] zumal der Erzähler der Dorfgemeinschaft ja auch gar nicht angehört.

---

[29] Dies wäre dann der Fall gewesen, wenn Storm den ursprünglichen Schluß beibehalten hätte, in dem sich die Identität des Reiters als eine natürliche herausstellte. Zum ursprünglichen Schluß der Novelle vgl. Karl Ernst Laage, "Der ursprüngliche Schluß der 'Schimmelreiter'-Novelle", in: ders.: *Theodor Storm. Studien zu seinem Leben und Werk mit einem Handschriftenkatalog*, Berlin 1985, S. 29-36.

Ein sprachliches Element zur Realisierung des Fantastischen, das bei Todorov keine Erwähnung findet, dem im *Schimmelreiter* aber eine wichtige Bedeutung zukommt, ist die direkte Rede. Ihre Bedeutung im vorliegenden Text erklärt sich daraus, daß der Ich-Erzähler, anders als in der fantastischen Literatur und insbesondere den Todorovschen Beispielen üblich, im *Schimmelreiter* nur in der Rahmenerzählung auftritt.[30] Die der fantastischen Fiktion eher fremde, den Figuren übergeordnete auktoriale Erzählinstanz wird durch Einfügung unkommentierter fremder Rede wieder dezentriert. Dieses Kunstmittel erlaubt es dem Erzähler, sich hinter die Figurensprache zurückzuziehen und so die Realität in die Vielfalt der Erzählfiguren und ihrer jeweiligen Perspektiven aufzulösen.[31] So wird nahezu der ganze Bericht über den Spuk auf

[30] In Storms Novelle *Renate* erzeugt ein Spannungsverhältnis zweier Erzählerinstanzen die Unschlüssigkeit, eine Möglichkeit, die bei Todorovs Unterscheidung von auktorialem Erzähler und Ich-Erzähler unberücksichtigt blieb. In der Erzählperspektive des Protagonisten wird einerseits die Verhaftung im Hexenglauben anschaulich und auch äußerst hellsichtig soziale Ursachen desselben beschrieben (Sozialneid, beunruhigende technische Innovationen, die zu besseren Erträgen führen, zufällige Verschonung von kollektivem Unglück, eine heidnische Götzenfigur, die als exotische Skulptur aufbewahrt wird). Andererseits wird diesen Realursachen des Hexenglaubens der Bericht einiger irritierender Ereignisse beigemengt (die Rattenerscheinung, S. 561, 563), über deren Natur der Leser im unklaren gelassen wird. Daran ändert weder die Loslösung des Protagonisten vom "Aberglauben" am Ende der Novelle etwas, noch der bewertende Kommentar einer im hinteren Rahmen eingefügten weiteren Erzählerfigur, zumal die genannte Loslösung in ihrer unvermittelten und unkommentierten Art selbst etwas zutiefst rätselhaftes aufweist. Nichts kennzeichnet insofern die Situation des in seinen Beurteilungsmaßstäben verunsicherten Rezipienten besser, als der folgende Kommentar des Binnenerzählers: "Der Mann redete in solcher Art noch lange fort, obschon ich fürder mit keinem Wörtlein ihn ermunterte. War aber eine üble Wegzehrung, welche ich also mitbekommen. Zwar sagte ich mir zu hundert Malen: es war ein Schwätzer, der dir solches zutrug, so einer, der die schwimmenden Gerüchte sich fetzenweise aus der Luft herunterholet, um seinen leeren Kopf damit zu füllen; wollte aber gleichwohl der bittere Schmack mir nicht von meiner Zungen weichen." (S. 565) Dem entspricht der innere Zwiespalt des Protagonisten. Wesentlich ist darüber hinaus, daß der aufgeklärte 'Rahmenerzähler' Andreas (der tatsächlich nur im hinteren Rahmen als eine weitere Erzählerfigur auftritt) nicht dieselbe autoritative Kompetenz hinsichtlich des Textgeschehens entfaltet, wie es bei einem auktorialen Erzähler möglich ist. Die Perspektive des Binnenerzählers bleibt durch nachträgliche Kommentierungen eines weiteren Erzählers insofern unangetastet, als sie für das Geschehen der Binnenerzählung für den Leser weiterhin unhintergehbar bleibt. Zitate aus: Theodor Storm, *Novellen.1867-1880*, hrsg. v. Karl Ernst Laage, Frankfurt/M.: Deutscher Klassiker Verlag, 1987.

[31] Zum Zusammenhang von Fantastik und Erzählperpektive vgl. Wolfgang Preisendanz, "Die geschichtliche Ambivalenz narrativer Phantastik der Romantik", in: *Athenäum. Jahrbuch für Romantik,* 1992, S.117-129, S. 120.

Jevershallig vom Schulmeister als unkommentierter Dialog der von dem Spuk geängstigten Figuren mitgeteilt. Auch bei dieser Episode stellt sich Unschlüssigkeit her, nämlich in Bezug darauf, wo die *Grenze* zwischen Wirklichkeit und Einbildung verläuft.[32]

Die Irritationseffekte des Fantastischen verbinden sich im Text mit dem Stormschen Perpektivismus. Durch die Vielzahl der Erzähler und dem Ausschluß der beiden Erzählerinnen[33] wird die Perspektivität des Erzählens selbst thematisiert, das Erzählen als Erinnerungsleistung darüber hinaus von der Wahrheitsverpflichtung entbunden.[34] Dadurch wird eine Verunsicherung bewirkt über das, was in der Vielzahl sich überschneidender Erinnerungen und Erzählhaltungen als verbürgte Realität nun eigentlich gelten soll.

Geschickt gewählt ist die zentrale Erzählfigur des Schulmeisters, durch dessen Wahl nicht, wie gelegentlich behauptet, die Autorität der Aufklärung gegen den Aberglauben (Antje Vollmers) bekräftigt wird,[35] denn in der Wirkung auf den Leser ist genau das Gegenteil der Fall. Gerade durch die Wahl des "aufgeklärten" Erzählers wird eine Beglaubigung des Fantastischen und

---

[32] Auch wenn es naheliegt, die angebliche Bewegung des Pferdegerippes einer Sinnestäuschung zuzurechnen, da sie, in Umkehrung zum anfänglichen Erscheinen des Schimmelreiters, nur aus der Ferne beobachtbar ist, von nahem betrachtet sich aber verliert, bleibt für das Pferdegerippe selbst unklar, ob es existiert, und wenn ja, wie es auf die Hallig gekommen und von dort, im richtigen Moment um den Gerüchten Vorschub zu leisten, wieder verschwunden sein soll: "Ein paar weißgebleichte Knochengerüste ertrunkener Schafe und das Gerippe eines Pferdes, von dem freilich Niemand begriff, wie es dorthin gekommen sei, *wollte man*, wenn der Mond von Osten auf die Hallig schien, dort auch erkennen können." (S. 695 f.).

[33] Ausdrücklich wird (mit Blick auf Antje Vollmers) vermerkt, daß alles auch anders hätte erzählt werden können (S. 638 f.).

[34] Wesentlich für diese Problematik sind die Ausführungen des ersten Ich-Erzählers. "...ich kann daher um so weniger die Wahrheit der Tatsachen verbürgen als, wenn Jemand sie bestreiten wollte, dafür aufstehen; nur soviel kann ich versichern, daß ich sie seit jener Zeit, obgleich sie durch keinen äußeren Anlaß in mir aufs neue belebt wurde, niemals aus dem Gedächtnis verloren habe." (S. 634).

[35] Freund schreibt dazu: "Der Bericht des Reisenden löst allgemeines Erschrecken aus und lenkt die Aufmerksamkeit auf den Schulmeister, der als aufgeklärter Kopf von vornherein in Gegensatz gerät zur Volksmeinung, in der der Schimmelreiter als Wiedergänger und Vorspuk einen festen Platz hat. Immerhin, das ist nicht zu übersehen, ist hier bereits phantastischer Glaube und das Wissen um das, was unstreitbar ist, personal getrennt. Zwar scheint der Aberglaube bei weitem verbreiteter zu sein, trotzdem läßt man den Schulmeister erzählen und gesteht ihm damit eine gewisse Überlegenheit zu." Freund (1984), S. 45.

Unerklärlichen erreicht, ein beliebter Kunstgriff in der fantastischen Literatur und im fantastischen Film.[36]

Identifikationsfigur für den Leser ist nach Freund der (zweite) Rahmenerzähler, der sich zutraut, hinsichtlich wirklicher und erfundener Begebenheiten "schon selbst die Spreu vom Weizen (zu) sondern."[37] (639) In der Tat wird hier eine der Freundschen Lektüre gemäße Leseerwartung erzeugt, aber nur um die notwendige Voraussetzung für die späteren Irritationseffekte zu schaffen. Die Leseanweisung erweist sich als trickreiche Irreführung.[38]

Auch auf der Figurenebene ist eine eindeutige Besetzung der beiden Pole Aberglaube und Aufklärung unmöglich.[39] Obwohl sowohl der Schulmei-

---

[36] Dies ist ein beliebter Kunstgriff in der fantastischen Literatur und im fantastischen Film. Vgl. C. Weil, G. Seeßlen, *Kino des Phantastischen*, München 1976. S. 46. Hätte sich der Ich-Erzähler tatsächlich die Geschichte von der "alten Wirtschafterin" Antje Vollmers erzählen lassen, bei der "derlei Geschichten am besten in Verwahrung sein (sollen)" (S. 638), so hätte schon die Wahl der Erzählfigur unweigerlich Skepsis auslösen müssen hinsichtlich des Realitätsgehaltes des Vorgetragenen, und es wäre der Effekt erzeugt worden, den Storm in *Renate* zur Demaskierung abergläubischen Geredes eingesetzt hat. Dort wird mit der vorübergehenden Einführung der Mutter Pottsacksch als Erzählerin im Rahmen gleich zu Beginn eine später dann allerdings wieder infrage gestellte Distanz zum Aberglauben aufgebaut (Werke S. 524 ff.).

[37] Freund sieht in dieser Textstelle die zentrale Leseanweisung: "Doch liegt gerade hier eine erklärte Aufgabe für den verständigen Leser, an dessen Stelle Storm den Reisenden sagen läßt:'...traut mir zu, daß ich schon selbst die Spreu vom Weizen sondern werde!' Damit sind sowohl die gewünschte Rezeptionseinstellung als auch eine klare Wertung ausgesprochen. Dem Leser fällt die Aufgabe zu, das Wahre und Wirkliche aus dem phantastisch-realistischen Gemisch herauszufiltern, also den Weizen von der Spreu zu sondern, und kein Zweifel besteht daran, daß nur dem Realen wirklicher Wert zukommt." Freund (1984), S. 45.

[38] Ambivalenz ist im Schimmelreiter eine Kategorie, die *nicht nur* den fantastischen Elementen zukommt. Dies hat bereits Martini angedeutet, dann aber in der weiteren Ausarbeitung des Gedankens wieder vernachlässigt. Nachdem er die Fantastik als "Schweben zwischen Wahn und Wahrheit" bezeichnet hat, heißt es: "Storm hat den 'Schimmelreiter' auf einem vielspurigen Verweben der Widersprüche aufgebaut, das keine einsinnige Auflösung zuläßt. Denn erst das Irrationale in Zufall, Schuld und Geschick macht die immanente Paradoxie, den tragischen Widerspruchscharakter des Lebens aus. Hauke Haiens Kampf um die Sicherungen von Land und Leben gegen die Elemente löst gerade deren zerstörerischen Einbruch aus. Sein Wille, sie zu beherrschen, gibt ihn ihnen preis. Der klare Rechner wird zum besessenen Träumer, der das Maß des Möglichen überfordert. Der Abkömmling kleiner Bauern arbeitet sich zum Herrn der Deichgemeinschaft empor, aber er wird von denen abhängig, die er als dumpfe Masse bekämpft und verachtet. Seine Leidenschaft zu Tat und Geltung ist das Zeichen einer Schwäche, die den Emporkömmling, der durch seine Frau zum Deichgraf Beförderte...fühlt. Er will die Ordnung, aber er löst das Chaotische aus." Fritz Martini, *Deutsche Literatur im bürgerlichen Realismus: 1848-1898*, Stuttgart 1962, S. 663 f.

[39] Keiner der sogenannten Aufklärer steht ganz auf dem Boden von Vernunft oder technisch mathematischer Naturbeherrschung, wie sich für Hauke Haien (Bewertung der Schwachsinnigkeit, Gebet für Elke, Deichopfer, Prophezeiung der Trin Jans), Tede Haien (der Kater auf

ster als auch Hauke Haien als Aufklärer eingeführt werden, ist an beiden Figuren eine Zwiespältigkeit der Wirklichkeitsauffassung unübersehbar. Schon der Schimmelkauf zeigt die Zwiespältigkeit des Protagonisten, denn in Haukes eigenen Worten deutet sich erstmals der mögliche Charakter als Teufelspakt an.[40] Was die Geburt der geistig zurückgebliebenen Wienke betrifft, so stehen einander im Text nicht eine aufgeklärt rationale und eine abergläubische Deutung gegenüber, sondern eine abergläubische (Fluch) und eine christliche (Strafe). Eine medizinisch-wissenschaftliche Erklärung ziehen weder die Eltern noch der Schulmeister in Erwägung. (731f.)[41]

*

Es wurde bereits darauf hingewiesen, daß der Ort, den die fantastischen Elemente im Handlungsgefüge einnehmen, die realistischen von den romantischen Texten unterscheidet, in denen fantastische Elemente vorkommen. Im *Schimmelreiter* ist das zentrale Unschlüssigkeitsereignis in die Rahmenhandlung verlegt, in der Binnenerzählung tritt *neben* die Elemente des Fantastischen ein Erzählstrang, der die Katastrophe vollständig psychologisch realistisch anbahnt.[42] Diese *Beiordnung* des Fantastischen im realistischen Text gilt es nun als eine spezifische Form literarischer Fantastik näher herauszuarbeiten. Sie hat zur Folge, daß die literarischen Mittel zur Erzeugung der Fantastik andere, vielleicht weniger offensichtliche, aber nicht weniger subtile oder effiziente Mittel sind. Die Produktion des Fantastischen verweist auf die Poe-

---

dem ehrlichen Tisch), Elke (Angst vor dem Schimmel) und den Schulmeister (Bewertung der Schwachsinnigkeit) zeigen läßt. Vgl. dagegen Freund (1984), S. 45.
[40] Im Text heißt es: "...da, Frau, hab ich dem Burschen in die dargebotne braune Hand, die fast wie eine Klaue aussah, eingeschlagen...lachte wie ein Teufel hinter mir her..." (S. 703).
[41] Vom Schulmeister wird die Zurückgebliebenheit Wienkes als Strafe Gottes bezeichnet, wenn er vorausdeutend von dem "blöden Mädchen" spricht, "womit später der Herrgott ihn (Hauke Haien) belastete." (S.16) Hoffmann erklärt ihn gar zur Teufelsfigur und das Erzählen zum Teufelspakt. Vgl.: Hoffmann (1990), S. 341 f.
[42] Hierzu zählen, bezogen auf den Entschluß zum Deichbau, die Beleidigung durch Ole Peters, die Euklidstudien des Knaben, die Faszination und Herausforderung der Aufgabe selbst, ebenso wie das Wissen um die unzureichende Sicherheit, die der alte Deich gewährt und das verpflichtende Vermächtnis des Vaters. Die Ermöglichungsgründe der Flutkatastrophe sind neben den unterlassenen Reparaturen die Unfähigkeit Hauke Haiens, kooperatives Handeln zustande zu bringen, vor allem aber die Feindschaft zu Ole Peters.

tik des Textes selbst, sofern diese die möglichen Formen der Realitätsprüfung betrifft.

6.3. Todorovs *Einführung in die fantastische Literatur* und die Poetik

Im Folgenden soll zunächst gezeigt werden, daß Todorov, wie die meisten Theoretiker des Fantastischen, Realitätsprüfung am Text analog zu Realitätsprüfungen in der Wirklichkeit auffasst und inwiefern daraus im vorliegenden Fall eine Verkürzung resultiert.[43] Im wirklichen Leben würden wir angesichts eines Berichtes, der uns über den Realitätsgehalt der mitgeteilten Ereignisse im Unklaren läßt, dieselben Fragen stellen, die Todorov an den Text richtet, ob das uns Berichtete *wirklich geschehen*, oder aber als Traum, Halluzination, Einbildung, Lüge etc. einzustufen ist. Eine solche Parallelisierung erschließt aber nur eine der Textebenen und sich auf diese zu beschränken würde nur dann ausreichend sein, wenn Literarizitätsphänomene in diesem Zusammenhang keine Rolle spielten.

Daß Todorov dieser Ansicht ist, bestätigt seine *Poetik*. Obwohl dem Versuch gewidmet, das Phänomen der Literarizität zu bestimmen, werden fast durchweg Eigenschaften literarischer und nicht-literarischer Rede parallelisiert. Die strukturale Poetik soll erfragen, was "die Eigentümlichkeiten dieser besonderen, nämlich der literarischen Rede (sind). (...) Insofern befaßt sich diese Wissenschaft nicht mehr mit der wirklichen Literatur, sondern mit der möglichen, mit anderen Worten: mit der abstrakten Eigenschaft, welche die Eigentümlichkeit des literarischen Faktums ausmacht, der Literalität."[44]

Schon in der Präzisierung dieses Begriffes hingegen wird deutlich, daß er nichts spezifisch Literarisches benennt. Die Unterscheidung von "Literalität" und "Referenz", die Todorov wenig später vornimmt, entspricht, bis in das gewählte Beispiel von Abendstern und Morgenstern hinein, der Fregeschen Unterscheidung von Sinn und Bedeutung.[45] "Literalität" erscheint nun *neben*

---

[43] Wie etwa auch A. Zgorzelsky, "Zum Verständnis phantastischer Literatur", in: *Phaicon* II, S. 33-53.

[44] Tzvetan Todorov, "Poetik", in: Francois Wahl, *Einführung in den Strukturalismus*, Frankfurt 1973, S.105-180, S. 108. Vgl. auch ders., *Poetik der Prosa*, Frankfurt/M. 1972 (b).

[45] vgl. Gottlob Frege, "Über Sinn und Bedeutung", in: ders.: *Funktion, Begriff, Bedeutung. Fünf logische Studien*, hrsg. und eingeleitet v. Günther Patzig, Göttingen 1986, S. 40-65.

"Referenz" und "Manifestation des Aussagevorganges" als Register des Sprechens,[46] ohne daß allerdings aus dem Ineinandergreifen dieser drei Aspekte in der Folge eine Besonderheit literarischer Rede entwickelt würde.

Vielmehr wird ein Register virtueller Sprechweisen erstellt, aus denen Formen literarischer Rede[47] abgeleitet werden, z.B. Parodie als konnotative Rede.[48] Konnotative Rede ist aber ebensowenig eine spezifisch literarische Rede, wie die direkte und indirekte Rede,[49] die bewertende, expressive und modale Rede,[50] oder ereignishafte, psychologische und philosophische Kausalität, die Todorov in Bezug auf Handlungen, Charaktere und Ideen unterscheidet.[51] All das sind von einem an Sprache und Wirklichkeit im allgemeinen erstellten Register des Sprechens abgeleitete Redeformen, denen es nur in sekundärer Weise zukommt, *auch* Formen der literarischen Rede zu sein. Selbst wo er die Erzählperspektive erörtert, verzichtet Todorov darauf, unterscheidende Merkmale zu Formen alltäglichen Sprechens herauszuarbeiten.[52] Erst mit der *räumlichen Ordnung* wird ein Spezifikum des Literarischen benannt:

> "Die logischen oder zeitlichen Beziehungen treten in den Hintergrund oder verschwinden ganz, es sind die räumlichen Beziehungen der Elemente, welche die Organisation konstituieren. (Dieser "Raum" muß natürlich in einem besonderen Sinn verstanden werden und einen dem Text immanenten Begriff bezeichnen.)"[53]

Indem der Text-"Raum" eine spezifische Markierung erhält und auf dem abweichenden Sinn des Begriffes insistiert wird, zeigt sich erstmals eine irredu-

---

[46] Todorov (1973), S. 115.
[47] Zu Todorovs Verwendung von Rede und Sprache a.a.O., S. 113.
[48] A.a.O., S. 118.
[49] "Schließlich wird die Literalität auch durch das aufgezeigt, was man die berichtete Rede nennt (direkter oder indirekter Stil): ein Terminus, der z.B. in einem Roman die Worte der Personen im Gegensatz zu denen des Erzählers bezeichnet." a.a.O., S. 120.
[50] A..a.O., S. 121 ff.
[51] A.a.O., S. 132 ff.
[52] Den Unterschied zwischen erinnerndem und erinnertem Ich expliziert Todorov in folgender Weise: "In 'er läuft' gibt es 'er', das Subjekt der Aussage, und 'ich' das Subjekt des Aussagevorgangs. In 'ich laufe' schiebt sich ein Subjekt des ausgesagten Aussagevorgangs zwischen beide und raubt jedem einen Teil seines vorherigen Inhalts, ohne sie jedoch gänzlich zum Verschwinden zu bringen: es überflutet sie nur. Denn das 'er' und das 'ich' bestehen weiterhin: dieses 'ich', das läuft, ist nicht dasselbe, wie das, welches aussagt. 'Ich' reduziert nicht zwei auf eines, sondern macht aus zwei drei." A.a.O., S.129.
[53] A.a.O., S. 138.

zible Bestimmung des Literarischen, die Todorov allerdings der Lyrik vorbehalten will.[54] Die Poetik der Prosa bleibt mithin auch hier unterbestimmt.

Eine zweite spezifische Bestimmung findet sich bei der Erörterung von Wahrheit und Wahrscheinlichkeit.[55] Todorov nennt es sinnlos, Literatur dem Wahrheitsbeweis unterziehen zu wollen, da sie weder wahr noch falsch sein könne, sondern lediglich wahrscheinlich oder unwahrscheinlich. Ob sie als wahrscheinlich gelte, hänge davon ab, wie sich das Werk zu den Konventionen der Gattung verhält.[56] Dies entscheide sich in der "öffentlichen Meinung", da "es sich nicht um eine Relation zwischen der Rede und ihrem Referenten handele (Wahrheitsrelation), sondern zwischen der Rede und dem, was die Leser für wahr halten."[57] Was dem Leser als wahrscheinlich gilt, wird als Konvention und Gattungsregel identifiziert. Entsprechend hatten bereits Jakobson den Realismuseffekt und Lessing die Bedingungen beschrieben, unter denen auf der Bühne des Achtzehnten Jahrhunderts Gespenster wirkungsgerecht auftreten konnten.[58]

Indem Todorov zur Bestimmung der Wahrscheinlichkeit an Aristoteles Unterscheidung zwischen episteme und doxa anknüpft, bleibt er aber dem zunächst abgelehnten "Wahrheitsbeweis" als Kriterium verhaftet, insofern er ein Spezifikum der Literatur, nur an Konventionen gebundene Wahrscheinlichkeit beanspruchen zu können, als einen *defizienten Modus von Wahrheit* ("Referenz") einführt, statt ihn positiv in seiner Eigentümlichkeit als Darstellungs- und Wirkungsmodus zu explizieren.[59]

Wenn es Eigenschaften literarischer Fiktion gibt, die nicht auf allgemeine Eigenschaften von Sprache oder besondere von Lyrik reduzierbar sind,

---

[54] Todorov stützt sich in diesem Zusammenhang auf die Untersuchungen Jakobsons, a.a.O., S. 139.

[55] A.a.O., S. 157 ff.

[56] "In bestimmten Zeiten gilt eine Komödie nur dann als wahrscheinlich, wenn die Personen im letzten Akt entdecken, daß sie nahe miteinander verwandt sind. Ein sentimentaler Roman ist wahrscheinlich, wenn die Auflösung in der Heirat des Helden mit der Heldin besteht, wenn die Tugend belohnt und das Laster bestraft wird." a.a.O., S. 159.

[57] A.a.O., S. 159.

[58] Gotthold Ephraim Lessing, *Hamburgische Dramaturgie*, Stuttgart 1986, 11. Stück, 62ff. Zu Jakobson siehe Kap. 3.

[59] Auch wenn Todorov im Hinblick auf die *Liaisons Dangereuses* und die Romane von Dickens an anderer Stelle von "zwei Ordnungssystemen" spricht, "dem des Buches und dem des sozialen Kontextes", beschreibt er dieses Spezifikum nur als Abweichung von einer als wahrscheinlich postulierten Realität. Vgl: Todorov (1972), S. 293.

vermag Todorovs Versuch Literarizität zu erfassen, die Prosa betreffend, nicht zu befriedigen. Diese Eigenschaften und ihre Beziehung zum Fantastischen gilt es im Weiteren zu untersuchen.

6.4 Präfiguration, 'Kontamination' und Realitätsprüfung im *Schimmelreiter*

Die Ereignisse im *Schimmelreiter* erhalten ihre Bedeutung nicht in der Form von Ursachen oder allein durch das, was sie aus sich selbst heraus bedeuten (etwa das Unglück, ein krankes Kind zur Welt zu bringen), sondern durch die Art und Weise ihrer poetischen Verknüpfung, die nicht in die Form kausaler, temporaler oder logischer Beziehungen, mit denen wir lebensweltliche Geschehnisse kommentieren, übersetzbar ist. Der Schimmel beispielsweise erscheint nicht einfach getrennt voneinander und in diskreten Punkten einer zeitlicher Folge als unerklärbare Erscheinung, mögliches Element einer Spukerzählung, realer Gegenstand eines Kaufgeschäftes, unzähmbares Pferd, Tauschleistung beim Teufelspakt, Deichopfer oder Warnspuk etc., auch wenn diese Elemente sich analytisch trennen lassen. Die Bedeutungen dieser Segmente überlagern sich, sie 'überschreiben' einander, analog zu dem, was Bachtin als Redevielfalt und hybride Konstruktion im dialogisierten Wort des Romanes beschrieb.[60] Es handelt sich um eine Kontamination, eine Sinnanreicherung, die nicht einem im Text repräsentierten Bewußtsein zugerechnet werden kann (Erzähler, Erzählfigur)[61], um den Bedeutungsgehalt, den einzelne Episoden im Text durch die Art und Weise gewinnen, in der sie motivisch miteinander verknüpft sind.

So erlangen die spukhaften Elemente in der poetischen Ordnung des Textes die Funktion einer Präfiguration, als einer - außerhalb eines magischen Weltbildes - spezifisch poetischen Kategorie. Dem unguten Gefühl, das die Ehefrau angesichts des Schimmelkaufes befällt, entspricht auf der Rezeptionsebene die Verortung des Handels als ein die Katastrophe anbahnendes Ereignis; nicht nur weil der Schimmel gleich zu Beginn im Zusammenhang der Gespenstererscheinung eingeführt wird, mehr noch, weil den um den Schimmel-

---

[60] Vgl. Michail Bachtin, *Die Ästhetik des Wortes*, Frankfurt/M. 1979, S. 207 f.
[61] Vgl. hierzu Renate Lachmann, *Gedächtnis und Literatur*, Frankfurt 1990, S. 167.

kauf gruppierten Episoden und ihrer dramaturgischen Architektonik ein angemessener Funktionswert nur dann zukommen kann, wenn der Schimmelkauf selbst eine dem Teufelspakt vergleichbare Funktion im Gesamtgeschehen erhält. Nur dann ist seine prominente Stellung im Text *poetisch* gerechtfertigt.[62]

Die Spukgeschichte von Jevershallig und der Bericht über das verschwundene Pferdegerippe, der an exponierter Textstelle den gesamten Abschnitt abschließt, rahmen die Erzählung vom Deichbauvorhaben und Schimmelkauf ein. Sie erhalten so, eben durch ihre räumliche Ordnung und unabhängig von ihrem noch unsicheren Realitätsgehalt, eine Bedeutung für die Handlungsentwicklung, die in ihrer Wirkung die vermeintliche Harmlosigkeit von Ereignissen, welche sich als Einbildung, Truggespinst und Aberglauben entpuppen mögen, unterläuft. Die *Nachbarschaft* des Mitgeteilten *im Text* stiftet einen Zusammenhang, dessen Implikationen vorläufig unbestimmt bleiben, der aber gerade als Unbestimmtheitsstelle den Funktionswert besitzt, den Eindruck des Unheimlichen zu fördern. Indem die Ereignisse ihre Bedeutung durch den Ort erhalten an dem sie *im Text* stehen, bilden sie einen Zusammenhang nicht lediglich kausaler, temporaler oder logischer Art. Die reale Bedrohung (durch die Sturmflut) ist dem Leser nur in der Bildlichkeit der Spukgeschichte faßbar.

Auf ähnliche Weise begründet die erdrückende Präsenz des sich um Trin Jans rankenden Erzählstranges das Verhängnisvolle, das sich im Gang der Handlung mit dieser Figur verknüpfen muß, soll der tote Kater sich nicht als blindes Motiv entpuppen.[63] Auch die expliziten Vorausdeutungen der Flutka-

---

[62] Natürlich läßt sich ein 'naiver Leser' denken, dem die entsprechenden Konventionen unbekannt sind. Dieser würde den *Schimmelreiter* nicht als ästhetisches Gebilde lesen, sondern etwa so wie einen Zeitungsartikel, in dem, ein nicht-magisches Weltbild vorausgesetzt, die Geburt eines behinderten Kindes nicht als Vorzeichen eines Deichbruches oder einer anderen Katastrophe gelten könnte. Nur im Zusammenspiel von Textmerkmalen und vorauszusetzender Leserkompetenz, durch den *gesellschaftlichen Gebrauch* der Texte, kann sich die hier skizzierte Lektüre ergeben.

[63] Er umfaßt die Tötung des Katers, den Fluch, die Rattenplage, die Sorge des (ebenfalls als Aufklärer profilierten) Tede Haien um seinen "ehrlichen Tisch", auf dem nun der tote Kater liegt, seinen Loskaufversuch, indem er Trin Jans Geld bietet, was sich später in der Alimentierung durch Hauke Haien fortsetzt, den mißlungenen Versöhnungsversuch beim Eisboseln , die Spukgeschichten, die Trin Jans zum Ärger des Deichgrafen der kleinen Wienke erzählt, was zur Andeutung eines erneuerten Fluches führt und die Prophetie der Sterbenden, durch die Hauke verunsichert wird.

tastrophe, die Vorahnung Wienkes (730) und die absonderlichen Naturereignisse (743), haben einen Funktionswert, der verborgen bleibt, solange man sich - mit Todorov - auf die Frage beschränkt, ob sie als Einbildung und erfindendes Gerede zu identifizieren sind.

Ebenso verhält es sich mit der Geburt der zurückgebliebenen Wienke. Auch hier muß zwischen *möglichen Ursachen* der Schwachsinnigkeit und der *Funktion* unterschieden werden, die diesem Element im Text zukommt. Mit der Geburt Wienkes wird, unabhängig davon, ob sie als Zeichen göttlicher Strafe oder Menschenfluch zu lesen ist, das sich anbahnende Unglück der Familie präfiguriert, ebenso wie die dem menschlichen Einfluß sich entziehende und gegen seine Glücksansprüche verhängnisvoll sich entfaltende Natur.

Ohne vom Wirken dämonischer Kräfte ausgehen zu müssen, ist der Leser sich demnach eines in der Realitätslogik der Handlung noch kaum angebahnten Verhängnisses gleichwohl gewiß, und zwar gleichgültig, ob sich die Bedeutung des Schimmelkaufes im Sinne der programmatischen Realisten entschlüsseln wird, weil er dem Aberglauben und damit der Gegnerschaft der Dorfbewohner Auftrieb gab, oder ob dieser als Teufelspakt gelesen wird. Gerade daß dies hier an Bedeutung verliert, kennzeichnet die von Todorovs Darlegungen abweichende Ebene der Überlegung.

Die Rezeptionshaltung ist demzufolge als ein Vorauswissen zu charakterisieren, das sich mit dem Bewußtsein eines unzureichenden Grundes in der mitgeteilten Realität verbindet. Daraus resultiert das in dieser Perspektive der Textbetrachtung Unheimliche: es handelt sich um eine im realen Gang der Dinge nicht *als Ursache* sich ankündigende, und dennoch *gewisse* Katastrophe. Anders als beim Todorovschen "Pan-Determinismus", handelt es sich dabei nicht um magische Kausalität, bei der etwa das Berühren eines Ringes eine Kerze entflammt oder das Wegwerfen des Ringes eine Überschwemmung beendet.[64] Während bei Todorovs Pan-Determinismus die Grenze zwischen "Materie" und "Geist" durchlässig wird,[65] interagieren bei Storm unterschiedliche Bedeutungsebenen des fiktionalen Textes. Nicht "Materie" und "Geist", sondern Poetizität und Kausalität geraten in ein spannungsvolles Wechselverhältnis.

---

[64] Vgl. mit Bezug auf Nerval und Gautier: Todorov (1976), S. 102.

[65] Ebda.

Die russischen Formalisten haben solche Textverfahren unter dem Stichwort der "Motivierung" behandelt. In diesem Zusammenhang gilt es, die im *Schimmelreiter* begegnende Technik zunächst von Verfahren abzugrenzen, die das *Auftauchen* des Erzählmaterials motivieren - etwa ein als komisch empfundener religiöser Vortragsstil, der durch die Eigenart der vortragenden Figur motiviert wird - bzw. die (produktionsästhetisch) einen Vorfall durch die Folgen "motiviert" erscheinen lassen, die er im Text zu gestalten ermöglicht.[66]

Eine wichtigere Abgrenzung betrifft die Frage, welche Funktion der hier beschriebenen poetischen Technik zuzuweisen ist. Jan Mukarovský bestimmt sie im Rahmen einer Dichotomie zweier Lektüren, von denen eine sich auf die Ereignisse der Fiktion, die andere auf einen ästhetischen "Selbstzweck" richte.[67] Gegen diese Behauptung einer mit dem Verfahren der Motivierung generell einhergehenden ästhetischen Selbstgenügsamkeit der Form wenden sich die vorangegangenen Ausführungen. Mukarovskýs Unterscheidung der beiden Lektüren macht lediglich als analytische Sinn. Hingegen erscheint es unplausibel, daraus ein generell unverbundenes Nebeneinander verschiedener Textebenen abzuleiten. Die Gegenthese dazu bildet die offensichtliche Voraussetzung der obigen Ausführungen.[68]

---

[66] Vgl. Viktor Sklovskij, "Der parodistische Roman. Sternes 'Tristram Shandy'", in: Striedter (1969), S. 245-299, S. 269 u.281. Allgemein zur Motivierung bei den russischen Formalisten vgl. Striedter (1969), LXVIIIf. Vgl. auch Zeller (1980), S.576 ff.

[67] Jan Mukarovský, *Studien zur strukturalistischen Ästhetik*, München 1974, S. 92.

[68] Eine Nähe zu diesem Standpunkt lassen Roland Barthes und Manfred Titzmann erkennen. Wenn Barthes als Logik der Erzählung das 'Zerreiben' von Logik und Zeitlichkeit bestimmt, ist offensichtlich nicht von einer Selbstgenügsamkeit der ästhetischen Form die Rede, die, einer solchen Bestimmung gemäß, unverbunden neben den 'Inhalten' stehen könnte. Titzmann sieht (ohne direkten Bezug zur Motivation) nicht ein unverbundenes Nebeneinander zweier Lektüren, sondern eine Minderung des Realistischen durch das "Bedeutungstragende". In Barthes' *Einführung in die strukturale Analyse von Erzählungen* heißt es: "Alles weist daraufhin hin, daß die treibende Kraft der narrativen Aktivität die Verwechslung von zeitlicher Folge und logischer Folgerung ist, das Nachfolgende in der Erzählung als *verursacht von* gelesen wird: die Erzählung wäre in diesem Fall die systematische Anwendung des in der Scholastik unter der Formel *post hoc, ergo propter hoc* angeprangerten logischen Irrtums, der durchaus der Wahlspruch des Schicksals sein könnte, dessen 'Sprache' die Erzählung im Grunde ist; besorgt wird dieses 'Zerreiben' der Logik und der Zeitlichkeit durch das Gerüst der Kardinalfunktionen." Roland Barthes, *Einführung in die strukturale Analyse von Erzählungen*, in: ders., *Das semiologische Abenteuer*, Frankfurt/M. 1988, S. 102-143, S. 113. Titzmann führt zu C.F. Meyers *Der Marmorknabe* aus: "Was unser Text damit darstellt, sind

Die beschriebene Technik der Präfiguration hat zunächst nichts spezifisch Fantastisches. Der Nagel an der Wand, der am Anfang der Erzählung darauf hinweist, daß sich an ihm später jemand aufhängen wird,[69] irritiert nicht den Gedanken einer realistisch-natürlichen Anbahnung des Geschehens. Die Relevanz der Präfiguration ergibt sich hier durch ihre *Korrelation* mit den *Inhalten* der fantastischen Erzählung und dem Unterschied zwischen dem Nagel an der Wand und - zum Beispiel - dem "gespenstischen Bett des neuen Priels" im Storm-Text.

Auch eine solche Redeweise erhält auf diesem Hintergund einen anderen, mit Todorov unerkannt bleibenden Sinn. Die Intransitivität des poetischen Ausdrucks, die Todorov bezogen auf "Allegorie" und "Poesie" herausstellt, ist für seine Wirkung an dieser Stelle nicht ausschlaggebend.[70] Die Klassifikation als intransitiv erscheint vielmehr irreführend, weil sie die Annahme nahelegt, es handele sich bloß um einen illustrativen, semantisch für das Fantastische nicht weiter belangvollen Ausdruck. Im "Gespenstischen" des Priels kündigt sich aber bereits eine übermächtige, noch nicht näher konkretisierte und deshalb "gespenstische" Gefahr an.

Folglich handelt es sich nicht um das Problem der Unterscheidung von Realem und Nicht-Realem im engeren Sinne, von der Todorov ausnahmslos ausgeht. Entscheidend ist die eher beiläufige Präfiguration des verhängnisvollen Endes, gemäß einer Semantik, die nicht so funktioniert, daß etwa 'Jevershallig' in Form einer zweiwertigen Logik "umherspazierendes Pferdegerippe" oder "nicht umherspazierendes Pferdegerippe" bedeutet, sondern so, daß 'Jevershallig' im Motivgeflecht und Handlungsaufbau spezifische Funktionswerte erhält, die sich aus den poetischen Konventionen erklären, die die Lektüre des Textes steuern und die Zweiwertigkeit der Logik unterlaufen.

Probleme des Literatur- und Kultursystems, dem er selbst angehört: des deutschen Realismus des 19. Jahrhunderts. Denn einerseits etwas darstellen wollen , was adäquat- 'realistisch' ist, andererseits etwas darstellen wollen, was Träger einer sekundären Bedeutung , d.h. selbst wieder Zeichen ist: Das macht das Problem dieses Realismus aus. Je genauer er eine Realität darstellt, desto weniger scheint der Text in diesem Sinne etwas zu bedeuten; je mehr das Dargestellte selbst bedeutungstragend wird, desto weniger kann der Text realistisch sein." Manfred Titzmann, *Strukturale Textanalyse. Theorie und Praxis der Interpretation*, München 1977, S. 445.

[69] So das Beispiel bei Mukarovský, (1974), S. 92.

[70] Vgl. Todorov (1976), S. 32 u. 55-68, zur "Intransitivität der poetischen Bilder", S. 57.

Der 'unzureichende Grund', die Kontingenz, benennt ein Motiv, dem sowohl in der Gattungstradition der Novelle wie auch in der fantastischen Literatur eine wichtige Rolle zukommt und das in der 'entdämonisierten' Lesart des Teufelspaktes bei Hoffmann verloren geht.[71] Es bleibt eine partielle Resistenz gegenüber den Auflösungsversuchen, wie sie textimmanent in Form von Strafe oder Fluch bestehen, und von der Forschung bezüglich einer fatalen Wirksamkeit des Aberglaubens/ Egoismus des Helden (Freund) oder hinsichtlich der Lebensführung und dem Verfehlen der rechten Mitte vorgelegt wurden (Hoffmann). Sie zeigt sich etwa in der Krankheit Haukes, die im entscheidenden Moment eine nachlassende Durchsetzungskraft bewirkt, so daß die unbedingt notwendigen Arbeiten am alten Deich unterbleiben, was die spätere Flutkatastrophe ermöglicht. Zugleich bewahrt die Kontingenz die Erzählung davor, durch die Präsentation normabweichender Lebensmodelle als negativer Lebensgeschichten (getreu dem Motto: 'es mußte so kommen') eine ungebrochene Norm gesellschaftlicher Leitbilder vorzustellen und damit als widerstandslose Affirmation zu figurieren.

Die in linearer Progression fortschreitende 'vernünftige Einheit der Handlung', wie sie die Programmatischen Realisten gefordert haben,[72] wird im *Schimmelreiter* auf eine subtile, mit den Mitteln des poetischen Realismus arbeitende Weise desavouiert. Dabei wird eine Spielart der fantastischen *Semantik* virulent, die sich von jenen Klassikern des Genres deutlich unterscheidet, bei denen jeweils *ein und dasselbe Ereignis* unterschiedlich deutbar ist. Als Beispiel mag Prosper Merimees *La Venus d'Ille* dienen, wo es keinen realistischen Handlungsstrang gibt, der - in poetischer Verknüpfung seiner Elemente - eine befriedigende Erklärung anböte, sondern nur ein bestimmtes Ereignis, den rätselhaften Tod, über dessen Zustandekommen Unklarheit besteht. Was der Text an natürlichen Vorkommnissen berichtet, läßt sich nicht als 'realistische Anbahnung' des Geschehens auffassen, sondern ist in einem anderen Sinne 'Neben'-Handlung. Die Interdependenzen sind, gleichgültig für welche Lektüre man sich entscheidet, bzw. zwischen welchen man abwägt, in jedem Fall *kausaler* Natur.

---

[71] Vgl. Lachmann (1998), S. 403-432.
[72] Vgl. Reichelt (1999), S. 95, Anm. 84.

6.5 Die "gespenstige Gegenständlichkeit" der Ware

Die zuvor diskutierte Frage, wie der realistische Text fantastische Bedeutungen und Wirkungseffekte erzeugt, macht jene andere nach den bedeutungskonstitutiven Kontexten nicht überflüssig, die, jenseits einer Selbstreflexion literarischer Fiktion, die Präsenz der Fantastik im realistischen Text überhaupt erst erklären könnte. Bezogen auf Storm soll dieser Kontext in der 'gespenstischen' Ökonomie aufgesucht werden, auf die Marx Hinweise gegeben hat.

Daß Gegenstände, nämlich Waren, auch außerhalb der fantastischen Literatur eine gespenstische Qualität gewinnen können, resultiert für Marx aus ihrem "Doppelcharakter", einerseits Gebrauchswert, andererseits Tauschwert zu sein. Bezogen auf ihren Gebrauchswert haben Waren nichts geheimnisvolles an sich. Sie sind Ergebnis nützlicher Arbeit und in ihren qualitativen Merkmalen, sofern sie verschiedene Funktionen erfüllen, nicht gegeneinander austauschbar, eben weil die Gebrauchswerte - von Hosen, Messern oder Tischen – sich unterscheiden. Innerhalb der Welt der Gebrauchswerte herrscht daher für Marx ein unproblematisches Prinzip der Identität. Alles ist, was es ist, weil es durch eine spezifische Weise des Gebrauches seine Identität gewinnt.

Anders verhält es sich mit den Waren, wenn man sie als Tauschwert betrachtet. Das Arbeitsprodukt ist dann "nicht länger Tisch oder Haus oder Garn oder sonst ein nützlich Ding. Alle seine sinnlichen Beschaffenheiten sind ausgelöscht."[73] Als Tauschwert ist das Arbeitsprodukt nicht mehr Produkt nützlicher, sondern "abstrakt" menschlicher Arbeit. Mit den sinnlichen Eigenschaften der Gebrauchswerte verschwinden auch alle qualitativen Unterschiede zwischen den Gegenständen. Sie treten in ein Verhältnis rein quantitativer Beziehungen und Äquivalenzen ein, in dem alles wechselseitig gegeneinander austauschbar wird. Der Tauschwert negiert daher alles, was wir an den Waren sinnlich erfassen, zugunsten von etwas, das selbst unsinnlich ist, und er verwandelt auch die Arbeit in etwas unsinnliches, abstraktes. In den Worten Der-

---

[73] Karl Marx, "Die zwei Faktoren der Ware: Gebrauchswert und Wert (Wertsubstanz, Wertgröße)", in: ders., *Das Kapital*, Bd. 1, I. Abschn., 1. Kapitel, 1867, zitiert nach: *Marx*, ausgewählt und vorgestellt von Oskar Negt, München 1996, S. 278.

ridas: "Die Ware spukt auf diese Weise im Ding, ihr Gespenst sucht den Gebrauchswert heim."[74]

Der Tauschwert selbst ist nichts den getauschten Waren dinglich inhärentes. Er bezeichnet jene Größe, die durch die Quantifizierung der verausgabten abstrakten Arbeit entsteht und damit eine unbegrenzte Kette möglicher Tauschverhältnisse eröffnet. Es entsteht eine unendliche Konvertibilität der Dinge untereinander, jener von Simmel beschriebene 'Beziehungswahn', den die fortgeschrittene Geldwirtschaft im Kapitalismus verursacht und der, Jochen Hörisch zufolge, auf den durch die Vermischung mit dem Irrationalen gekennzeichneten "'abendländischen' Typus von Rationalität" verweist.[75]

Um zu verstehen, warum Marx seiner Warentheorie die "Form einer phantastischen Geschichte" gibt,[76] muß man neben dem Verhältnis von Gebrauchs- und Tauschwert, den beiden Erscheinungsformen der Ware, die Beziehung berücksichtigen, die zwischen dem Menschen selbst und seiner Arbeit bzw. seinen Arbeitsprodukten besteht. Der "Fetischcharakter" der Ware gründet darin, daß diese nur in den dinglichen Eigenschaften, die ihren Gebrauchswert konstituiert, *betrachtet* und folglich in dem verkannt wird, was sie als Tauschwert darstellt:

> "Dagegen hat die Warenform und das Wertverhältnis der Arbeitsprodukte (...) mit ihrer physischen Natur und den daraus entspringenden dinglichen Beziehungen absolut nichts zu schaffen. Es ist nur das bestimmte gesellschaftliche Verhältnis der Menschen selbst, welches hier für sie die phantasmagorische Form eines Verhältnisses von Dingen annimmt." (291)

Phantasmagorisch nennt Marx diese Beziehung aus zwei Gründen: erstens weil der Tauschwert als Spiegel eines gesellschaftlichen Verhältnisses abstrakter Arbeitsverausgabung an der Ware nicht erkannt wird, ihr Doppelcharakter also unbemerkt bleibt. Was in einem Verhältnis geleisteter Arbeit gründet, erscheint als ein Verhältnis von Dingen. Und zweitens, weil dieses Verhältnis als ein "bestimmtes", nicht notwendiges gesellschaftliches Verhältnis verkannt wird. Das *bestimmte* gesellschaftliche Verhältnis wird fälschlich mit

---

[74] Jacques Derrida, *Marx' Gespenster*, Frankfurt/M. 1996, S. 238.

[75] Vgl. Jochen Hörisch, *Kopf oder Zahl. Die Poesie des Geldes*, Frankfurt 1996, S. 101.

[76] Schampel (1982), "Vorspiel".

der *Natur* der Dinge identifiziert, eine bestimmte Form der Warenproduktion als natürlich betrachtet, analog irgendwelcher physikalischer Phänomene.[77] Darum sagt Marx, der Wert verwandele jedes Arbeitsprodukt in eine "gesellschaftliche Hieroglyphe".[78]

Während nun der Tauschwert einer *Ware*, die ja auch (sonst hätte sie keinen Tauschwert) einen Gebrauchswert besitzt, in Gestalt dieses Gebrauchswertes immerhin noch eine Art natürliche Deckung findet, gilt dies für das *Geld*, das die universelle Verwandlung unterschiedlicher Dinge in Äquivalenzen de facto erst ermöglicht, nicht mehr. Geld weist, wie Hörisch schreibt, eine "skandalöse semantische Armut" auf.[79] Zwar gilt dies auch für den Tauschwert in der Marxschen Analyse, aber er ist als Tauschwert einer Ware eben noch an deren Gebrauchswert gebunden und mit diesem korreliert. Das Gespenstische des Geldes, das, wie Hörisch nachweist, vielfach Thema der neuzeitlichen Literatur war, entspricht daher nicht vollständig dem der Ware. Daß ein Gegenstand, der keinerlei Gebrauchswert besitzt, einen enormen Tauschwert besitzen kann, daß ihn aber, *weil* er keinen Gebrauchswert besitzt, immer eine mangelhafte Deckung bedroht, dürfte die offensichtlichste Nähe zwischen der Semantik des Gespenstischen und der kapitalistischen Geldwirtschaft begründen.

---

[77] Bei Marx heißt es: "Was nur für diese besondre Produktionsform, die Warenproduktion, gültig ist, daß nämlich der spezifisch gesellschaftliche Charakter der voneinander unabhängigen Privatarbeiten in ihrer Gleichheit als menschliche Arbeit besteht und die Form des Wertcharakters der Arbeitsprodukte annimmt, erscheint, vor wie nach jener Entdeckung, den in den Verhältnissen der Warenproduktion Befangenen ebenso endgültig, als daß die wissenschaftliche Zersetzung der Luft in ihre Elemente die Luftform als eine physikalische Körperform fortbestehn läßt." Marx, *Das Kapital*, zitiert nach Negt (1996), S. (115).

[78] Ebda. Auf den ersten der beiden Aspekte nimmt Derrida Bezug, wenn er schreibt: "Die Menschen erkennen den '*gesellschaftlichen*' Charakter ihrer '*eigenen*' Arbeit nicht mehr wieder. Es ist, als wenn sie ihrerseits zu Gespenstern würden" (1996, S. 245). Eben dies hat Marx an der Ware selbst beschrieben, als er ihren Fetischcharakter mit dem Tischerücken der Spiritisten in Verbindung brachte: "Die Form des Holzes z.B. wird verändert, wenn man aus ihm einen Tisch macht. Nichtsdestoweniger bleibt der Tisch Holz, ein ordinäres sinnliches Ding. Er steht nicht nur mit seinen Füßen auf dem Boden, sondern er stellt sich allen andren Waren gegenüber auf den Kopf, und entwickelt aus seinem Holzkopf Grillen, viel wunderlicher, als wenn er aus freien Stücken zu tanzen begänne." Karl Marx, "Der Fetischcharakter der Ware und sein Geheimnis", in: *Das Kapital*, zitiert nach Negt (1996), S. (289).

[79] Hörisch (1996), S. 200. Zum Begriff der Deckung vgl. S. 12.

Auch hier ginge es wieder an der Sache vorbei, würde man den Wortgebrauch des Gespenstischen bei Marx und den entsprechenden Stellen bei
Derrida oder Hörisch bezogen auf die in der vorliegenden Arbeit diskutierten
Phänomene des Fantastischen als 'bloß metaphorisch' klassifizieren. Der Effekt ähnelt nicht dem, den Todorov als metaphorische Depotenzierung beschreibt, wenn er das "lyrische Ich" ausschließt, das sich in die Lüfte erhebt.
Ganz im Gegenteil versucht Marx, die Realität, das 'Natürliche', von dem aus
sich der Einbruch des Übernatürlichen als Riß etc. beschreiben läßt, jene vertraute Welt, die das Bedrohliche nur als einen Einbruch von außen zur Kennt-
nis nehmen möchte, selbst als fremd, unvertraut, als bloßen Schein, als 'ge-
spenstisch' zu enthüllen. Zwar ist daher sein Sprachgebrauch, bezogen auf das
'reale Übernatürliche' wie es in den Bestimmungen von Todorov oder Caillois
begegnet, metaphorisch, doch wohnt dieser Metaphorizität kein Depotenzie-
rungseffekt inne.[80] Wie bei den eingangs diskutierten Fantastikkonzepten muß
auch hier der Sinn der verwendeten Kategorien aus dem Ansatz selbst er-
schlossen werden. Davon abgesehen würde die Annahme, metaphorischen
Verwendungen käme bezüglich der historischen Semantik des Gespenstischen
in der fantastischen Literatur notwendigerweise eine geringere Deutungskraft
zu als nicht-metaphorischen, eine dogmatische Vorentscheidung darstellen.

6.6 Warenwelt und Eigentum

Marianne Wünsch hat festgestellt, daß im Realismus, im Unterschied zur
Goethezeit, Eigentum nicht mehr als eine selbstverständliche Hintergrundbe-
dingung der Fiktion in Erscheinung tritt. Die Legitimität des Eigentums, die es
vom bloßen Besitz unterscheidet und nicht als lediglich legale Verfügungsgewalt gedacht wird, gerät jetzt zum Problem.[81] Ein zentrales Erzählmotiv diesbezüglich bildet das Erbe, über das sich die Familie, der in der Synthese von
materieller und ideeller Identitätswahrung eine sinnstiftende Funktion zukommt, materiell fortzeugt.

---

[80] Geht man, was hier nicht der Fall ist, davon aus, daß sich die Unterscheidung zwischen
wörtlicher und metaphorischer Rede generell dekonstruiere, löst sich der Einwand von selbst
auf.
[81] Vgl.: Marianne Wünsch, "Eigentum und Familie. Raabes Spätwerk und der Realismus",
in: *Jahrbuch der deutschen Schillergesellschaft* 31 (1987), S. 248-266, S. 250 ff.

Mit der Frage nach der Legitimität des Eigentums ist allerdings die Marxsche "gegenständliche Gespenstigkeit" noch nicht erreicht. Mehr noch, das Eigentum gebunden an Haus und Hausrat, von der Familie in geneaologischer Reihe bewohnt und genutzt und so zum scheinbar natürlichen Ort ihres Wohnens gemacht, scheint den Phantasmen unendlicher Konvertibilität im Zeichen des Tauschwertes nahezu entgegengesetzt. Ungeachtet der auftretenden Legitimitätsprobleme scheint das Eigentum in nicht wenigen Fällen den Familien als ihr ökonomisches Fundament auf eine natürliche Weise anzugehören. Das Eigentum schafft Sicherheit und Stabilität in einem nicht nur ökonomischen Sinn und scheint der freien Konvertibilität der Waren, der Beweglichkeit des Geldes, seiner semantischen Leere und Armut gar nicht unterworfen zu sein. Wissen also die realistischen Texte überhaupt etwas von den Phantasmen der Ware als Tauschwert, wie Marx sie beschreibt, oder dem 'Gespenstischen' des Geldes?

Belege dafür hat vor allem Jochen Hörisch in *Kopf oder Zahl. Die Poesie des Geldes* zusammengetragen. Er weist auf die Bedeutung des Schuldenthemas im *Grünen Heinrich* hin, auf die Bedeutung der durch Geld gestifteten Schuldner-Gläubiger Beziehung, die nicht, wie etwa eine Ehe, aufgehoben werden könne und daher die Protagonisten nicht mehr als Souverän ihrer Handlungen erscheinen lasse.[82] In Fontanes *Irrungen, Wirrungen* muß Botho von Rienäcker "die Erfahrung machen, daß er nicht Herr, sondern Element seiner Beziehungen ist", nachdem die künftige Schwiegermutter darauf aufmerksam machte, "daß ein immer kleiner werdender Besitz" nicht "immer wertvoller würde."[83] In Gustav Freytags *Soll und Haben* beerbt die Ökonomie die Theologie, wie Hörisch bezogen auf den letzten Satz des Romanes illustriert - "Das alte Buch seines Lebens ist zu Ende und in eurem Geheimbuch, ihr guten Geister des Hauses, wird von jetzt ab 'mit Gott' verzeichnet: sein neues Soll und Haben".[84] Kellers *Die Mißbrauchten Liebesbriefe* gelten ihm als literarische Inszenierung der "ununterbrochenen Verknüpftheit", die Sim-

---

[82] Vgl. Hörisch (1996), S. 98 f.

[83] A.a.O., S. 97 f.

[84] A.a.O., S. 100.

mel beschreibt, des oben erläuterten Beziehungswahns, der bei Hörisch als Teil einer "universalen Mobilmachung" im Zeichen des Geldes erscheint.[85]

Allerdings eröffnen die genannten Phänomene noch keine unmittelbare Relation von Ökonomie und Fantastik, ihrer Erwähnung kommt ein vorbereitender Charakter zu, da sie die Präsenz des Ökonomischen jenseits der Eigentumsideologie in realistischen Texten bezeugen. Innerhalb der fantastischen Literatur selbst ist eine Präsenz der Ökonomie nicht erst mit Storm gegeben. Ein klassischer Text ist Adelbert von Chamissos *Peter Schlemihls wundersame Geschichte*.[86] Bei Storm selbst berühren sich Fantastik und Ökonomie auf mehreren Ebenen: bezogen auf das Motiv der Ahnengalerie und das Verhältnis von Eigentum und Familie in *Im Schloß* und *Aquis Submersus*, bezogen auf Äquivalenzbeziehungen und irrationalen Tausch im *Schimmelreiter* und bezogen auf Phantasmagorien des Eigentums in *Bulemanns Haus*.[87]

6.7 Ökonomie und Fantastik bei Storm

Eigentum gerät bei den realistischen Autoren vornehmlich auf zwei Weisen in den Blick, als *Produkt von Unternehmerarbeit*, oder als scheinbar *natürlich Vorhandenes*, wie im Falle des Erbes. Im ersten Fall ergibt sich als Folge des Eigentumserwerbes durch den Unternehmer meist jene soziale Differenzierung innerhalb des Bürgertums, die mit den Begriffen von Besitz- und Bildungsbürgertum beschrieben wird,[88] wie in Storms *Immensee* und *Drüben am Markt* oder Fontanes *Frau Jenny Treibel*. Bezeichnend für diese Texte erscheint, daß Geld nicht nur dem Tauschwert entsprechend eine Konvertibilität von Sachgütern schafft, sondern auch eine Konvertibilität von 'Dingen', die gar nicht auf eine bei ihrer 'Produktion' verausgabte Arbeitszeit hin befragbar

---

[85] A.a.O., S. 102-112, hier S. 111.

[86] Vgl. Winfried Freund, "Die Dämonie des Geldes - Adelbert von Chamisso: 'Peter Schlemihls wundersame Geschichte'", in: ders. (1990), S. 56-65.

[87] Der zuletzt genannte Text gilt Freund als Beleg dafür, "wie sehr die phantastische Novellistik mit dem bürgerlichen Kapitalismus in der Tat verknüpft ist." a.a.O., S. 63.

[88] Vgl. *Bildungsbürgertum im 19. Jahrhundert, Teil I: Bildungssystem und Professionalisierung in internationalen Vergleichen*, hrsg. v. Werner Conze und Jürgen Kocka Stuttgart 1985 und Ulrich Engelhardt, *'Bildungsbürgertum'. Begriffs- und Dogmengeschichte eines Etiketts*, Stuttgart 1986.

sind, die aber ebenfalls gegen Geld zwischen den Familien getauscht werden, denn dieser Regel folgt in den genannten Fällen die Logik der Eheschließungen. Entscheidend ist, daß dies nicht als selbstverständliche historische Hintergundbedingung in den Blick kommt, sondern, indem die Benachteiligten zu Perspektivfiguren erhoben werden, zu einem wichtigen Element der Darstellung gerät.

Im zweiten Fall - und hier wird die Fantastik relevant - scheint Eigentum den Familien als ihr ökonomisches Fundament auf eine natürliche Weise anzugehören. Dem Einzelnen fällt es durch Vererbung, durch biologische Abstammung zu, in einer scheinbar endlosen Reihe der Weitergabe, als habe es nie erworben werden müssen. Den Einzelnen verpflichtet es deshalb vor allem zu seiner *Wahrung,* damit es auch später als scheinbar Natürliches weitervererbt werden kann. Die Familie erscheint dabei einerseits als - analog der Marxschen Kommentierung des Gebrauchswertes - triviales, rätselloses Ding, als eine durch Abstammung gebildete, natürliche Gemeinschaft. Andererseits erscheint sie als *abstrakte* Größe, die die vergessenen Urahnen ebenso umfaßt wie die noch ungeborenen Nachfahren. Eben diese Abstraktion gebiert auch hier Gespenster, in Gestalt der nachts umherwandelnden Ahnen und des lebendigen Bildes (*Aquis Submersus, Im Schloß*).

Die Ahnengalerie, offizieller Gedächtnisraum der Famile, präsentiert sich bei Storm gewöhnlich im Zustande des Verfalls. In der Erzählung *Im Schloß* kann sie ihrer Funktion als Sozialisationsinstanz, die die Nachgeborenen zur Wahrung des materiellen und habituellen Erbes verpflichtet, nicht mehr genügen. Die Bilder erscheinen als verblichene und in verfallene Kulissen gestellte Sozialisationsrelikte. Die Fremdheit der Vorfahren, ihre projektive Vertauschung[89] entzieht der Familie die legitimatorische Basis der genealogischen Kontinuität, die eben mehr meint als bloße biologische Abstammung und legale Erbfolge. Die Ahnengespenster negieren jene Kontinuität, die der Familienideologie zufolge die konkrete und abstrakte Familie verbinden soll. Sie realisieren auf *erschreckende* Weise jene 'Unsterblichkeit', die der Einzel-

---

[89] Vgl. Reichelt (1999), S. 96 f.

ne in der Formulierung Kaisers in der Familie gewinnen soll und kehren damit die Wertigkeit ihres Weiterlebens um.[90]

Daß den Ahnen bei Storm eine wichtige Bedeutung vornehmlich im Zusammenhang des Bildmediums zukommt, dürfte dabei kaum ein Zufall sein. Ähnlich der (Porträt-) Fotographie vereint das gemalte Porträt gegenläufige, einander eigentlich ausschließende Bestimmungen. Denn einerseits mortifiziert es den Abgebildeten, indem es ihn dem Prozeß des Alterns und damit der Zeit selbst entzieht, andererseits entfaltet es als Bild in seiner Nicht-Arbitrarität eine ungeheure Macht der Suggestion von Präsenz, stellt es den Abgebildeten 'wie einen Lebenden' vor den Betrachter.[91]

Diese eigentümliche Ambivalenz, die in der Semiotik des Bildes als Abbild gründet und der hohen affektiven Besetzung des Porträts, weist eine bemerkenswerte Affinität zur fantastischen Verflüssigung der Grenze zwischen Leben und Tod auf. Diese Ambivalenz wiederum läuft der Sozialisationsfunktion zuwider, die den Bildern als verpflichtenden Vorbildern zukommt.[92] Wenngleich also hier, wie bei Marx, das Phantasma aus einer Abstraktion erwächst, verbindet diese noch wenig mit der Logik des Tauschwertes. Sie verweist auf jene Phantasmen, die Eigentum und Familie als ineinander natürlich verflochtene Entitäten darstellt und damit die Abstraktion vergessen machen

---

[90] Die diesbezügliche Formulierung bei Gerhard Kaiser lautet: "Die Familie ist die menschliche Erfindung einer kleinen Unsterblichkeit, die das anonyme biologische Fortleben zum kulturellen Fortleben des Individuums in der Erinnerung und dem Gedächtnis der folgenden Geschlechter verwandelt. Allenfalls in der Familie ist der Mensch ein wenig unsterblich." Gerhard Kaiser, "'Aquis Submersus' - eine versunkene Kindheit. Ein literaturpsychologischer Versuch über Theodor Storm", in: *Euphorion* 73 (1979), S. 410 - 434, S. 418. Freilich kennt Storm auch das Motiv der positiv besetzten Ahnen, eine hilfreich einschreitende Wiedergängerin begegnet in *Eekenhof*. Dort, wo er die Diskontinuität akzentuiert, entfernt er sich am weitesten von den idyllischen Familienbildern seiner Zeit, wie sie etwa in den Zeitschriften verbreitet werden.

[91] Zur "emphatischen Bildnisbegegnung" bei Storm vgl. Reichelt (1999), S. 83 ff.

[92] Der Sozialisationszusammenhang ist nicht allein an das Bildmotiv der Ahnengalerie gebunden. Bei Storm enthalten *Hans und Heinz Kirch* und *Die Söhne des Senators* Bildwerke mit unmittelbar appellativer Struktur im Sinne gesellschaftlich definierter Vorbilder. In *Hans und Heinz Kirch* wird die Möglichkeit des Aufstiegs eines jeden Bürgers zu den Honoratioren der Stadt durch eine Marmorbüste in der Kirche symbolisiert. In *Die Söhne des Senators* ist es das Brustbild der Eltern, das als Bild familiären Zusammenhaltes dem Gang der in Erbstreitigkeiten mündenden Erzählung ebenso kontrastiv entgegengesetzt ist, wie die Legende vom gesellschaftlichen Aufstieg dem weiteren Gang der erstgenannten Erzählhandlung widerspricht.

will, auf der das Eigentum, seine Legitimität und seine Verpflichtung beruht. Die 'gespenstischen Äquivalenzen' hingegen begegnen im *Schimmelreiter*, genau wie das Ringmotiv, das Hörisch als Topos eines brüchig werdenden 'Gegenzaubers' beschrieben hat.[93]

*

Im *Schimmelreiter* ist die Frage nach Besitz und (legitimem) Eigentum des gründerzeitlichen Unternehmers, als der Hauke Haien auch in Erscheinung tritt,[94] von zentraler Bedeutung. In der Frage nach der unzureichenden Legitimität des durch den Deichbau neu hinzugewonnen Landes hat offenbar die Feindschaft von Ole Peters einen nicht ganz unberechtigten Anhaltspunkt. Der Deichbau und alle damit verbundenen Folgeprobleme wurzeln zu einem gut Teil in dem Bemühen Haukes zu beweisen, daß er nicht nur durch die Heirat einer vermögenderen Frau, die zudem noch Tochter des alten Deichgrafen ist, zu dessen Nachfolger wurde, sondern aufgrund seiner Fähigkeiten. Wenn Ehe und Amt einem Teil der Dorföffentlichkeit von zweifelhafter Legitimität erscheinen, dann gründet diese Skepsis auf dem ökonomischen Status Hauke Haiens. In den Augen der anderen hat er nicht einfach 'zu billig' eingekauft, das würde die Geltung der Tauschbeziehungen und ihre Logik selbst infrage stellen - obgleich er genau dies bezogen auf die Eheschließung getan hat - sondern er hat (das Amt) mit fremdem Geld 'gekauft', ein Vorwurf, der ehrverletzend ist und für die, die ihn erheben, zudem weniger irritierend als der erstgenannte.

Zwei Versuche unternimmt Hauke, um die Äquivalenz wieder herzustellen und die Legalität in Legitimität zu verwandeln. Als er mit dem Deichbau scheitert, kippt die Rationalität in Irrationalität um, entsprechend dem von Hörisch skizzierten Rationalitäts/Irrationalitätschemas. Hauke bietet, als er den Schimmel in die Fluten lenkt, sein Leben im Tausch gegen das der anderen, im Sinne des zuvor so vehement bekämpften Deichopfers. Diese Handlungsweise kann nicht als heroisch klassifiziert werden. Als Verzweiflungstat erscheint sie unterbestimmt, denn sie ist nicht lediglich in der Weise 'irrational', in der sich dies etwas mißverständlich von einer Verzweiflungstat in ei-

---

[93] Vgl. Hörisch (1996), S. 203 ff.
[94] Als solchen liest ihn Segeberg (1987), S. 55-106.

ner entsprechend ausweglosen Situation sagen ließe. Um als Handlung nur in diesem Sinne 'irrational' zu sein, sie knüpft die entsprechende Textstelle zu offensichtlich an das Motiv des Deichopfers.

Indem Hauke sich selbst zum Deichopfer macht, kapituliert er vor der Unterscheidung, die er zuvor bekämpft hatte. Rationalität und Irrationalität, zuvor scharf getrennt, fallen jetzt in einer Handlung zusammen. In einem Sinn handelt es sich um einen *irrationalen* Tausch, mit dem der Handelnde in eine Logik einwilligt, deren Sinn er nicht begreift, deren unerbittliche Geltung ihn aber der Gang der Geschehnisse gelehrt hat. Doch enthüllt er damit andererseits - in der Perspektive der 'gespenstischen Konvertibilität' - die Form seiner ökonomischen Handlungsrationalität. Rationalität und Irrationalität, oder 'Aufklärung' und 'Mythos', sind auf eine Weise ineinander verschlungen, die die schlichte Opposition von Aufklärung und Aberglaube, die der Text zunächst exponiert, desavouiert.

*

Welche phantasmatische Rolle das Eigentum in der bürgerlichen Gesellschaft und Literatur spielt, hat Walter Benn Michaels im Zusammenhang der "haunted houses" beschrieben. Als ein wesentliches Element hat er dabei die Verknüpfung von Eigentum und Angst beschrieben, die ihren Grund darin findet, daß der Bürger - im Unterschied zum Adligen - mit dem Eigentum nicht nur die Verfügungsgewalt über sachliche Güter, sondern sich selbst zu verlieren droht: sein soziales Ansehen, seine Ehre, seine Identität, wie dies Storm im Zusammenhang des nicht selbst verschuldeten Bankrotts in der Erzählung *In St. Jürgen* beschreibt. Benn Michaels zufolge entwickelt der Bürger daher spezifische Strategien zur Legitimierung des Eigentums. Während er anscheinend 'gesetzlos' handelt, folgt er tatsächlich nur einem 'inneren Gesetz', das ihm seine Identität erst gewährt.[95]

Storm hat einen solchen Eigentümer in einer Erzählung porträtiert, die das Motiv der haunted houses verwendet, in *Bulemanns Haus*, einem Text, der

---

[95] Walter Benn Michaels, "Romance and Real Estate", in: *The American Renaissance reconsidered*, hrsg. v. Walter Benn Michaels u. Donald E. Pease, Baltimore 1985, S. 156-182, S. 166.

die Wichtigkeit illustriert, auf den dem jeweiligen Text angemessenen Fantastikbegriff, in diesem Fall das Unschlüssigkeitskriterium, zu reflektieren. Geschildert wird eben nicht nur die Geschichte eines Geizigen, der durch die Verwandlung seiner Hauskatzen in Raubtiere, die ihm den Zugang zur Nahrung verwehren, zur moralischen Belehrung des Lesepublikums für den *Exzess* des Besitzstrebens bestraft wird. In der Verwandlung der Tiere gerät vielmehr der Bezugsrahmen solch vertrauter Zuschreibungen selbst ins Wanken, da die seltsamen Begebenheiten nicht an die Einbildung eines im Text repräsentierten Bewußtseins zurückgebunden sind. Was der Text an der Figur des Geizigen *als real* fingiert und wo die Gerüchte über den "Seelenverkäufer", der seine schwarzen Kinder auf der Überfahrt nach Europa verkauft haben soll, beginnen, Projektionen zu sein, in denen das Bürgertum ein Vexierbild seiner selbst entwirft, bleibt damit unauslotbar.

7. "Mythologie war immer mein Bestes". Einbildungskraft, Angst und Unterwerfung in Theodor Fontanes Roman *Effi Briest*

Die Figur des spukenden Chinesen, von Fontane selbst zum "Dreh- und Angelpunkt" des Romanes erklärt, macht *Effi Briest* zu einem der prominentesten Beispiele eines fantastischen Realismus im ausgehenden neunzehnten Jahrhundert.[1] Im Chinesen verknüpfen sich unterschiedliche Erzählfäden, die einen Zusammenhang von Einbildungskraft, Angst und Unterwerfung bilden: Zum ersten betrifft dies die Unterwerfung des Selbst unter das Phantasma der Ehre. Auch Instetten sieht am Ende seine Handlungen aus einer reinen "Vorstellung, einem Begriff" hervorgehen (vgl. 436).[2] Er erscheint nur mehr als Agent des "Gesellschafts-Etwas", nicht mehr als das souveräne Subjekt seiner Handlungen. Zum zweiten handelt es sich um die imperialistische Unterwerfung, die im Motiv des Chinesen eine Dämonisierung des Fremden beschreibt, zum dritten um die Unterwerfung des anderen Geschlechtes durch den "Angstapparat aus Kalkül". An diesem wirkt nicht nur Instetten mit, sondern auch Crampas, insbesondere, was die Bevorzugung fantastischer Motive bei seiner Lektüreauswahl betrifft.[3]

Instettens Rolle als Erzieher stützt sich (seitens Effis) auf eine Angst, die mit einer stark ausgeprägten Phantasie einhergeht, von deren Produkten es heißt, sie seien quälender als es die Wirklichkeit jemals sein könnte (vgl. 274). Die Dominanz der Phantasie wiederum begegnet als Bestandteil einer von den praktischen Lebensbezügen weitgehend isolierten, unselbständigen 'ästheti-

---

[1] Der Chinese hat zu einer Reihe unterschiedlicher Deutungen eingeladen, die allerdings gewöhnlich nicht zum Ziel haben, Realismus und Fantastik begrifflich zu konfrontieren oder zusammenzuführen.Lit/ChineseVgl. Ulrike Rainer, " *Effi Briest* und das Motiv des Chinesen. Rolle und Darstellung in Fontanes Roman", in: *Zeitschrift für deutsche Philologie* 101 (1982), S. 545-561; Ingrid Schuster, "Exotik als Chiffre. Zum Chinesen in *Effi Briest*", in: *Wirkendes Wort* 33 (1983), S. 115-125; Peter Utz, "Effi Briest, der Chinese und der Imperialismus. Eine 'Geschichte' im geschichtlichen Kontext", in: *Zeitschrift für deutsche Philologie* 103 (1984), S. 212-225.

[2] Alle Zitate aus: Theodor Fontane, *Werke in fünf Bänden*, III., hrsg. v. Rainer Bachmann und Peter Bramböck, Nymphenburger Verlagshandlung, München 1974.

[3] Erwin Kobel, "Die Angst der Effi Briest. Zur möglichen Kierkegaard-Rezeption Fontanes", in: *Jahrbuch des Freien Deutschen Hochstifts* 47 (1994), S. 255-288.

schen' Lebensform, eines "visuellen Habitus", der innerhalb der Figurenkonstellation zunächst als (weiblich-) natürlich konnotiert wird (7.1).[4]

Der Antagonismus, den Instetten und Effi bezogen auf die Pole Realität und Phantasie bilden, wird durchkreuzt, indem Instettens Habitus auf dem Imaginären der Ehrvorstelllung gründet und die Dämonisierung des Chinesen, derer sich der "Angstapparat aus Kalkül" bedient, nicht bloß die individuelle Angst einer fiktiven Figur widerspiegelt, sondern eine gesellschaftliche, die sich aus den Zusammenhängen kolonialer Politik erklärt.[5] Instetten erscheint daher nicht bloß als Subjekt einer Manipulationsstrategie, sondern ebenso als Objekt einer Heimsuchung des zum Zwecke seiner Unterwerfung dämonisierten Fremden. Der Chinese repräsentiert bereits ein gesellschaftliches Phantasma, bevor es von Instetten zu seinen 'privaten' Zwecken instrumentalisiert wird.

Sofern Fantastik als literarisches Motiv den Verdacht einer drohenden Übermacht der Vorstellungswelt gegenüber der realen Welt impliziert, gerät diesbezüglich der Antagonismus der Figuren ins Wanken. Wenn Ehre als Vergesellschaftungsform und das Chinabild eines imperialistischen Staates - mit Instetten als Repräsentanten - ihrerseits in ihrem imaginären Charakter kenntlich gemacht werden, dann werden sie deshalb nicht zu Elementen des Fantastischen. Sie ändern aber das Koordinatensystem der Einbildungskraft, das für die Einordnung der fantastischen Elemente - etwa als "krankhaft" - den Bezugspunkt bildet.

Den Ausgangspunkt der folgenden Überlegungen bildet daher das Axiom, daß die einzelnen Elemente, wie eben das Fantastische, ihre Bedeutung nicht als isolierbare Größen erhalten, sondern durch die Relationen, die sie untereinander bilden. Die ideologisch verbindliche Form, die diese Relationen im historischen Kontext angenommen haben, wird gewöhnlich in einer Reihe aufeinander abbildbarer, hierarchisch strukturierter Oppositionspaare erblickt. So gilt es zu überprüfen, wie die Binarismen von Realität und Einbildungs-

---

[4] Vgl. Jürgen Manthey, *Wenn Blicke zeugen könnten. Eine psychohistorische Studie über das Sehen in Literatur und Philosophie*, München Wien 1983, S. 11 f.

[5] Vgl. Utz (1984).

kraft, Kultur und Natur, männlich und weiblich, im Text funktionieren bzw. wie sie gegebenenfalls dekonstruiert werden (7.2-7.5).[6]

Die Auflösung narrativer Kohärenz, die sich mit der Anti-Fiktion der Chinesen-Episode verbindet, setzt sich in der intertextuellen Struktur des Textes fort (7.6). Die Logik der Assoziation, der Verknüpfung von Ähnlichkeiten, der sich die Dekonstruktionen bedienen, liegt nicht nur als Denkform einzelner Figurenporträts zugrunde, vor allem demjenigen Effis, sondern, in Gestalt seiner Motivverkettungen auch dem Roman selbst (7.7). Daneben ist die Verwendung des Bildmotivs für die Fantastik von Bedeutung (7.8).

7.1 Ästhetische Lebensform als Domestizierungsgeschehen

In *Effi Briest* porträtiert Fontane eine gesellschaftliche Rolle, die der Frau vor allem die Funktion der Repräsentation zuweist im Unterschied zur männlichen Rolle des Erwerbs.[7] Das Bedürfnis nach Schmuck und Putz wird am Ende des 19. Jahrhunderts zu einem natürlichen stilisiert, "demonstrativer Konsum" und "demonstrativer Müßiggang", wie es bei Veblen heißt, zu einer sozial gewünschten Verhaltensweise der (bürgerlichen) Frau.[8] Auch wenn dies letztlich nur für eine kleinere, materiell begünstigte Schicht innerhalb der bürgerlichen Familie gegolten haben mag, so läßt dennoch die Darstellung des Romanes keinen Zweifel daran, daß diese Rollenbeschreibung der Effi zugewiesenen Lebensform weitgehend entspricht.

Für das von Effi nach ihrer Heirat geführte Leben erweisen sich ferner jene fünf Merkmale als relevant, die Nipperdey für die bürgerliche Familie im Untersuchungszeitraum als konstitutiv beschreibt und die, zusammen mit dem "demonstrativen Müßiggang", den im Roman aufgegriffenen Topos des ennui zu erklären vermögen: die Trennung von Produktion und Reproduktion, das Schwinden gesellschaftlicher öffentlicher Funktionen der Familie, wie sie et-

---

[6] Vgl. Jonathon Culler, *Dekonstruktion. Derrida und die poststrukturalistische Literaturtheorie*, Reinbek 1988.

[7] Vgl. Sabina Brändli, "Von 'schneidigen Offizieren' und 'Militärcrinolinen': Aspekte symbolischer Männlichkeit am Beispiel preußischer und schweizerischer Uniformen des 19. Jahrhunderts", in: *Militär und Gesellschaft im 19. und 20. Jahrhundert*, hrsg. v. Ute Frevert, Stuttgart 1997, S. 201-228, S. 226.

[8] A.a.O., S. 206.

wa beim Adel oder den protestantischen Pfarrhäusern bestanden hatten, das Schrumpfen auf die "Kernfamilie" (ohne Großeltern und unverheiratete Geschwister), die Beschränkungen, die sich durch das patriarchalische Familienmodell ergaben und schließlich die oft irrige Erwartung, die genannten Funktionseinbußen oder Einschränkungen würden durch Intimität, eine romantische Konzeption der Liebe oder abgeschwächt durch persönliche Zuwendung, Vertrautheit etc. kompensiert.[9]

Im Text zeigt sich die Isolierung von den praktischen Lebensvollzügen bei Effi nicht zuletzt daran, daß sie keine Zahlen behält und ständig die Preise verwechselt (211). Als Resultat der erzwungenen Abkapselung ins Private stellt sich eine Dominanz der Phantasie gegenüber Wissen und Neugier auf gesellschaftliche Realität ein. Alles wird auf die Oberflächenseite der Erscheinungen und ihrer Wirkungen verkürzt, auf Schönheit, exotischen Reiz und imaginierten Schrecken, Möglichkeiten der "Zerstreuung", die geignet sind, der drohenden Langeweile entgegenzuwirken. Effi erfüllt den Topos der Verwechslung von Roman und Leben schon bevor literarische Zitate und Anspielungen ihn thematisch eröffnen und das Theaterspiel, in dem Effi unter Crampas Regie mitwirkt, ihn manifest macht. Realität reduziert sich - gesellschaftlich gewünscht, sogar gefordert - auf ein primär ästhetisches Phänomen, eine in den Grenzen der weiblichen Rolle nicht nur zugelassene, sondern gewollte 'Phantasterei'.

Damit werden Widersprüche im Rollenprofil offenbar, die nicht lediglich die Form eines Antagonimus besitzen, bezogen auf den mehr oder weniger subtil ausgetragenen 'Kampf der Geschlechter' - also analog zum "Klassenkampf" als Folge eines ökonomisch fundierten gesellschaftlichen "Widerspruches" - auch nicht lediglich Widersprüche als eine Art double bind, bestehend darin, im Sinne symbolischer Verkörperung Natur sein zu sollen, zugleich jedoch natürlich nicht sein zu dürfen.[10] In diesem letzteren Sinne identifiziert Heide Rohse als Darstellungsgegenstand des Romanes "Widersprüche

[9] Vgl. Thomas Nipperdey, *Deutsche Geschichte 1866-1918, Band I, Arbeitswelt und Bürgergeist*, München 1994, S. 47. f

[10] Als solchen identifiziert Heide Rohse den geschlechtlichen Widerspruch in *Effi Briest*. Vgl. Heide Rohse, "'Arme Effi'. Widersprüche geschlechtlicher Identität in Fontanes Effi Briest", in: *Freiburger Literaturpsychologische Gespräche. Bd. 17. Jahrbuch für Literatur und Psychoanalyse*, hrsg. v. Johannes Crimerius u.a., Freiburg 1998, S. 203-216, S. 207.

von heiler Natürlichkeit der Frau und gesellschaftlicher Unterdrückung der Natur".[11] Dies setzt jedoch voraus, daß die Kategorie der Natur und ihre Zuordnung zu jener des Weiblichen nicht, im Sinne der Romantiker, 'ironisch' gebrochen ist, daß sie nicht auf einer anderen Ebene zum Gegenstand der "Reflexion" wird. Genau dies geschieht jedoch, und dadurch wird noch ein Widerspruch anderer Art offenbar, ein Widerspruch im Kalkül der Macht, die die Klassifizierung und Zuordnung rollenspezifscher Normen regelt.

Zunächst jedoch erscheint die Befreiung der Phantasie einfach als Kompensationsangebot für den Verlust an gesellschaftlicher Existenz und Funktion, den das zeitgenössische Standesmodell der Ehe vorsieht, und in diesem Sinne handelt es sich um eine Domestizierungsstrategie. Die häuslichen Funktionen versöhnen nicht mit der privaten Existenz auch nicht die Mutterrolle - liefert das Kind, das als eine Art Spielzeug selbst der Zerstreuung dient,[12] doch sofort den Vorwand, das eheliche Haus in Richtung des elterlichen zu verlassen.

Die beschriebene Ästhetisierung zeigt sich im Umgang mit Sprache dort, wo den assoziierten Wortbedeutungen ein Vorrang eingeräumt wird gegenüber den Gegenständen und Sachverhalten, auf die Begriffe und Aussagen referieren. Wo alles, was einen Namen trägt, der vornehm klingt, sich im Wesen gleicht, ob Liktoren, römische Konsuln oder zeitgenössische Kaufleute, da beginnt die Konnotation die Denotation zu überlagern. So überträgt sich, was im Wort "Konsul" beim Gedanken an Brutus anklingt, auf die "Konsuln" der Stadt (246). Effis Rede ist von jedem Sinndiktat befreit, ihre (brieflichen) Mitteilungen erscheinen Instetten von "reizend nichtigem" Inhalt (210).

Auch in anderen Zusammenhängen erscheint die im Roman vielfach präsente politische Wirklichkeit - man denke an das Bismarck-Motiv, an China - immer aus der Figurenperspektive Effis auf den Oberflächenreiz und damit eine Reihe ästhetischer Ereignisse verkürzt. Handel und Politik konkurrieren durch die verschieden bunt beflaggten Festtage, wobei "an Kaisers Ge-

---

[11] Rohse (1998), S. 216.

[12] Im Text heißt es: "Was ich neulich andeutete, das ist nun Gewißheit. und Instetten bezeugt mir täglich seine Freude darüber. Wie glücklich ich selber im Hinblick darauf bin, brauche ich nicht erst zu versichern, schon weil ich dann Leben und Zerstreuung um mich her haben werde oder, wie Geert sich ausdrückt, 'ein liebes Spielzeug'". (288 f.).

burtstag" eine weniger illustre Farbenwelt herrscht als bei den lokalen Festen, an denen die Gesandtschaften der handeltreibenden Länder aufflaggen. Da "flaggt es immer bloß Schwarz und Weiß und allenfalls ein bißchen Rot dazwischen, aber das kann sich doch nicht vergleichen mit der Welt von Flaggen, von der du sprichst". (247) Diese Flaggen verweisen nicht auf etwas, das als eigenständige Realität erkannt würde oder relevant wäre, als Realität, auf die ein Zeichen lediglich referiert, sondern sie verweisen auf sich selbst, die sinnlichen Eigenschaften des Zeichenmaterials.[13]

Effis Sprache trägt diesem Sachverhalt Rechnung, indem sie Unbestimmtheitsformeln exponiert: "etwas Hochgesetzliches" geht von Brutus aus (246), in der Wirkung ist "alles so orientalisch". Diese Vagheit unterscheidet sich deutlich von der des "Halbgesagten", der von Crampas gegenüber Effi gewählten Sprache der Andeutungen. In Effis Wendungen drückt sich (auf unmittelbare Weise) ihr Verhältnis zur Wirklichkeit, zu den Objekten aus. Bei Crampas verdankt sich die Vagheit einer Absicht, sie richtet sich auf einen kommunikativen Zweck.[14] Auf *natürliche* Weise scheinen die Zeichen ihre Bedeutung des Orientalischen, des Hochgesetzlichen, des Feierlichen zu gewinnen, da sie *als Zeichen* gar nicht wahrgenommen werden. Die Aussage, "Mythologie war immer mein Bestes" (466), ließe sich daher, in Anknüpfung an Roland Barthes, dahingehend interpretieren, daß in Effi nicht eine Mythologin (bei Barthes: "Semiologin"), sondern eine empfängliche *Konsumentin* jener Mythen des Alltags begegnet, die Barthes einer Ideologiekritik unterzog.[15] Die auf diese Weise von Mythen überlagerte politische Realität macht der Roman in Bezug auf das Flaggenmotiv deutlich, wenn bei der Taufansprache von Borckes die innere Repression, der Kampf gegen "Auflehnung, Trotz,

---

[13] Mit dem Zeichen*material* ist nicht der Signifikant gemeint, auf den die Aufmerksamkeit zu richten ja bedeutete, ihn in seiner *Bezeichnungsfunktion* wahrzunehmen: also das Zeichen als *Verbindung* von "Vorstellung" und "Lautbild". Vgl. Ferdinand der Saussure, *Grundfragen der allgemeinen Sprachwissenschaft*, Berlin 1967, S. 78.

[14] Kobel (1994, S. 276) erläutert diesen Zweck folgendermaßen: "Auch Crampas deutet mancherlei bloß an; so gibt sich ihre Einbildungskraft mit dem Halbgesagten ab und bauscht es auf."

[15] Vgl. Roland Barthes, *Mythen des Alltags*, Frankfurt/M. 1964.

Indisziplin", in der Rede vom "Drachen der Revolution", dem das giftige Haupt zertreten werden müsse, der äußeren Repression parallelisiert wird.[16] Was für Handel und Politik gilt, trifft in besonderer Weise auf die Armee zu. Sie vor allem besitzt eine rein visuelle Existenz, wie es dem "visuellen Habitus" Effis entspricht. Die weibliche Faszination für die bunten Uniformen der Soldaten, ein literarisches Klischee, das sich von Büchners *Woyzeck* über die bürgerlichen Trivial- und Anstandsromane bis zu Schnitzlers *Reigen* verfolgen läßt,[17] wird hier zusätzlich subjektiviert, indem Vergangenheit und Gegenwart als Zeitebenen in der Phantasie verschmelzen. Mit den roten Husaren würde sich, wenn sie nach Kessin verlegt würden, die Stadt 'kostümieren', sich zur Kindheitskulisse verwandeln, da diese "so recht eigentlich die Hüter von Paradies und Unschuld seien" (359).

Effis Auflösung der gesellschaftlichen Realität in ein Mosaik farbiger Augenblickseindrücke, von denen manche als Bilder in der Erinnerung fortleben, ein Reservoir zukünftiger Projektionen bildend, erstreckt sich auf alle Bereiche des Lebens und sie bedient sich unterschiedlicher Strategien. Zusätzlich wäre das bürgerliche Haus als Kulisse des Exotischen zu erwähnen, als der an Freud gemahnende zugleich "gemütliche und unheimliche" Ort.[18] Zu den Fakten, dem Gewußten, ist Effi jederzeit bereit hinzuzuerfinden, was das Bild kompletter und anschaulicher macht, auf diese Weise "denkt sie sich" den Kapitän Thomsen als einen Engländer oder Dänen, "sehr sauber, mit weißen Vatermördern und ganz weißer Wäsche..." (275). Der Dominanz der Konnotation gegenüber der Denotation entspricht die der Erfindung gegenüber den Fakten, der Phantasie gegenüber der Realität, von bloßem Meinen gegenüber dem Wissen. Es erscheint nur ein (kleiner) 'Schritt vom Wege', der diese im Sinne der gesellschaftlichen Rolle gewollten Präferenzen und Vertauschungen in die von Täuschung/Aufrichtigkeit oder Lüge/Wahrheit überführt, womit sich der paradoxe Charakter des Rollenprofils bzw. der darin enthaltenen Domestizierungserwartungen andeutet.

---

[16] Zum chinesischen Drachen als Flaggenmotiv vgl. Utz (1984), S. 223.

[17] Vgl. Brändli (1997), S. 202.

[18] Sigmund Freud, "Das Unheimliche", in: *Studienausgabe* Bd. IV, Frankfurt/M. 1970, S. 240-274.

Nicht nur das Thema der Angst legt daher den von Kobel hergestellten Bezug auf Kierkegaard nahe,[19] auch jene Dominanz, die sinnliche Rezeptivität und Einbildungskraft gewinnen, lassen, ungeachtet einiger wesentlicher und als solcher aufschlußreicher Differenzen, an Kierkegaards Kennzeichnung der ästhetischen Existenz denken, wie sie sich etwa im "Tagebuch des Verführers" in *Entweder - Oder* beschrieben findet.[20] Wenn die 'ästhetische Lebensform', die Fontane in Effi porträtiert, sich allerdings weder einer (frühexistentialistischen) Wahl verdankt, noch das bei Kierkegaard zentrale reflexive Element aufweist, dann spiegelt das Letztgenannte jene geschlechtsrollenspezifischen Modifikationen, die im Fontaneschen Roman erwartungsgemäß auftreten müssen, wenn das Ästhetische nun auf der Seite der Verführten, nicht des Verführers, zum Fokus wird.[21]

Von diesen Aspekten abgesehen, zielt das ästhetische Stadium bei Kierkegaard auf einen Begriff des Schönen, umfaßt aber auch die anthropologischen Komponenten Sinnlichkeit und Trieb, wenngleich die Verführung nicht auf die sexuelle Vereinigung abzielt. Die Dominanz der Konnotation findet sich hier ebenso wie die Realitätsfragmente komplettierende Phantasie. Angst wird wegen ihrer *Wirkung* auf den Betrachter gepriesen, der Schönheit halber, die sie gewinnt, wenn man sie überwindet, Poesie und Wirklichkeit bleiben ungeschieden, das zwischen Wirklichkeit und Ideal schwebende Körperbild gilt der realen Gestalt überlegen.[22] Die in *Effi Briest* mehrfach beschworene Wirkung des "Aparten", das ausgefallen nicht zuletzt durch seinen materiellen Wert erscheint, fungiert als profaniertes Komplementärstück zum Interessanten, das bei Kierkegaard als Romantikbezug fortlebt. Die ästhetische Existenzform opponiert der auf Selbstbestimmung beruhenden ethischen (und der religiösen), so wie die ästhetische Lebensform Effis der auf Prinzipen gegründeten ethischen Existenzform Instettens opponiert. In beiden Texten fällt dem Verführer die Rolle zu, das ethische Fundament der Existenz bzw. der Gesell-

---

[19] Vgl. Kobel (1994).

[20] Sören Kierkegaard, "Das Tagebuch des Verführers", in: ders., *Entweder/Oder,* Erster Teil. Band II, Gütersloh 1979.

[21] In Fontanes Roman steht die in ihrer Sinnlichkeit gefangene Effi nicht die Freiheit ethischer Selbstbestimmung gegenüber, sondern der im "Gesellschafts-Etwas" gefangene Instetten. *Beide* Figuren negieren daher den Kierkegaardschen Früh-Existentialismus der Wahl.

[22] Vgl. Kierkegaard (1979), S. 327, 341 u. 355 ff.

schaft ins Wanken zu bringen, was in Fontanes Roman nur möglich ist, weil dort ethisches und religiöses "Stadium" im Gesellschaftsgötzen in Eins fallen. Die Elemente des Ästhetischen zeigen, daß eine einfache Opposition, die Effi dem Pol der Angst zuordnet, zu kurz greift. Die Freisetzung der Phantasie erfolgt nicht nur aus einer Erfahrung des Nichts, eines Abgrundes an Amoralität oder Nicht-wissen, der dann die Gespenster gebiert,[23] sondern aus jener Emanzipation von Sinnlichkeit und Phantasie, die in Effi als gesellschaftlichem Rollenprofil angelegt ist.

Die Transformation der Wirklichkeit in eine Spielhandlung, die im Theaterspiel ihren symbolischen Ausdruck findet, die immer übermächtige Phantasie, die begehrliche, aber an Preisen uninteressierte Inspektion der Warenwelt, die Dominanz der sinnlichen Wahrnehmung, des äußeren Scheins, der Oberflächenreize, all dies verweist auf jene Derealisierung, die Effi zur "phantastischen kleinen Person" macht (218). Doch zeigt der Text, wie unzureichend diese Verniedlichung den Doppelsinn des sozialen Phänomens beschreibt, wie illusionär der Anspruch solchen Domestizierungsgeschehens sich ausnimmt. In der Emanzipation der Einbildungskraft verbirgt sich, dem Topos gemäß, auch der Keim zur Auflehnung gegen die Autorität der 'Vernunft', des Realitätsprinzips und jener gesellschaftlichen Institutionen, die es zu verkörpern beanspruchen: die Bedrohung jener Fundamente, denen Instetten seine Autorität und Selbstmystifikation verdankt.

Ein immanenter Widerspruch des Kalküls der geschlechtlichen Rollenfixierung wird hier offenbar. Effi soll - für den inner- wie außertextuellen - Betrachter jene Natur widerspiegeln, die doch zugleich als Affekt unterdrückt wird.[24] Dazu gedacht, der Kontrolle und Unterwerfung zu dienen, entfesselt der "Angstapparat" als vermeintliches "Erziehungsmittel" jedoch genau jene Kräfte, zu deren Domestizierung er ersonnen war. In den fantastischen Ereignissen erfährt Effi jene Übermacht der Phantasie, die Instetten einerseits als bedrohlich empfindet und die er sich andererseits als Angstbereitschaft zunutze machen will. Sie dient ihm als Kompensation kultureller Affektkontrolle,

---

[23] Vgl. Kobel (1994), 263 ff.

[24] "Die Frau ist die notwendige kompensatorische Ergänzung zur Einseitigkeit des Mannes", heißt es lapidar bei Nipperdey (1994), S. 49. Auf den Widerspuch des geschlechtlichen Rollenprofils weist hin: Rohse (1998).

entgleitet ihm aber in ihrer Wirkung. Der Angst*apparat* soll Effis Psyche in etwas mechanisches verwandeln, soll ermöglichen, sie wie eine Maschine zu steuern. Die fantastischen Phänomene jedoch bewirken einen Verlust an Selbstkontrolle, der sich im Verhältnis zu Crampas dann wiederholt.[25] Als Element literarischer Transgression bliebe damit das subversive Potential der Phantasie festzuhalten, das der Rolle im Sinne einer paradoxen Strategie eingeschrieben ist[26], und das zusammen mit der Kompensationsfunktion den Doppelsinn des Phänomens beschreibt.

Der Versuch, gerade das, was den Realitätssinn gefährdet, zum Domestizierungsinstrument umzuschmieden, erweist sich als eine nicht nur ineffektive, sondern im Ausgang absurde Strategie. Das in Instetten als männlich kodiertes Leitbild Ausgeschlossene wird gesellschaftlich, in den Rollenzuweisungen, die sich in Effi artikulieren, auf eine Weise positiviert, die das Fundament dieser Ausschließung in Frage stellen muß, auch wenn dies nicht wie anderes - etwa die Erzieherrolle Instettens - von den Figuren reflektiert wird. Die Bedeutung der Fantastik auf dieser Ebene liegt also in der *paradoxen Weise* ihrer Fremdimplantierung. Das souveräne Subjekt der Manipulation eines weiblichen Bewußtseins, als das Instetten dem Selbstanspruch nach in Erscheinung tritt, existiert nur in der (männlichen) *Vorstellung* dieses Prozesses. Was jedoch im vorliegenden Zusammenhang wichtiger erscheint: Die Strategien der Fremdimplantierung des vermeintlich 'Natürlichen' und seiner Korrelate - Sinnlichkeit, Angst, Phantasie - beginnt, das System der Oppositionen selbst als ein kulturelles zu exponieren.

---

[25] Zu den Topoi der 'Überwältigung' vgl. Roland Barthes, *Fragmente einer Sprache der Liebe*, Frankfurt/M. 1984, S. 128ff. 221, 240 f.

[26] Dies bleibt bei Rohses Lektüre unberücksichtigt. Daß als fantastische Transgression das Realitätsprinzip suspendiert wird, droht in der psychoanalytischen Lektüre Effis als notwendiges Opfer unterzugehen - nur unter der Bedingung der Preisgabe ihrer Autonomie entzückt Effi den männlichen Betrachter, ob Autor, Romanfigur oder Leser (vgl. Rohse, 1998, S. 212).

7.2 Natur und Kultur

Bezogen auf die ästhetische Lebensform wurde gezeigt, daß der Roman nicht die Opposition von Ästhetizismus und Gesellschaftsnormalität schildert, wie sie etwa die Figur des Dandy durch seine Selbstinszenierungen verkörpert. Mit der ästhetischen Lebensform porträtiert er die Normierung eines weiblichen Rollenklischees als Domestizierungsgeschehen, das sich der Opposition von Natur (durch Sinnlichkeit bestimmt) und Kultur (die natürlichen Bedingungen transformierend) bedient und das im Romangeschehen in seinen inneren Widersprüchen offenbar wird. Dieser Befund sei bezogen auf die Leitdifferenz Natur/Kultur noch näher erläutert.

Die Identifizierung des Weiblichen als *zwischen* Natur und Kultur lokalisierten, und des Männlichen mit der Kultur, hat Sherry B. Ortner als eine Denkfigur beschrieben, die den sekundären Status der Frau als kulturelle Universalie erkläre.[27] Sieht man von den strittigen Fragen ab, ob oder in welchem Maße dafür eine biologische Disposition verantwortlich ist, wie Ortner im Anschluß an Simone de Beauvoir behauptet, und ob der sekundäre Status sich durchgängig an objektivierbaren Kriterien festmachen und als universal nachweisen läßt, bleibt die Behauptung einer zumindest in den europäischen Kulturen verbreiteten Korrelation dieser Begriffspaare, die auch die Kritiker Ortners als solche nicht in Abrede stellen.[28]

Bezogen auf Kierkegaards "Tagebuch" und Fontanes *Effi Briest* ergibt sich folgendes Bild: Bei Kierkegaard ist die Zuordnung der durch Sinnlichkeit bestimmten und der durch den Geist transzendierten Natur offenbar. Es ist dann eben kein Zufall, daß die Unterschiede zwischen dem "Tagebuch" und dem Roman Fontanes mit dem Perspektivwechsel vom männlichen Verführer zur weiblichen Verführten einhergeht, und daß die Dominanz des Ästhetischen in *Effi Briest* sowohl die Subjektrolle beinhaltet (visueller Habitus, Phantasie) wie die Objektrolle (Dekorationsstück, Repräsentationsfunktion),

---

[27] Sherry B. Ortner, "Verhält sich weiblich zu männlich wie Natur zu Kultur?", in: *Unbeschreiblich weiblich. Texte zur feministischen Anthropologie*, hrsg. v. Gabriele Rippl, Frankfurt/M. 1993, S. 27-54.

[28] Zur Kritik an Ortner vgl. Carol P. MacCormack, "Natur, Kultur und Geschlecht: Eine Kritik", in: Rippl (1993), S. 55-87.

und daß beides sich, im Unterschied zum *Tagebuch,* in *einer* der fiktiven Personen vereint.

Bei Kierkegaard wird die Natur auf zweierlei Weise überschritten; einerseits in Richtung der ethischen und religiösen Existenzweise, andererseits *innerhalb* der ästhetischen Existenzweise in Richtung auf eine vergeistigte, in der Interaktion aktive und dominante, das Triebhafte in ein Spiel transformierende 'Natur'. Diese erhält in der Rolle des Verführers ihre repräsentative Form, in der die von Ortner beschriebenen Geschlechterrollen und ihre kulturellen Codierungen teilweise modifiziert sind, weil auch das Opfer nicht, wie bei der klassischen Figur des Don Juan, auf seine Sinnlichkeit reduziert wird.[29]

Um Form und Funktion des Binarismus bei Fontane bestimmen zu können, muß die diesbezügliche Rolle der Einbildungskraft eingehender untersucht werden. Welche Stelle besetzt sie im Binarismus von Natur und Kultur und in der Konfiguration der Geschlechtsrollen? Instetten, so der erste Lektüreeindruck, transzendiert die Natur, der sich Effi in Gestalt ihrer Einbildungskraft und Sinnlichkeit hilflos unterworfen sieht, in vielerlei Weise, durch seine politische Existenz, seine Disziplin, sein Wissen über die Natur der Dinge. Eine genauere Betrachtung zeigte indessen, daß sich die Einbildungskraft ihrerseits nicht an einen *natürlichen* Platz in diesem Geflecht verwiesen sieht, sondern daß sie zum Gegenstand eines manipulativen Geschehens wird, das das Unheimliche als fremdimplantiert ausweist. Instetten begnügt sich nicht damit, den naturhaften Bedingungen als Person nicht selbst (vollständig) unterworfen bleiben zu wollen, sondern versucht auch das im Stadium des Naturhaften verbliebene weibliche Bewußtsein zu manipulieren. Der Angstapparat aus Kalkül wies der Einbildungskraft daher einen wichtigen Ort innerhalb eines Domestizierungsgeschehens zu, welches den Glauben an die Unterlegenheit der naturhaften Einbildungskraft und der Überlegenheit der Kultur, die sie als natürliches Relikt zu nutzen weiß, reproduziert.

Um die Position Instettens zu analysieren, genügt es jedoch nicht, ihn bei seinen Manipulationsversuchen zu beobachten. Folgende Phänomene sind

---

[29] Der Verführer des "Tagebuches" verzichtet auf die sexuelle Verführung, die in der Motivgeschichte ein unverzichtbares Element des Plots im Zusammenhang mit Ehrverlust, Rache oder Kindsmord war, da es ihm nur auf den ästhetischen Genuß der manipulierten Emotionen ankommt, den Selbstgenuß der 'Reflexion'. Zur Motivgeschichte vgl. Elisabeth Frenzel, *Motive der Weltliteratur*, Stuttgart 1980, "Verführer und Verführte", S. 720-737.

in diesem Zusammenhang näher zu betrachten: Instetten als Theaterspieler, der sich bestimmter Mystifikationsstrategien bedient, die Ehre als gesellschaftliches Phantasma, und der (inter-) kulturelle Diskurs, der neben China auch die Opfersteine am Herthasee, die Menschenopfer in Mexiko und "die glücklichen Afrikaner" einbezieht, die von Ehre und Kultur (angeblich) nichts wissen. (481) Durch die Pluralität der Kulturen und den Zivilisationspessimismus wird der Begriffspol 'Kultur' von innen heraus fraglich gemacht. Damit enfällt die Eignung, als oberer Wertbegriff der Hierarchie die 'Natur' zu dominieren, die ja der Einbildungskraft ihre untergeordnete Stelle zuweisen sollte. Es wird sich dann zeigen, daß der Roman sich tatsächlich den genannten Oppositionen nicht fügt, und daß er sie als Hierarchie 'konstruiert', um sie zu dekonstruieren.

7.3   Ehre, Duell und Opfer

Ehre kann als "symbolisches Kapital" (Bourdieu) nur dienen, wenn sie öffentlich verteidigt wird, wozu es eines bestimmten Rituales, eben des Duells bedarf, welches beweisen soll, daß Ehre höhergeschätzt wird als Leben. Die dadurch garantierte Gruppenidentität verdankt sich einer dopppelten Distinktion, gegenüber den fremden Kulturen, die die Ehre angeblich nicht kennen (bei Fontane den "glücklichen Afrikanern") und den unteren Klassen, die ihr einen vermeintlich geringeren Stellenwert zusprechen, was sich in der Behandlung des Ehrenzweikampfes im Strafgesetzbuch niederschlug.[30] Eine weitere Distinktion betraf männliche und weibliche Ehre, die durch den Ehebruch auf asymmetrische Weise betroffen waren. Durch den Ehebruch der Frau waren ihre eigene Ehre und die ihres Mannes verletzt, der Ehebruch des Mannes hingegen ließ bekanntlich beides mehr oder weniger unberührt. Wenngleich Geschlechterdifferenz in Fontanes Roman einen Gegenstand gesellschaftlicher Selbstbeobachtung darstellt, so gilt dies nicht bezüglich aller retrospektiv sich aufdrängender Aspekte, wie das zwischen den Geschlechtern asymmetrische Ehrkonzept illustriert. Hingegen ermöglicht das Konzept der Ehre beiden Geschlechtern, die Herrschaft des Materialismus symbolisch zu transzendieren,

---

[30] Ute Frevert, *'Mann und Weib und Weib und Mann'. Geschlechterdifferenzen in der Moderne*, München 1995, S. 171 f.

wie Carl Welcker dies im *Staats-Lexikon* von 1847 als ihre Funktion beschrieb.[31]

Die Darstellung des Duells im Roman zeigt, daß dem Ritual hier nicht jene Funktionen zufallen, die ihm als konstitutivem Element von Kultur zukommen müßten, jene Funktionen, die das Duell zu einem Lieferanten von sozialem Sinn werden lassen. Als "affirmative, kollektive Bestätigungshandlung", wie bei Wolfgang Baumgart für das Ritual beschrieben, als "Kontinuitäts- und Kohärenzerfahrung", als "feste Bedeutungsordnung, die hilft, das Chaos unseres Lebens zu ordnen", tritt das Ritual hier nicht in Erscheinung.[32]

Als Instetten sieben Jahre nach der Affäre die kompromittierenden Briefe findet, ergibt sich als Ergebnis der Analyse, die er und Wüllersdorf vornehmen, zwar die Einsicht in die Notwendigkeit des Duells, andererseits aber der Verlust jener sinnstiftenden Potenz, wie Simmel sie bezüglich der Ehre dann beschreibt. Ihre besondere Eignung als Vergesellschaftungsform gründete Simmel zufolge darin, daß sie "eine soziale Pflicht zu einem "individuellen Heile" macht - die "Erhaltung der Gruppenexistenz" werde als "innerlichstes, tiefstes, allerpersönlichstes Eigeninteresse" empfunden.[33]

Genau dieser Mechanismus, die Identifikation des Einzelnen mit einem imaginären Kollektiv, wird solange als natürlich empfunden, wie sie als selbstverständlich erfahren wird. Und ebenso lange wird als Pseudonatur (Barthes) mißverstanden, was als gesellschaftliche "Instituierung" des Einzelnen (Castoriadis) begegnet. Eben diese Selbstverständlichkeit einer in Wahrheit imaginären Kategorie, jene Pseudonatur des Gesellschaftlichen löst sich bei Fontane auf, denn nichts was an die oben genannten Bestimmungen des Rituals erinnerte, begegnet in Fontanes Roman. Hier verbindet sich die Einsicht in die Notwendigkeit der Handlung und die Einsicht in den Zwangscharakter des Gesellschaftlichen mit der weiteren, daß die *Wirksamkeit* dieses Zwanges auf der Dominanz einer *durch die Gesellschaft* fremdimplantierten Vorstellung beruht. Der bloße "Begriff", das Komödienspiel, zu dem die Ehre im Rückblick wird, und die affirmativen Funktionen, die dem Duell als kultu-

---

[31] A.a.O., S. 169.

[32] Wolfgang Baumgart, *Ritual und Literatur*, Tübingen 1996, S. 76ff. Zu *Effi Briest* vgl. S. 78.

[33] Frevert (1995), S. 172.

rellem Ritual zufallen sollen, treten in Fontanes Text auseinander. Tatsächlich betrifft das Rollenspiel, durch die Romanfigur selbst als Metapher sozialen Handelns eingeführt, nicht nur Duell und Ehre, sondern auch Strategien der Mystifikation, die an Instetten faßbar werden.

Die Scheinhaftigkeit der sozialen Rolle, die Verwechslung der inszenierten mit der " 'wirklichen' Realität", hat Erving Goffman im Bezug auf die Theatermetapher erläutert.[34] Demzufolge sind Darstellungen 'idealisierte' Situationsbilder, in denen die offiziellen gesellschaftlichen Werte ihren sozial verbindlichen Ausdruck finden. Beispiele dafür sind gespieltes Unwissen oder gespielte Armut.[35] Effi und Instetten sind Schauspieler dieser Art, die gesellschaftlich geformte Situationen zur Aufführung bringen. Nicht nur Instetten, auch Effi ist sich dessen bewußt, indem sie nicht nur das Komödienspiel des Arztes als Reaktion auf ihr eigenes liest, auch das Geheimhalten der Affäre wird als "Komödienspiel" bezeichnet.[36]

Auf Seiten Instettens spielt dabei die Aufrechterhaltung einer sozialen Distanz eine wichtige Rolle, die in jener Überlegenheit wurzelt, die ihm seine Grundsätze und Prinzipien verleihen sollen. Nicht erst durch seine Erzählung vom Chinesen, auch als "Mann von Grundsätzen" erregt er Angst und Furcht (223). "Ehre" ist ein zentrales Element dieser Mystifikationsstrategie, denn sie markiert den Punkt, an dem die Distanz verletztbar ist durch das "Zunahetreten" der anderen. In Goffmans Sicht konstituieren sich Personen durch eine sozial eingeübte Einbildungskraft, die den imaginären Charakter ihrer Produkte verleugnet. Wir spielen nicht Theater, indem wir anderen etwas *vormachen*, sondern weil und solange wir an unsere Rolle(n) *glauben*. Respekt oder Ehrfurcht, die Instetten als Schauspieler im Sinne Goffmans hervorruft, gründet daher auf einem Mysterium, das immer von der Einsicht des 'Publikums' bedroht bleibt, hinter dem Geheimnis verberge sich nur, daß es ein Mysterium nicht gibt.[37]

---

[34] Erving Goffman, *Wir alle spielen Theater. Die Selbstdarstellung im Alltag*, München 1969, vgl. S. 19.

[35] Goffman wählt als Beispiel amerikanische Collegestudentinnen, die ihr mathematisches Wissen verbergen. (1969), S. 35 ff.

[36] Vgl. Christian Grawe, "Crampas' Lieblingsdichter Heine und einige damit verbundene Motive in Fontanes 'Effi Briest'", in: *Jahrbuch der Raabe-Gesellschaft* 38 (1982), S. 153.

[37] Goffman (1969), 19 u. 64 f.

Als ein solcher, durch das Publikum kontrollierter und daher immer gefährdeter Schauspieler wandelt Instetten auf der Bühne des Romans, und das über das Gelingen der Aufführung wachende Publikum könnte nicht eindrücklicher Berücksichtigung finden als in dem bereits angesprochenen Dialog mit Wüllersdorf über die Notwendigkeit des Duells (426ff.). Erst die *Mitteilung* der Geschehnisse an den Freund macht es unmöglich, die Sache mit sich selbst auszumachen und läßt das Duell unausweichlich werden. Sie setzt eine Reihe von Projektionen in Gang, die bezeugen, daß gesellschaftlicher Ehrverlust hier weniger als reale Gefahr, denn als Gegenstand einer exzessiven Phantasie relevant wird.[38] Ein Mitwisser und das imaginierte Ganze der gesellschaftlichen Öffentlichkeit fallen in ihrer Wirkung zusammen. Sie verbinden sich zu jenem imaginären Publikum, das über Instettens Schritte auf der Gesellschaftsbühne in Form einer projektierten und antizipierten Instanz jederzeit wacht, womit die Internalisierung perfekt wird. Nicht weil er sich "so verletzt, beleidigt, empört fühlt, daß einer weg muß", sondern weil Effi in Wüllersdorfs Anwesenheit über Treue sprechen oder, "wie Frauen tun, über andere zu Gericht" sitzen könnte und Instetten dann nicht wüßte, wo er "mit seinen Blicken hin" soll, muß das Duell vollzogen werden, also indem Wüllersdorf als Beobachter fiktiver Handlungen imaginiert wird.

7.4 Das Verhältnis von Eigen- und Fremdkulturellem

Eine breitere Grundlage gewinnt die Erörterung von Ehre, Duell und Ritual, wenn die Verknüpfungen berücksichtigt werden, die der Text zwischen verschiedenen Kulturen und deren Entwicklungsstufen vornimmt, wobei das Opfer zum zentralen Vergleichspunkt wird, denn der Chinese bildet ja nicht den einzigen Kristallisationspunkt des Fremdkulturellen im Text und kann daher auch nicht isoliert als solcher betrachtet werden.

"Glücklich" können die "Afrikaner" erscheinen, weil sie die Ehre nicht kennen, das kulturstiftende Opfer von Leben oder Lebensglück, das damit entfällt. Die Menschenopfer der Mexikaner hingegen, die mit den Opfersteinen am Herthasee koinzidieren ("Vitzliputzli", 328/Herthasee, 473), lassen

---

[38] Helmstetter (1998, S. 184) spricht in diesem Zusammenhang von Hypothesen, Antizipationen und Projektionen.

eine am Opfer orientierte Kulturtypologie erkennen, die die fremde mexikanische Archaik und die eigene Gegenwart ebenso parallelisiert, wie sie die eigene Archaik der fremden Gegenwart (Afrika) gegenüberstellt. Die unterschiedlichen Entwicklungsstufen lassen sich demzufolge weder im Sinne einer positiven oder negativen Geschichtsteleologie nach dem Muster Hegels bzw. Rousseaus noch im Sinne eines Entwicklungsmodells Darwinscher Prägung begreifen. Gegen beides spricht die *Kontinuität* der eigenen, Archaik und Gegenwart umgreifenden Kultur.

Im Rahmen einer am Opfer orientierten Kulturtypologie, wie sie der Fontanesche Roman erkennen läßt, ändert sich auf radikale Weise gegenüber der zeitgenössisch dominanten Deutung nochmals die Sichtweise des Duells. Der Opferkult folgt einer vom Selbstverständnis der Duellanten auf gravierende Weise abweichenden Logik.[39] Dies betrifft - man denke an die Anspielung auf die Menschenopfer in Mexiko - besonders die Willkür in der Auswahl des Opfers und das Fehlen eines Zweikampfes, der es erlaubt, die Rache als ritterlichen Kampf zu stilisieren. Das Ethos des Duells vermag sich im archaischen Ritual des Opfers daher nicht wiederzuerkennen. Zugleich verschiebt sich das Selbstverständnis von Gesellschaft, wenn sie nicht auf die Fiktion des Vertrages oder der sittlichen Stilisierung von Rachehandlungen gegründet wird, sondern auf die einheitsstiftende Kraft der Gewalt, wie Girard dies für das "versöhnende Opfer" beschreibt. Dieses richtet die vorhandenen Gewaltpotentiale auf dafür geeignet erscheinende Objekte (Sündenbockfunktion) und soll durch diese Kanalisierung eine Kontrolle und Zivilisierung der Gewalt bewirken. Auch wenn diese These, in der Form, die Girard ihr gibt, nicht die These Fontanes oder seiner Zeitgenossen gewesen sein kann: das *Befremdliche* des Menschenopfers, die *Inkongruenz* eines an solchen Beispielen eingeführten Opferkonzeptes mit dem zeitgenössischen Selbstverständnis von Ehre und Duell, um die es hier geht und die sich mit Girard beschreiben läßt, sind offenkundig Elemente des Textes, die eine spätere Lesart nicht erst hinzufügen muß.

Das Spannungsverhältnis, in dem die Beziehung zu den außereuropäischen Kulturen zwischen Ähnlichkeit (Opfer) und Differenz ('vorkulturelles'

---

[39] Für das folgende vgl. René Girard, *Das Heilige und die Gewalt*, Frankfurt/M. 1992.

Glück) angesiedelt ist, stellt zunächst eine Fortschreibung und zugleich Modifizierung jenes Komplementärmythos vom edlen und vom bösen Wilden dar, die das europäische Bild des Fremden, beginnend mit der Eroberung Amerikas, jahrhundertelang prägte.[40] Der Pol des 'bösen Wilden' wird in seiner Verwandtschaft zur eigenen Kultur kenntlich und damit einer Fremdheit entkleidet, die er besaß, solange das Böse nicht als Projektion erkennbar war.

Eine Projektion, nicht jenes Teils, das im Bild des bösen Wilden exterritorialisiert wurde, aber des nun anders verstandenen Eigenen, liegt allerdings auch hier vor, insofern das Opfer als archaisches Muster und zugleich als Vexierbild der eigenen Kultur erscheint, die sich im vormals Fremden, den Menschenopfern, nun wiederzuentdecken glaubt. Eigene Archaik und fremde Gegenwart, fremde Archaik und eigene Gegenwart werden ineinander gespiegelt. 'Böse' ist nun der Zwangscharakter der Gesellschaft und ihrer Rituale, die im Roman weite Bereiche dessen, was vormals als Eigen und Fremd konzeptualisiert war, zusammenführt. Kultur als ein Paradigma, welches erlaubte, das Fremde im Rahmen widerstrebender legitimatorischer und kompensatorischer Bedürfnisse doppelt zu besetzen, löst sich hier der Tendenz nach auf. Als Gesellschaft wird in Form der genannten Spiegelungen und Vexierbilder retotalisiert, was Rousseau mit dem Zwang zur Verstellung bereits im Kulturbegriff zur Einheit verschmolzen hatte, mit einem wesentlichen Unterschied: Die Gegenbeispiele lassen nicht mehr, wie noch bei Rousseau, der sie den Reisebeschreibungen seiner Zeit entnahm, die Konzeption eines am *Begriff der Menschheit* orientierten 'Naturzustandes' zu. Wenn die Vielfalt der dem Leser der bürgerlichen Bildungspresse vertraut gewordenen Kulturen, wie sehr auch immer von Projektion und Unkenntnis gezeichnet, hier das Projekt einer *natürlichen*, universalistischen Anthropologie in der Konsequenz infragestellt, dann weist dieses Element auf das Konzept von Kulturanthropologie voraus, das zu einem Orientierungspunkt der aktuellen Literaturwissenschaft geworden ist.[41]

[40] Vgl. Hinrich Fink-Eitel, *Die Philosophie und die Wilden. Über die Bedeutung des Fremden für die europäische Geistesgeschichte*, Hamburg 1994.

[41] Vgl. dazu die schon angesprochene Debatte zwischen Walter Haug und Gerhart v. Graevenitz, in *DVjs* 73 (1999), S. 69-121.

7.5 Der Chinese. Die Auflösung narrativer Kohärenz

Die Inkohärenzen und Brüche im Bild des Fremdkulturellen müssen berücksichtigt werden, wenn mit der Figur des Chinesen die Beziehungen der fantastischen Elemente zum Fremdkulturellen untersucht werden. Nur so wird deutlich, daß sich Fantastik und Behandlung des Fremden nicht in generalisierender Weise begreifen lassen, und daß sie sich nicht ohne weiteres jenen Konfigurationen fügen, die wir heute voneinander abzuheben gewohnt sind. Projektionen und Spiegelungen werden nicht im Ganzen aufgehoben, sie werden aber - 'lokal'- in der fantastischen Verfremdung des Chinesen fragwürdig gemacht.

Die Zuordnung zur Fantastik meint zunächst die Unschlüssigkeit über den Wirklichkeitsstatus der fingierten Figur und damit über den Fiktionalitätsstatus der Narration. Der Text inszeniert die nächtliche Begegnung nicht eindeutig als Traumgeschehen. Faszination und Schrecken, die vom Grab des Chinesen als wiederkehrendes Motiv ausgehen, verweisen (außer auf den kreatürlichen Tod)[42], wie das Wiedergängermotiv, auf eine nicht vergehende Vergangenheit, auf die Zwanghaftigkeit, mit der das Unaufgearbeite die Vorstellungen heimsucht, wie es die psychoanalytischen Modelle fanastischer Literatur beschreiben.[43] Zugleich scheitert damit der Versuch Effis, das Fremde als Exotisches zu domestizieren, wie es sich in ihrem Wunsch nach einem "Neger, Türken oder Chinesen" in der langweiligen Provinz aussprach.[44] Im vorliegenden Text ist es, wie bei Freud beschrieben, die Verrätselung, durch die die Geschichte zu einer Quelle der Beunruhigung wird, wobei die fantastische Verfremdung an die Stelle tritt, die bei Freud die Transformationen der Traumlogik einnehmen.[45] Zugleich weist sie durch die politischen und interkulturellen Bezüge über die innerfamilialen Modelle hinaus, die Freud zur Deutung des Traumgeschehens dienten.

---

[42] Kobel (1994).

[43] Abraham (1991).

[44] Vgl. Utz (1984), S. 212.

[45] Vgl. Manfred Geier, *Methoden der Sprach- und Literaturwissenschaft*, München 1983, S. 83 ff.

Mit der 'Geschichte' des Chinesen, die in verschiedenen, meist unvollständigen Versionen dargeboten wird und deren Pointe insofern darin besteht, daß sie eine Form der Anti-Fiktion präsentiert,[46] - ironisch exponiert in dem Ausspruch Instettens, "ein Chinese ist schon an sich ein Geschichte" - verbindet sich eine Auflösung narrativer Kohärenz und Geschlossenheit; und sofern die Figur als Phantasma aus der Vergangenheit der unvollständigen Geschichten in die Gegenwart der Erzählung einbricht, eine Lücke innerhalb der realistischen Referenzillusion. Damit tut sich ein Bruch auf zur rationalen Selbstvergewisserung der psychologischen Erklärungsmodelle und auch der zeitgeschichtlichen Entzifferungsversuche der Figur. Nicht weil es einem Zweifel unterläge, daß der Imperialismus einen relevanten Lektürekontext bietet, sondern weil der *amimetische Modus*, in dem sich der Text auf diese Kontexte bezieht, damit unberücksichtigt bleibt.

Peter Utz hat die Bedeutung herausgearbeitet, die der Imperialismus als Lektürekontext besitzt, und die es hier in Erinnerung zu rufen gilt.[47] Der Chinese, der zu jener Zeit nicht nur durch Fontanes Text spukt,[48] erfüllt demnach vor allem die Funktion, angesichts der deutschen Expansion in China durch die Dämonisierung der, so Reichskanzler Fürst Hohenlohe, "gelben Bestien", die Politik von Annexion und Flottenausbau zu legitimieren. Nach der erzwungenen Meistbegünstigungsklausel von 1860/61 erwarben deutsche Reedereien eine führende Stellung im Chinahandel und kontrollierten schließlich bis zu drei Viertel der dortigen Küstenschiffahrt. Als das "letzte Sicherheitsventil der Überproduktion" bezeichnete Friedrich Engels China in Anbetracht der Wirtschaftskrise in den achtziger Jahren.[49] Wo die Expansion auf Widerstand stieß, führte sie zu neuerlichen Repressionsmaßnahmen, die zur Legitimation einer Dämonisierung Chinas bedurften, welche im Jahre 1900 in der "Hunnenrede" Wilhelms II. ihren berüchtigten Höhepunkt fand.

---

[46] Vgl. Konrad Ehlich, "Die Fremde als Spuk: Fontane", in: *Jahrbuch Deutsch als Fremdsprache* 24 (1998), S. 83-96, S. 92, und Helmstetter (1998), S. 213.

[47] In der Darstellung der politischen Zusammenhänge folge ich Utz (1984), der sich auf Helmuth Stöcker, *Deutschland und China im 19. Jahrhundert*, Berlin 1958, bezieht.

[48] Vgl. Utz (1984), S. 214 f. u. 218.

[49] Utz (1984), S. 221.

Der Fantastik fällt innerhalb dieses Romanes, der vom Imperialismus handelt, aber nicht lediglich die Funktion zu, eine reale zeitgenössische Dämonisierung mimetisch nachzubilden, die dann etwa durch die Verwendung des Farbmotivs "Gelb" als verborgenem Leitmotiv dekonstruiert wird.[50] Erst *als fantastische Figur*, indem der Text die kognitive Verunsicherung auf den Lektüreprozeß überträgt, verdeutlicht der Chinese den *phantasmatischen Charakter* des China-Bildes, auf das er zeitgeschichtlich anspielt. Fantastik als "Angstliteratur" verweist hier daher weniger auf einen sozialpsychologischen Befund in einem rein innergesellschaftlichen Sinne, noch weniger auf den Defekt eines innerhalb der Fiktion pathologisierten Individuums und auch nicht lediglich auf ein Problem der kulturellen Konstruktion der Geschlechter. Sie verweist im Sinne der politischen Dämonologie, die der Text zitiert, auf den Sachverhalt imperialistischer Unterwerfung und seine innergesellschaftlichen Folgen - *und* macht "China", analog dem Konstrukt "Orient", wie Said es beschrieben hat, in seinem Konstruktcharakter lesbar, indem es mit den Themen der Einbildungskraft und Fantastik literarisch verknüpft wird.

7.6. Intertextualität

Die Auflösung narrativer Geschlossenheit, die in der Geschichte des Chinesen begegnet, setzt sich im Rahmen der intertextuellen Verweise fort. Begreift man Intertextualität auf der texttheoretischen Ebene als ein Paradigma, das den Text aus Texten, die immer schon erzählte Geschichte, gegen das Neue oder eine außertextuelle Referenz setzt,[51] dann irritiert eine solche Vorstellung zunächst nicht die Möglichkeit einer intertextuellen Text*kohärenz*, die (in 'vortheoretischer' Sicht) dem innertextuellen Text-'Kontinuum' vergleichbar wäre. Genau dies geschieht jedoch dort, wo der Verweis auf den Prätext weder entscheidbar auf "Teilhabe" noch auf "Gegen- und Neuschreiben" beziehbar

---

[50] A.a.O., S. 224 f.

[51] Vgl. Ulrich Broich, "Formen der Markierung von Intertextualität", in: *Intertextualität. Formen, Funktionen, anglist. Fallstudien*, hrsg. v. Ulrich Broich u. Manfred Pfister, unter Mitarbeit v. Bernd Schulte-Middelich, Tübingen 1985 S. 47 und Renate Lachmann, "Intertextualität als Sinnkonstitution. Andrej Belyjs *Petersburg* und die 'fremden' Texte", in: *Poetica* 15 (1983), S. 66-107, S. 66 f.

ist.[52] Dann entsteht eine Diskontinuität der Bedeutung, eine Form der "negativen Sinnkonstitution"[53], die sich nur schwerlich in Begriffen wie Ambivalenz, Polyvalenz, Fragment oder Überdeterminiertheit beschreiben läßt,[54] weil all diese Begriffe an der Vorstellung einer Mehrzahl von, für sich genommen, bestimmbaren Bedeutungen festhalten.

Besonders deutlich ist dies bei Polyvalenz und Ambivalenz, also Mehr- und Gegensinnigkeit. Zwar mag die Bedeutung hier als unabschließbar und in diesem Sinne als unkontrollierbar gelten, aber im Modell des Dialoges gedacht, liegt sie in einer (unabschließbaren) Reihe diskreter Teile vor, die, jeweils für sich genommen, jene Bestimmtheit aufweisen (können), die auch den einzelnen Beiträgen eines Dialoges gewöhnlich zukommt. Das Fragment verweist analog auf die Unverfügbarkeit einer Totalität des Sinns und evoziert das Bild eines diskreten Teiles, nicht, wie beim Dialog einer (unabgeschlossenen) Reihe solcher Teile. Die Überdeterminierung sieht neben dem manifesten einen latenten Sinn vor, der zwar, im Unterschied zum Paradigma des Dialogs, von *anderer Art* als der manifeste ist, aber deswegen keinen geringeren Grad an Bestimmtheit erkennen läßt, wenn man an die beiden Musterfälle der Aufdeckung verborgener Bedeutungen bei Freud und Marx denkt.

All diese Konzepte treffen nicht wirklich das, was im intertextuellen "Isotopiebruch"[55] geschieht, zumindest nicht dort, wo die Eindeutigkeit des Bezuges, wie sie etwa Parodie oder Travestie kennzeichnen, entfällt. Daß die genannten Konzepte das intertextuelle Zerspielen des Sinns unterbestimmt lassen, hängt damit zusammen, daß die *Relationalität* der Bedeutung im intertextuellen Verweis zum *tragenden* Element der Bedeutungskonstitution wird. Wenn die Art und Weise, in der ein Text sich auf seine Prätexte bezieht, nicht entschlüsselbar ist, dann entsteht ein Entzug von Sinn, der nicht jener Situation vergleichbar ist, in der die Beziehung des Gesagten zum Vorhergesagten im Dialog im Unklaren bleibt. Denn diese Beziehung kann sehr wohl

---

[52] Vgl. Shamma Schahadat, "Intertextualität: Lektüre - Text - Intertext", in: *Einführung in die Literaturwissenschaft*, hrsg. v. Miltos Pechlivanos u.a., Stuttgart Weimar 1995, S.366-377, S. 375, vgl. auch Lachmann (1983), S.99 f.

[53] Lachmann (1983), S.66.

[54] So die Substitute bei Lachmann (1983), S.69 ff.

[55] Vgl. Lachmann (1983), S. 77.

unklar bleiben, ohne daß deshalb der Sinn des Gesagten selbst verschwinden oder unklar werden müßte. Hingegen liegt die Pointe des intertextuellen Verweises ja gerade *in der Form des Verweisens selbst,* insbesondere dort, wo Intertextualität offen markiert ist, und *wenn* dieses Verweisen keinen kohärenten Sinn stiftet, dann scheint es tatsächlich naheliegend, von "Sinnzerstäubung" oder Ähnlichem zu sprechen.[56]

Die beiden Deutungen von Intertextualität, die einander daher zu widerstreiten scheinen (Sinnkonstitution/Sinnauflösung) und die sich mit den Begriffsreihen negative Sinnkonstitution/Sinnzerstäubung/Sinnexlosion einerseits und Machen des Sinns aus Sinn/Dialog/Polysemie/Ambivalenz andererseits verbinden, verweisen auf zwei verschiedene Typen intertextueller Beziehungen. Der erste Typus scheint dort gegeben, wo die Beziehung nicht als Kontiguität (Teilhabe) oder Similarität (Gegen- und Neuschreiben) beschreibbar ist. In *Effi Briest* verbindet er sich mit den verwickelten Romantikbezügen, vor allem im Zuammenhang der Heine-, Brentano- und Kleistanspielungen.

Die Dichte intertextueller Anspielungen in *Effi Briest* ist so wenig übersehbar, wie der thematische Zusammenhang mit fantastischen und romantischen Motiven, so im Falle von Heines "Seegespenst", der Holunderbaumszene aus Kleists "Käthchen von Heilbronn", der "Olaf"-Ballade oder Brentanos "Gottesmauer".[57] Die intertextuellen Verweise lösen die entsprechenden Motive aus der Kohärenz des jeweils *einen* Textes, in welchem sie ihren narrativen Ort zu besitzen scheinen. Sie lösen ferner den Epochenort Realismus als geschlossenen, selbstidentischen Bezugspunkt auf, wenn romantische Texte oder Motive als Prätexte erscheinen. Der realistische Text schreibt durch seine in-

---

[56] Vgl. Lachmann (1983), S. 105.

[57] Einen 'Text aus Texten' erkannte Fontane selbst in einem jener Werke, die ihm als Prätexte dienten, in Wicherts Ein Schritt vom Wege. Die "Frische der Details" ließ ihn bei der Aufführung das "Oft dagewesene der Fabel" vergessen, was zu dem Resümee bewegte: "Vielleicht ist überhaupt nicht mehr zu leisten und eine heitere, den Tagesfragen angepaßte Modernisierung des Alten das einzige, was noch gefordert werden kann". Theodor Fontane, Theaterkritiken 1870-1874, Frankfurt/M 1979, S. 95 f. Dagegen steht das von Lothar Köhn angeführte Zitat: "Das Büchermachen *aus Büchern* ist nicht meine Sache." Vgl. Lothar Köhn, "Die Schrecken des Modernen. Fontanes Begründung realistischer Erzählprosa: Aus den Tagen der Okkupation (1871)", in: *DVjs* 70 (1996), S. 610-643, S. 612. Helmstetter (1998, S.97) bezieht diese Aussage auf die *Wanderungen* und Kriegsberichte, nicht jedoch auf die fiktionalen Texte. Tatsächlich sprechen die fiktionalen Texte eine eindeutige (intertextuelle) Sprache.

tertextuellen Verweise die romantische Literatur im Sinne des Intertextualitätparadigmas weiter. Er 'bildet' die Textform der romantischen Entgrenzung nicht 'ab', was angesichts des veränderten geschichtlichen Kontextes nur in Form eines Plagiates geschehen könnte, sondern indem er die romantischen Prätexte zitiert, entgrenzt er sich selbst als Text in einem doppelten Sinne: bezogen auf die Werkkategorie, die das zeitgenössische Denken in der Verehrung der nationalen Klassiker der Vorstellung autonomer Dichtersubjekte zur Seite stellte und bezogen auf die Definition einer Epochengrenze, die den Realismus bei den Programmatikern als Romantikkritik zu etablieren versuchte.

Christian Grawe hat beschrieben, wie Crampas die Gedichte Heines als Mittel der Verführung einsetzt.[58] Heine erscheint dabei als "Romantiker" und opponiert in dieser Funktion ausgerechnet Brentano, dessen Ballade *Gottesmauer* vergeblich von Effi benutzt wird, um sich jene schützenden Mauern vor dem Feind, von denen die Ballade handelt, für sich selbst gegen Crampas zu erbeten. Die Eindeutigkeit der Bezüge, die sich in Grawes Lektüre ergeben, resultieren aus der Form der Betrachtung, die bestimmte textinterne poetische Funktionen in den Mittelpunkt rückt. Die literarischen Anspielungen erhalten so die Funktion, dem Leser Aufschlüsse über Figur und Handlung zu vermitteln. Hierzu dienen die "Spiegelungen", von denen Grawe schreibt, und das durch die Motivik gesponnene "symbolische Gewebe". Solche Spiegelungen wiederum ermöglichen eine andeutende Sprache, die den Leser als Bedeutungsproduzenten einbezieht, und vermeidet damit unkünstlerische Explizitheit.[59]

Die Kohärenz, die sich in dieser Lektüre einstellt, löst sich jedoch auf, wenn man den realistischen Text auf sein Verhältnis zur Romantik als dem Herkunftsort einiger Prätexte hin befragt und die Rolle der fantastischen Elemente einbezieht. Dann verliert Heine nicht nur die Eignung, einen eindeutigen Sinn zu vermitteln. Er wird als Erbe und Kritiker der Romantik zum Lieferanten eines widersprüchlichen Sinnes. Schon seine Stellung 'zwischen' den Epochen prädestiniert ihn so wenig wie Kleist dazu, jenen eindeutigen Bezug zu stiften. In Frankreich wurde er als Romantiker wahrgenommen und als

---

[58] Grawe (1982), S. 167 ff.

[59] Vgl. Grawe (1982), S. 158 u. 154.

Verfasser jener Texte engagiert, die die Grundlage für *Die romantische Schule* bildeten, in der Heine mit den Romantikern hart ins Gericht ging. Seine Schrift *Elementargeister* setzt ganz andere Akzente und weist interessante Bezüge sowohl zu den Romantikern wie, etwa im Melusinemotiv, zu Fontane auf.[60] Das Gespenst, das in der *Harzreise* auftritt, um wortreich seine Existenz zu dementieren, erwähnt als Kuriosum Louis Vax.[61] Es verweist jedoch im Sinne der Fiktionsironie ebenfalls auf die Romantik und verweist in seiner Vermischung mit der Humoreske auf Raabes Erzählung *Vom alten Protheus.*

Auch wenn Bohrers These über Heine, "daß seiner negativen Bilanz der romantischen Schule unter politischem Vorzeichen eine positive unter ästhetischem Vorzeichen gegenübersteht", etwas zugespitzt erscheint, läßt sich ein ambivalentes Verhältnis gegenüber dem literarischen Erbe der Romantik nicht in Abrede stellen.[62] In *Effi Briest* stellt das 'romantische' "Seegespenst" eines der in das Geschehen der Verführung einbezogenen Gedichte dar. Die Grausamkeit, die den "Vitzliputzli" aus dem *Romanzero* kennzeichnet, hat Bohrer als ein Kennzeichen der romantischen Fantastik bei Brentano beschrieben. Und nicht zuletzt Brentano verdankte Heine, Bohrer zufolge, die produktive Aneignung der Fantastik als "imaginatives Potential".[63] Das antagonistische Verhältnis, das durch Crampas Verwendung der Heine-Gedichte und Effis Verwendung der Brentano-Ballade zwischen den beiden Autoren aufgebaut

---

[60] Vgl. Heinrich Heine, "Elementargeister", in: ders., *Sämtliche Schriften*, hrsg. v. Klaus Briegleb, Bd. III, hrsg. v. Karl Pörnbacher, S. 643-703, S. 658. Bohrer spricht bei Heine gar von einer "Feier des Phantastischen", Bohrer (1989), S. 119. Zu Heines *Elementargeister* und ihre Beziehung auf Fontane, vgl. Dieter Borchmeyer, "Melusine oder die 'ewig sieggewisse Macht' des Elementaren. Mörike und Wagner in einer Parallele Fontanes", in: *'Sei mir, Dichter, willkommen'. Studien zur deutschen Literatur von Lessing bis Jünger*, hrsg. v. Klaus Garber u.a., Köln 1995, S. 169-181.

[61] Vgl. Louis Vax, "Die Phantastik", in: *Phaicon* I, Frankfurt/M. 1974, S. 11-43, S. 21.

[62] Vgl. Bohrer (1989), S. 119. Das längere Zitat aus Heines *Die Romantische Schule*, das bei Bohrer Heines Wertschätzung "unseres vortrefflichen Ludwig Tieck" belegen soll, dürfte zu einem nicht geringen Teil als ironisches Lob gemeint sein, etwa, was das "schöne Fräulein" betrifft, das "so schön, so blond, so veilchenäugig, so lächelnd (...)" erscheint. Vgl. Bohrer (1989), S. 121f. Von Tieck heißt es bei Heine nach dem unzweifelhaft ironischen Lob der Novellen: "Seine Theaterkritiken, die er unter dem Titel 'Dramaturgische Blättter' gesammelt, sind noch das Originalste, was er geliefert hat. Aber es sind Theaterkritiken." Heinrich Heine, *Die romantische Schule*, Stuttgart 1976, S. 83.

[63] Bohrer (1989), S. 127ff. u. 137. Zum Motiv der Grausamkeit bei Brentano vgl. Bohrer (1998), S. 30 ff.

wird, hält einer Überprüfung dann nicht stand, wenn man sie statt auf die moralische Dimension auf die Konzepte von Realismus und Romantik bezieht.

Auch bei anderen intertextuellen Bezügen wird die intakte Epochengrenze, die die offizielle Realismuspoetik zog, verletzt. Die Anspielung auf Kleist bezieht sich auf die Holunderbaumszene aus dem *Käthchen von Heilbronn*, in der Schlaf- und Wachleben, Bewußes und Unbewußtes sich vermischen (214). Wenn zwei der Romantik nicht zuzurechnende Autoren, Heine und Kleist, zu Protagonisten einer 'romantischen' Transgression realistischer Poetik werden, verweist dies auf die Schwierigkeit, den historischen Bezug als einen kohärenten Sinn auszuweisen. Die Bewegung der Überschreitung selbst, nicht eine Beziehung der *Kontinuität* zwischen Romantik und Realismus, wird so zum Gegenstand der Sinnproduktion. Nicht Kontinuität rückt an die Stelle von Diskontinuität, sondern der Gedanke der Epoche als einem Ort geschlossener Sinnkohärenz löst sich auf. Gerade indem die Antagonismen, auch wenn ihre Verbindlichkeit untergraben wird, der thematische *Bezugspunkt* der Verweise bleiben, behält die Verweisstruktur ihren widersprüchlichen Gehalt.

7.7 Ähnlichkeit, Zeichen, Aberglaube

Als Figur des Fantastischen weckt der Chinese "Ahnungen" und ruft damit ein auf Ähnlichkeiten fußendes Lektürekonzept im Text auf. Ähnlichkeitsbeziehungen durchkreuzen die kulturellen Antagonismen im Text auf vielerlei Weise. Dabei wird das Prinzip des Ähnlichen sowohl mit dem Problem des Zeichens wie der Fantastik, dem "Aberglauben", verknüpft, wenn es von Instetten heißt, "er glaubte nicht an Zeichen und Ähnliches, im Gegenteil, wies alles Abergläubische weit zurück. Aber er konnte trotzdem von den zwei Worten ['Effi, komm', G.R.] nicht los, und während Briest immer weiter perorierte, war es ihm beständig, als wäre der kleine Hergang doch mehr als ein bloßer Zufall gewesen." (209)

Die fantastische Wirklichkeit, deren Wahrnehmung von Ahnungen dominiert wird, verlangt auch nach einer anderen Lektüre der Zeichen, für die im Roman mit dem bloß Ähnlichen eine epistemologisch traditionell geringgeschätzte Kategorie ins Spiel gelangt. Die Logik der Ähnlichkeit ist rational nicht beherrschbar, da relevante von nicht relevanten Assoziationen nicht nach gültigen Kriterien sicher unterscheidbar sind. Ähnlichkeit erscheint der Tradition daher als eine "konfuse" (Leibniz), nicht als "klare und distinkte" (Descartes) Idee.[64] Die Kategorie wurde deshalb zugunsten etwa der evolutionsgenetischen der biologischen Art oder in der Philosophie zugunsten der Begriffe von Identität und Differenz eher gering geschätzt. Die Gemeinsamkeit des Unterschiedenen faßt die philosophische Tradition dementsprechend als "Zusammengehörigkeit Verschiedener in der Identität einer übergreifenden Struktur oder als Anwesenheit eines identischen Moments im Verschiedenen".[65]

In der Kategorie des Ähnlichen hingegen sind 'Identität' und 'Differenz' nicht im Sinne einer solchen Formulierung identifizierbare und unterscheidbare Elemente im Prozeß der Erkenntnisgewinnung. Daß im Bereich des Ähnlichen das Urteil prekär wird, illustriert als Figur der alte Briest, wie analog Dubslav im *Stechlin*. Die "feste Bedeutungsordnung", die Baumgart für das Ritual beschreibt und die Instetten als Duellant exekutiert, löst sich in dem "weiten Feld" der Assoziationen auf, die eben im Sinne der Briestschen Redensart das Urteil im weiteren Sinne des apophantischen Urteils, wie im engeren des Verurteilens nicht mehr zuläßt.

Eben jener nicht kontrollierbaren Verweisstruktur des Ähnlichen, die die Kategorie in ihrer Vagheit als eine epistemologische diskreditierte, bedient der Roman sich an der genannten Stelle. Die Undurchschaubarkeit der Zusammenhänge führt zu einer mantischen, okkulten Auffassung des Zeichens, die an mehreren Stellen anklingt.[66] Auch die sozialen Beziehungen und Hierarchien verändern sich im Zusammenhang dieser anderen Zeichenwelt. Da Instetten nicht der privilegierte, nicht einmal ein geeigneter Leser der fantastischen Logik des Zeichens ist, büßt er die Dominanz ein, die er als Erzieher beansprucht und tritt diesen Rang an die "unheimliche" Frau Kruse ab, die "mit einem schwarzen Huhn beständig in einer überheizten Stube sitzt" (291) und

---

[64] Vgl. Robert Spaemann, "Ähnlichkeit", in: *Zeitschrift für philosophische Forschung* 50 (1996), S. 286 - 290.

[65] Spaemann (1996), S. 287.

[66] Vgl. S. 381, 387 u. 407. Die 'Ähnlichkeiten' des "weiten Feldes" und die der Ahnungen und des Okkulten sind freilich nicht dieselben. Nur innerhalb einer Logik des Ähnlichen können die Ahnungen ihre Relevanz beanspruchen, ohne deshalb von einer solchen schon impliziert zu werden.

die zwar nicht mit der Funktion des Erziehers, wohl aber mit der des 'Welterklärers' konkurriert.[67] Noch weniger als der Chinese steht das schwarze Huhn für eine komplettierbare Erzählung. Es markiert nicht lediglich eine Leerstelle *innerhalb* einer Narration, die ihre 'logische' Form neben anderem durch ihre Leerstellen erhielte, sondern verweist auf eine Narration, die als solche unerzählt bleibt, der als Leerstelle also eine gänzlich andere Funktion der Textstrukturierung zukommt.

Vor allem die Figur des Chinesen macht deutlich, daß die Fantastik die semiotische Valenz beeinflußt, also die Möglichkeiten oder Schwierigkeiten, sie als ein *Zeichen* zu behandeln, das auf etwas verweist oder für etwas steht. Das Krokodil oder der Hai etwa verweisen als exotische Elemente auf die Klasse jener Gegenstände, der sie angehören. Der Chinese gehört (als eine fantastische Figur) nicht einer 'Klasse von Gegenständen' (den Chinesen) an und fungiert auch nicht als der gewöhnliche Signifikant eines "Symbols" oder einer "Allegorie".[68] Er bleibt, auch wenn ihn die genannten Lektüren als einen gewöhnlichen Signifikanten behandeln, im Text ein deformiertes Zeichen, von unauffüllbaren Leerstellen markiert. Wenn wir (fiktionsintern) die *Existenz* dieser Figur als akzidentielle Eigenschaft auffassen, so zeigt dies, daß für seine Essenz eine Vorstellung von Bedeutung ist, nicht eine Referenz. Rosemary Jackson konstatiert daher bezogen auf die Semiotik der Fantastik, daß die Figur "konnotiert, ohne zu denotieren".[69] Hier liegt eine Bedeutungsebene vor, die in den symbolischen Dechiffrierungsversuchen nicht bruchlos aufgeht.

Der Roman handelt jedoch nicht nur von Ähnlichkeitsbeziehungen und thematisiert sie, er ist selbst nach diesem Prinzip gebaut. Der Motivzusammenhang des Fantastischen ist als Ähnlichkeitsgefüge verknüpft, die einzelnen Elemente - das schwarze Huhn, die weiße Frau, der Chinese - nicht als Teile

---

[67] Eine analoge Konstellation findet sich in Theodor Storms *Schimmelreiter* bezüglich der weiblichen Erzählerinnen und dem Schulmeister als Protagonisten der Aufklärung.

[68] Als Symbol für die Entfremdung von Effi und Instetten liest Ingrid Mittenzwei, als Allegorie des Unbürgerlichen Thomas Degering den Chinesen. Vgl. Utz (1984), S.212f. Kritisch zu solchen Lektüren Kobel (1994), S. 265.

[69] Bei Bellemin-Noel heißt es: "All these lexical units... do have some kind of signified, but it is an approximative one: one could say that they signify by connoting without denoting." Jean Bellemin-Noel, "Des formes fantastique aux thèmes fantastiques", in *Littérature* 2 (1971), S. 103-128, S. 112 f., zitiert nach Jackson (1981), S. 38.

einer zusammenhängenden und kohärenten Narration lesbar. Diese Episoden, sofern sie sich überhaupt jeweils zum Ganzen einer Episode fügen, bilden miteinander keinen Zusammenhang von Sätzen, der jener Rationalitätsprüfung zugänglich wäre, die schon Freud für die Fantastik als konstitutiv betrachtete, sondern bilden ein loses Bündel von Erzählfäden, die sich punktuell und assoziativ im Bewußtseinshorizont der fiktiven Figuren verknüpfen, wie bei Effi der Chinese mit dem schwarzen Huhn ("ich wette, daß das alles da oben mit dem Huhn zusammenhängt", 367) oder der Chinese mit den Exotika, die aufgrund ihrer unheimlichen Wirkung und des gemeinsamen Ortes von Instetten mit dem Spuk in Verbindung gebracht werden ("kein Haifisch, kein Krokodil, und hoffentlich auch kein Spuk", 395). Daß der Text nicht nur intern in Form seiner Motivketten solche Fäden verknüpft, sondern auch über seine Textgrenze hinaus durch verschieden markierte Formen der Intertextualität, wurde ausgeführt.

7.8 Das Bildmotiv im Zusammenhang des Imaginären und des Fantastischen

Als eine wichtige Darstellungs- und Reflexionsfigur des Imaginären auf der medialen Ebene erscheint das Bild. Das Bild, das die Einbildung beschäftigt, bleibt eine den Textzeichen (trotz Ekphrasis) semiotisch externe, uneinholbare Größe, und erst im Zusammenhang seiner diesbezüglichen Differenzqualität gewinnt es auf zweierlei Weise den Charakter eines nicht substituierbaren Faszinosums: durch seine narrative Leere und Verrätselung, da es nicht *zeigt*, auf welche Geschichte und welche durch diese Geschichte definierte Figur es verweist, so im Falle des Chinesenbildes; oder durch seine Abbildlichkeit, wie im Falle der Photographien Effis. Diese werden genau in dem Moment thematisch, als Effi Instetten nach der Entdeckung der Briefe fremd wird, trotz des sich immer gleichen Bildes, das durch Ähnlichkeit (oder Abbildlichkeit) eine Selbstidentität der dargestellten Figur suggeriert - eine Suggestionskraft des Bildes, die gewissermaßen zitiert wird, da sie sich in der Nachbarschaft der Briefe verliert. In beiden Fällen wird das Bild zum Ausdruck eines Mangels, der seine Wirkung durch den Kontrast von Anschaulichkeit und narrativer Leerstelle (Chinesenbild) bzw. von Selbstidentität und Fremdheit (Photo-

graphie) erhält. Indem die Photographie sowohl eine Mortifikaton der lebendigen Person impliziert wie auch eine suggestive Verlebendigung des Vergangenen, leistet sie einer doppelten, und zwar gegenläufigen Derealisierung Vorschub (424f.)[70]

Es ist deshalb kein Zufall, wenn sowohl der Chinese als auch die weiße
Frau als Exponenten des Fantastischen im Zusammenhang des Bildmotives
eingeführt werden. Die weiße Frau, die in der Eremitage nachts aus dem Bild-
rahmen tritt und, der Legende nach, Napoleon erschreckt (260), wie Effi auf
der *zufällig* aufgeschlagenen Seite im Reisehandbuch liest, präfiguriert den
Auftritt des Chinesen. Auch dieser läßt sich als Verlebendigung des *Bildes*
begreifen, da mehr als die mündlichen Geschichten sein Bild als vergegen-
ständlichte Präsenz im Haus zum Kristallisationspunkt des Unheimlichen
wird. In solchen Motiven (lebendiges Porträt) wird nicht nur ein topisches
Strickmuster des Romans erkennbar. Dem Bild als (semiotischem) *Medium*
fällt eine Reflexionsinstanz angesichts der Realitäts*bilder* und Phantasmen zu,
die der Roman im Zusammenhang gesellschaftlicher Zwänge, Rituale und
Lebensformen dann ausbuchstabiert. Jedoch leistet das Bild dies nicht bereits
durch Merkmale, die ihm innerhalb seiner semiotischen Struktur generell zukommen, sondern durch die situative Einbettung im Roman, die Nachbarschaft von Photographien und Briefen und die Verknüpfung mit den genannten Motiven des Fantastischen, Einbettungen, die sich die Differenzqualität
von Bild und Text zunutze machen.

Die Präsenz des Bildthemas verweist im Kontext der Realisten, für die
die Zeitschriften den wichtigsten Publikationsort darstellten, auf die mediale
Struktur der Öffentlichkeit, der die realistischen Romane angehörten und damit auch auf die Bilderflut der in der Mitte des neunzehnten Jahrhunderts ein-
setzenden "optischen Revolution". Deren Effekte schlagen sich in einander so
widerstreitenden Befunden wie der neuen Form eines dissoziierenden, ent-

---

[70] Vgl. Reichelt (1999), S. 83 ff. Jürgen Wertheimer beschreibt die Mortifikation durch das
Bild bezogen darauf, daß Effi "entsetzt zurückschreckt, die gemeinsame Italienreise nun
noch einmal - auf der Basis von Fotos, Prospekten etc. - 'durchzumachen'", während es für
Insteten gilt, das "Erlebte in der Rekonstruktion bewußtseinsmäßig zu sichern und als 'Besitz' zugänglich zu machen." Jürgen Wertheimer, "Effis Zittern: ein Affektsignal und seine
Bedeutung", in: *Zeitschrift für Literaturwissenschaft und Lingusitik* 26 (1996), S. 134-139, S.
137.

fremdeten Sehens nieder, die Susan Sontag für das Aufkommen der Photographie diagnostiziert und der Kompensation durch bildhafte Anschaulichkeit, wie es Norman Miller für das Genrebild beschreibt und Kienzle für die Verwendung des Bildes in den Zeitschriften.[71] Daß die Kategorie der Anschauung, die einen in der anbrechenden Moderne historisch bereits entzogenen Sinn durch ein eigentlich obsoletes Kunstmittel neu zu stiften versucht, die Verwendung des Bildthemas im Realismus nicht erschöpfend beschreibt, zeigt - neben anderen - auch dieses Beispiel realistischer Literatur.[72]

Ein Zusammenhang zwischen medialer Revolution und fantastischem Diskurs wurde von verschiedenen Autoren gesehen. Bei Klaus Bartels bildet den Ausgangspunkt der Betrachtung eine Kulturgeschichte der Gespenstergeschichte, von der sich auf die Fegefeuerlehre Gregors des Großen stützenden "Exempla"-Tradition über die aufgeklärte Gespenstergeschichte bis zu Günter Anders Essay "Die Welt als Phantom und Matrize".[73] Das verbindende Element zwischen dem Gespensterglauben der "exempla" -Tradition und der Geisterbeschwörung durch das mediale Bild, wird in der Vermischung der Welten des Wirklichen und des Fiktiven gesehen. Die medialen Phantome dringen in die reale Welt ein und suchen sie mit der gleichen Realitätssuggestion heim wie es die Gespenster in voraufklärerischer Zeit im Sinne der Fegefeuerlehre getan haben. Nur graduell unterscheiden sich die "Medienhelden, die um die Fürsorge der Fernsehfamilie betteln"[74] von den Medienhelden des Zeitschriftenpublikums, als dem zeitgenössischen Lesepulikum des Fontaneschen Romanes, wobei das Bild in diesem Zusammenhang dann nicht den Übergang von Schrift- zur Bildkommunikation bedeutet, wie in Anders und Bartels Analyse, sondern die Suggestionskraft *des Textes* im Bild-Textmedium der Zeitschrift *metaphorisch* bezeichnet. Wenn festgestellt wurde, daß die Heimsuchung der literarischen Figur auf gesellschaftliche Phantasmen verweist, dann verweist der Zusammenhang von fantastischem und medialem Diskurs

---

[71] Vgl. Susan Sontag, *Über Fotographie*, München Wien 1978, S. 87 ff.

[72] Vgl. Reichelt (1999), S. 92 ff.

[73] Klaus Bartels, "Das Verschwinden der Fiktion. Über das Altern der Literatur durch den Medienwechsel im 19. und 20. Jahrhundert", in: *Ansichten einer künftigen Medienwissenschaft*, hrsg. v. Rainer Bohn, Berlin 1988, S. 239-256, S. 243.

[74] Bartels (1988), S. 248.

auf den Ort, an dem diese Phantasmen in der Gesellschaft kommuniziert wurden. Zugleich reinszeniert er gegenüber den Adressaten der ideologischen Botschaften, die sich hinter der Dämonisierungsstrategie verbargen, eine kognitive Verunsicherung, die es verbietet, Realität und Fiktion als zwei deutlich getrennte Welten zu behandeln, wie es den Versuchen der Pathologisierung des weiblichen Bewußtseins ebenso entsprach wie der Subordinierung des 'dämonischen' China gegenüber dem 'aufgeklärt'-modernen Europa.

8. Schlußbemerkung

In der vorliegenden Arbeit wurde versucht, Fantastik als einen sinnvollen Fokus für den Realismus zu nutzen, ohne sie dabei in der Weise (ausschließlich) in den Mittelpunkt zu rücken, wie es bei den romantischen und modernen Varianten im Rahmen einer solchen Themenstellung üblicherweise geschieht. Die hier angestrebte Entmarginalisierung der realistischen Fantastik soll die Unterschiede zu anderen Epochen und ihren Formen des Fantastischen, den unterschiedlichen Ort der Elemente im Text, nicht verwischen. Sie insistiert aber darauf, daß aus den Unterschieden zu Romantik und Moderne weder die Nicht-Existenz noch eine Dysfunktionalität der realistischen Fantastik abgeleitet werden darf.

Den Oberbegriff für die bedeutungskonstitutiven Kontexte, die in die Analyse einbezogen wurden, bildete das gesellschaftliche Imaginäre. Die darunter subsummierten Themen sind für sich genommen nicht unbemerkt oder unbehandelt geblieben. Die Bedeutung der Einbildungskraft (als Topik), des Rollenspiels, der fiktiven Identitäten oder der Ideologeme wurde in unterschiedlichen Zusammenhängen erörtert. Jedoch blieb die Beziehung zwischen diesen Themen und der Fantastik unerörtert und damit ihre Bedeutung für das Verständnis von Realismus bezogen auf die elementaren Grenzziehungen, Ausschließungen und Selbstvergewisserungskonzepte, auf denen er beruht.

Nicht nur die Fantastik selbst, auch das gesellschaftliche Imaginäre, gewinnt im Rahmen der Fantastikkritik erst seinen Ort. Es 'wandert' von dem Pol eines prekären, unkontrollierten, tendenziell 'gefährlichen' Vermögens, den es *auch* besetzen könnte, hinüber auf die 'sichere' Seite realitätskompatibler und erkenntnisdienlicher Kräfte. Es handelt sich daher bei den Ausschließungsprozeduren nicht nur darum, bestimmte bizarre Ausdrucksformen der Einbildungskraft an einem Ort der Marginalisierung zu fixieren, sondern um eine Grenzziehung, die auch die *'gesunde'* Einbildungskraft erst als solche erscheinen lassen kann und sie somit erzeugt.

Diese Grenzziehung wird durch die Nachbarschaft beider Elemente im realistisch-fantastischen Text infrage gestellt, genauer: durch die Behandlung, die dabei sowohl das gesellschaftliche Imaginäre auf der vermeintlich gesunden Seite, wie in ihrer *analogen* Struktur die fantastischen Elemente erfahren. Die Strukturanalogie zwischen dem Imaginären und der Fantastik impliziert eine Abschwächung der Differenzen und Hierarchien. Die Dominanz des Realitätsprinzips über die Einbildungskraft wird fragwürdig. Daß die Fantastik nicht nur auf das Imaginäre der Gesellschaft im beschriebenen Sinn, sondern auch auf das Imaginäre der Fiktion beziehbar ist, gehört in diesen Zusammenhang insofern, als durch die Entnaturalisierung verhindert wird, daß die Fiktion selbst einer Verwechslung von 'imaginär' und 'real' Vorschub leistet.

In welchem Sinne Fantastik somit als "subversiv" gelten kann, hat Rosemary Jackson verdeutlicht und damit zugleich mögliche Mißverständnisse zurückgewiesen, die irrige Konnotationen von Subversion als einem bereits politisch belangvollen Handeln betrifft.[1] Die Subversion zielt auf die Verneinung zentraler Kategorien des Realismuskonzeptes durch die Form negativer Relationalität als solche.[2] Sie ergibt sich im Rahmen einer 'strukturellen' Lektüre, die von einer 'thematischen' zu unterscheiden ist.[3] Subvertiert wird der kulturelle Rahmen, in dem die Wirklichkeit ihre Ordnung gewinnt: lebensweltliche, philosophische und wissenschaftliche Kategorien der Substanz, der Identität, der Materie, die Kategorien von Raum und Zeit, die sämtlich in der fantastischen Literatur in Frage stehen, und die zunächst einmal auf das fantastische Ereignis verweisen, also die Narration, die Todorov und Caillois ins Zentrum ihrer Betrachtung rückten.

---

[1] Jackson schreibt: "Such violation of dominant assumptions threatens to subvert (overturn, upset, undermine) rules and conventions taken to be normative. This is not in itself a socially subversive activity: it would be naive to equate fantasy with either anarchic or revolutionary politics. It does, however, disturb 'rules'of artistic representation and literature's reproduction of the 'real'". Jackson (1981), S. 14.

[2] Weiter heißt es: "The fantastic is predicated on the category of the 'real', and it introduces areas which can be conceptualized only by negative terms according to the categories of nineteenth century realism: thus, the im-possible, the un-real, the nameless, formless, shapeless, un-known, in-visible. What could be termed a 'bourgeois' category of the real is under attack. It is this *negative relationality* which constitutes the meaning of the modern fantastic." A.a.O., S.26 (Hervorhebung im Original).

[3] Jackson schreibt: "Merely on a thematic level, then, fantastic literature is not necessarily subversive. To attempt to defend fantasy as inherently transgressive would be a vast, oversimplifying and mistaken gesture. Those elements which have been designated 'fantastic' (...) have been constantly re-worked, re-written and re-covered to *serve* rather than to *subvert* the dominant ideology." A.a.O., S. 175.

Auf der Ebene der *Schreibweise* wurde Fantastik in der vorliegenden Arbeit unterschiedlichen Zusammenhängen zugeordnet: dem Verhältnis lebensweltlicher Kausalität und poetischer Motivierung im *Schimmelreiter*, dem Synkretismus im *Grünen Heinrich* oder der Form intertextueller Verknüpfungen in *Effi Briest*. Eine Schreibweise kann nicht auf dieselbe Weise eine fantastische sein, wie es die Narration bei Caillois oder Todorov ist, nämlich durch ein tendenziell übernatürliches *Ereignis*. Von einer fantastischen Schreibweise zu sprechen, bedeutet, in diesem Punkt eine Beziehung der Analogie zwischen histoire und discours anzunehmen. Es impliziert eine metaphorische Begrifflichkeit: Schreibweisen können nicht "übernatürlich" sein oder erscheinen. Es gilt jedoch an dieser Stelle zu wiederholen, was im Storm-Kapitel zu Marx und der "gespenstigen Gegenständlichkeit" der Ware ausgeführt wurde. Todorovs Darlegungen zur Metaphorizität sind unzureichend, da Rhetorizität dort nur im Sinne 'schmückender' Rede-Funktionen erscheint. Die fantastischen Schreibweisen hingegen können sich als nicht minder destabilisierend erweisen wie dies, auf *ihrer* Ebene des Textes, für die fantastischen Ereignisse gilt.

*

Einen roten Faden der Lektüre bildete die Analyse der die Texte strukturierenden Binarismen. Neben dem Binarismus von gesunder und kranker Einbildungskraft, von 'imaginär' und 'real', erwies sich dabei vor allem das Begriffspaar Natur/Kultur von Bedeutung. Wie sehr die Kategorie der Natur das offizielle Realismuskonzept und die diesbezüglichen Dichotomien fundiert, wurde eingangs bezogen auf eine unter anderem bei Schiller und Homberger anzutreffende Denkfigur erläutert. Die Naturalisierung einer Realität, die sich tatsächlich als kulturelle und gesellschaftliche erweist, bildet eine zentrale Strategie zur Absicherung des offiziellen Realismusprogramms.

Hinsichtlich der diesbezüglich wirksamen Binarismen wurde jedoch deutlich, daß die Texte sich weniger über unangefochtene hierarchische Zuordnungen konstituierten, als über deren Dekonstruktion. Ungeachtet der eher starren Frontstellung von Strukturalismus und Poststrukturalismus in der Theoriedebatte, scheint in den untersuchten Texten ein Verhältnis *gradueller* Abweichung vom binaristischen Denken vorzuliegen. Strukturalismus und

Poststrukturalismus wurden daher hier nicht als Positionen betrachtet, zwischen denen im Rahmen einer theoretischen Vorentscheidung eine Präferenz zu formulieren wäre: Dekonstruktion ergibt sich nicht als ein *notwendiger* Effekt aus der Rhetorizität der Sprache oder nachvollziehbaren zeichentheoretischen Problemkonstruktionen, wie Derrida dies in seiner Saussure-Lektüre zu zeigen versucht hat.[4] Sie wird vielmehr auf der theoretischen Ebene als eine offene, an den Text zu richtende und an ihm zu erprobende Fragestellung verstanden. Als solche betrifft sie den Umgang mit hierarchisch gegliederten Oppositionen, die die Selbstdefinitionen jener Kultur und Gesellschaft prägen, der die Texte entstammen.[5]

Wo die Naturalisierung der gesellschaftlichen Kategorien als Pseudonatur erscheint und die ideologische Verwendung von Natur/Kultur fragwürdig wird, verschiebt sich zwangsläufig auch der Ort anderer Begriffe, wie Realimus, Einbildungskraft und Fantastik. Denn die Transformation dessen, was bei Castoriadis oder innerhalb der Annales-Schule unter die Kategorie des "Imaginären" gefaßt wird, in die Kategorie des (Idal-) "Realen" im Sinne der Programmatiker, die eingangs in Bezug auf Schiller und Homberger beschriebene Identifzierung von Realität und Natur, bilden für den Begriff der kranken Einbildungskraft und die programmatische Ausschließung der Fantastik eine unentbehrliche Voraussetzung.

---

[4] Vgl. Jacques Derrida, "Signatur, Ereignis, Kontext", in: ders., *Randgänge der Philosophie*, Frankfurt/M. 1976, S. 291-314. Vgl. die Kritik Searles an den zeichentheoretischen Prämissen: John R. Searle, "Literary Theory and its discontents", in: *New Literary History* 25 (1994), S. 637-667.

[5] Über Levi-Strauss heißt es bei Derrida: "Dieses Denken bewegt sich, wie das von Saussure, indem es überlieferte begriffliche Gegensatzpaare konserviert und gleichzeitig annulliert, innerhalb bestimmter Grenzen: bald arbeitet es innerhalb einer nicht weiter hinterfragten Begrifflichkeit, bald drängt es auf Vollendung und Abschluß und beginnt mit der Arbeit der Dekonstruktion." Derrida (1983), S. 184. Vgl. auch Bettine Menke, "Dekonstruktion - Lektüre: Derrida literaturtheoretisch", in: *Neue Literaturtheorien. Eine Einführung*, hrsg. v. Klaus Michael Bogdal, Opladen 1990, S. 235-264, S. 249.

*

Ein anderer wiederkehrender Aspekt betraf den Unterschied zweier Lektüren, von denen man die eine im weiteren Sinne als 'erbaulich' bezeichnen könnte (im Sinne des Belehrens und Unterhaltens). Erbaulich sind Lektüren, die den Texten die Vermittlung eines Orientierungswissens bezüglich moralisch-vernünftigen Handelns abzugewinnen trachten, oder ihnen zumindest entsprechende Versuche zuschreiben, die also etwa vom "Moralisten" Keller sprechen oder im *Schimmelreiter* ein Werk der Volksaufklärung sehen. Sie orientieren sich am Begriff der Kritik, an der Appellstruktur der Texte, an handlungstheoretischen Modellen und dem Gedanken des selbstverantwortlichen Individuums, das sich durch die Textlektüre belehrt sieht. Auf der anderen Seite stehen Lektüren, die sich als "soziologische" oder "semiologische" bezeichnen, und auf den Handlungen vorausliegende Konstitutionsbedingungen abzielen.[6]

Beide Lektüren schließen einander nicht prinzipiell aus, sie stellen aber gänzlich andere Perspektiven in den Vordergrund. Um ein schon angesprochenes romantisches Beispiel zu wählen: In Chamissos *Schlemihl* ist eine moralisierende Tendenz unübersehbar, nicht zuletzt in der abschließenden Sentenz: "Du aber, mein Freund, willst du unter den Menschen leben, so lerne verehren zuvörderst den Schatten, sodann das Geld."[7] Dennoch reduziert sich die Bedeutung nicht auf das, was der 'gute Ratschlag' sichtbar werden läßt, wie an der unerbittlichen Logik des Tausches als gesellschaftlicher Bedingung des Handelns beschrieben wurde. Die Welt der moralischen Ratschläge und der Volksaufklärung ist eine Welt des autonomen Handelns. Diese Autonomie wird in der Analyse der gesellschaftlichen Bedingungen fraglich. Insofern handelt es sich nicht um zwei verschiedenen Aspekte, sondern um konkurrierende Deutungsalternativen, die, wie im Fall des *Schlemihl*, allerdings im Text auf paradoxe Weise verklammert sein können.

---

[6] Vgl. Helmstetter (1998) und Gabriele Brandstetter: "Le laid c'est le beau". Liebesdiskurs und Geschlechterrolle in Fontanes Roman *Schach von Wuthenow*. In DVJS , Bd. 72 (1998) S. 243-267.

[7] Adelbert von Chamisso, *Peter Schlemihls wundersame Geschichte*, Stuttgart 1980, S.78 f.

Verbreiteter als die Suche nach erbaulichen Elementen, die unmittelbar in Handlungsmaximen übersetzbar sind, ist die bereits geschilderte Tendenz, dem Realismus auf der 'formalen' Ebene die Stiftung eines obsolet gewordenen Sinns zuzusprechen, bezogen auf die Kategorie des handlungsmächtigen Individuums im Plot, oder auf die Kategorie der Anschauung.[8] Die hier diskutierten Texte auf diese Funktionen der Sinnstiftung zu reduzieren oder solche Funktionen im Rahmen der ab 1871 verstärkt propagierten "Heteroautonomie" als dominant auszuzeichnen, würde eine massive Reduktion ihrer Komplexität und Widersprüchlichkeit, ihres, mit Rosemary Jackson gesprochen, 'negativen Sinns', voraussetzen. Nicht eben den kleinsten Stolperstein auf diesem Weg stellt die realistische Fantastik dar.

---

[8] Siehe dazu Kap. 3.1.

Literaturverzeichnis:

Textausgaben:

Fontane, Theodor: *Effi Briest*, in: *Werke in fünf Bänden*, III, hrsg.v. Rainer Bachmann und Peter Bramböck, München: Nymphenburger Verlagshandlung, 1974.

Keller, Gottfried: *Der Grüne Heinrich. Zweite Fassung*, hrsg. v. Peter Villcock, in: *Sämtliche Werke in sieben Bänden*, hrsg. v. Thomas Böning u.a., Bd. III, Deutscher Klassiker Verlag, Frankfurt/M. 1996.

Romeo und Julia auf dem Dorfe, in: *Sämtliche Werke in sieben Bänden*, hrsg. v.Thomas Böning u.a., Bd. IV, Deutscher Klassiker Verlag, Frankfurt/M. 1989.

Storm, Theodor: *Der Schimmelreiter*, in: *Novellen 1881-1888*, hrsg. v. Karl Ernst Laage, Frankfurt/M.: Deutscher Klassiker Verlag, 1988.

Weitere Literatur:

Abraham, Niclas: "Aufzeichnungen über das Phantom. Ergänzung zu Freuds Metapsychologie", in: *Psyche*, hrsg. v. Margarete Mitscherlich-Nielsen, 1991, S. 691-698.

Adorno, Theodor W.: *Ästhetische Theorie*, Frankfurt/M. 1973.

Alt, Arthur Tilo: "Flucht und Verwandlung", in: *Schriften der Theodor Storm Gesellschaft* 25 (1976), S. 9-24.

Anderson, Paul Irving: " 'Der Stechlin'. Eine Quellenanalyse", in: *Interpretationen. Fontanes Novellen und Romane*, hrsg. v. Christian Grawe, Stuttgart 1991, S. 243-274.

Auerbach, Erich: *Mimesis. Dargestellte Wirklichkeit in der abendländischen Literatur*, 1994 (1946).

Aust, Hugo: "Bürgerlicher Realismus. Forschungsbericht (Teil II)", in: *Wirkendes Wort* 35 (1985), S.72-85.

Baudrillard, Jean: *Das perfekte Verbrechen*, München 1996.

Bachtin, Michail: *Literatur und Karneval. Zur Romantheorie und Lachkultur*, München 1969.

Ders.: *Probleme der Poetik Dostoevskijs*, München 1971.

Ders.: *Die Ästhetik des Wortes*, Frankfurt/M. 1979.

Ders.: *Rabelais und seine Welt. Volkskultur als Gegenkultur*, Frankfurt/M. 1987.

Bartels, Klaus: "Das Verschwinden der Fiktion. Über das Altern der Literatur durch den Medienwechsel im 19. und 20. Jahrhundert", in: *Ansichten einer künftigen Medienwissenschaft*, hrsg. v. Rainer Bohn, Berlin 1988, S. 239-256.

Barthes, Roland: *Mythen des Alltags*, Frankfurt/M. 1964.

Ders.: "L'effet de réel", in: *Littérature et réalité*, hrsg. v. Gerard Genette und Tzvetan Todorov, Paris 1982, S. 81-90.

Ders.: *Einführung in die strukturale Analyse von Erzählungen*, in: ders., *Das semiologische Abenteuer*, Frankfurt/M. 1988, S. 102-143.

Ders.: *Fragmente einer Sprache der Liebe*, Frankfurt/M. 1984.

Baumgart, Wolfgang: *Ritual und Literatur*, Tübingen 1996.

Becker, Frank/ Gerhard, Ute/ Link, Jürgen: "Moderne Kollektivsymbolik. Ein diskurstheoretisch orientierter Forschungsbericht mit Auswahlbibliographie (Teil II)", in: *Internationales Archiv für Sozialgeschichte der deutschen Literatur (IASL)* 22 (1997), S.70-154.

Behler, Ernst: "Das Fragment der Frühromantik", in: ders.: *Studien zur Romantik und zur idealistischen Philosophie II*, Paderborn München Wien Zürich 1993, S. 27-42.

Bloch, Ernst: *Ästhetik des Vor-Scheins*, hrsg. v. Gert Ueding, Frankfurt/M. 1974.

Bohrer, Karl Heinz: *Die Kritik der Romantik*, Frankfurt 1981.

Böschenstein, Renate: "Mythologie zur Bürgerzeit. Raabe - Wagner - Fontane", in: *Jahrbuch der Raabe-Gesellschaft* 1986, S. 7-34.

Bohrer, Karl Heinz: *Die Ästhetik des Schreckens. Die pessimistische Romantik und Ernst Jüngers Frühwerk*, Frankfurt/M., Berlin, Wien 1983.

Ders.: "Das Romantisch-Phantastische als dezentriertes Bewußtsein. Zum Problem seiner Repräsentanz", in: ders.: *Die Grenzen des Ästhetischen*, München, Wien 1998, S. 9-36.

Ders.: *Die Kritik der Romantik*, Frankfurt/M. 1989.

Boll, Karl Friedrich: "Spuk, Ahnungen und Gesichte bei Theodor Storm", in: *Schriften der Theodor-Storm- Gesellschaft* 9 (1960), S. 9-23.

Bollenbeck, Georg: *Theodor Storm. Eine Biographie*, Frankfurt/M. 1988.

Bolz, Norbert: *Theorie der neuen Medien*, München 1990.

Borchmeyer, Dieter: "Melusine oder die 'ewig sieggewisse Macht' des Elementaren. Mörike und Wagner in einer Parallele Fontanes", in: *'Sei mir, Dichter, willkommen'. Studien zur deutschen Literatur von Lessing bis Jünger*, hrsg. v. Klaus Garber u.a., Köln 1995, S. 169-181.

Boudon, Raymond: *Ideologie. Geschichte und Kritik eines Begriffs*, Reinbek bei Hamburg 1988.

Bovenschen, Silvia: *Die imaginierte Weiblichkeit. Exemplarische Untersuchungen zu kulturgeschichtlichen und literarischen Präsentationsformen des Weiblichen*, Frankfurt/M. 1979.

Brändli, Sabina: "Von 'schneidigen Offizieren' und 'Militärcrinolinen': Aspekte symbolischer Männlichkeit am Beispiel preußischer und schweizerischer Uniformen des 19. Jahrhunderts", in: *Militär und Gesellschaft im 19. und 20. Jahrhundert*, hrsg. v. Ute Frevert, Stuttgart 1997.

Brandstetter, Gabriele/ Neumann, Gerhard: "'Le laid c'est le beau'. Liebesdiskurs und Geschlechterrolle in Fontanes Roman *Schach von Wuthenow*", in: *DVjS* 72 (1998), S. 243-267.

Brinkmann, Richard: *Wirklichkeit und Illusion. Studien über Gehalt und Grenzen des Begriffs Realismus für die erzählende Dichtung des 19. Jahrhunderts*, Tübingen 1957.

Brittnacher, Hans Richard: *Ästhetik des Horrors*, Frankfurt 1994.

Broich, Ulrich: "Formen der Markierung von Intertextualität", in: *Intertextualität. Formen, Funktionen, anglist. Fallstudien*, hrsg. v. Ulrich Broich u. Manfred Pfister, unter Mitarbeit v. Bernd Schulte-Middelich, Tübingen 1985.

Burke, Peter: *Offene Geschichte. Die Schule der Annales*, Berlin 1991.

Butzer, Günter/ Günter, Manuela/ v. Heydebrand, Renate: "Strategien zur Kanonisierung des 'Realismus' am Beispiel der *Deutschen Rundschau*", in: *Internationales Archiv für Sozialgeschichte der deutschen Literatur* 24 (1999), S. 55-81.

Caillois, Roger: "Das Bild des Phantastischen. Vom Märchen bis zur Science-Fiction", in: *Phaicon* I, Frankfurt/M. 1974, S. 44-83.

Carriere, Moriz: "Idealistische und realistische Phantasie" (1859), in: Plumpe (1985), S. 85.

Castoriadis, Cornelius: *Gesellschaft als imaginäre Institution. Entwurf einer politischen Philosophie*, Frankfurt 1984.

Cersowsky, Peter: *Phantastische Literatur im ersten Viertel des 20. Jahrhunderts. Kafka, Kubin, Meyrink*, München 1983.

Ceserani, Remo: "Skepsis und phantastische Literatur", in: *Skepsis oder das Spiel mit dem Zweifel. Festschrift für Ralph-Rainer Wuthenow zum 65. Geb.*, hrsg.v. Hans Joachim Piechotta u.a. Frankfurt/M. 1994, S. 92-101.

von Chamisso, Adelbert: *Peter Schlemihls wundersame Geschichte*, Stuttgart 1980.

Christ, Markus: "Exkurs: Aufzeichnung und Entgrenzung kultureller Alterität. Topik der Reisebe-

richte und Rousseaus zweiter Discours", in: *Einführung in die Literaturwissenschaft*, hrsg. v. Miltos Pechlivanos u.a., Stuttgart Weimar 1995, S. 347-353.

Conze, Werner/ Kocka, Jürgen (Hrsg.): *Bildungsbürgertum im 19. Jahrhundert, Teil I: Bildungssystem und Professionalisierung in internationalen Vergleichen*, Stuttgart 1985.

Cowen, Roy C.: *Der poetische Realismus. Kommentar zu einer Epoche*, München 1985.

Culler, Jonathon: *Dekonstruktion. Derrida und die poststrukturalistische Literaturtheorie*, Reinbek 1988.

Dällenbach, Lucien: "Fragmentarisches Vorwort", in: *Fragment und Totalität*, hrsg. v. Lucien Dällenbach u. L. Hart Nibbrig, Frankfurt/M. 1984.

Danto, Arthur C.: *Wege zur Welt. Grundbegriffe der Philosophie*, München 1999.

Darnton, Robert: "Rousseau in Gesellschaft. Anthropologie und der Verlust der Unschuld", in: Ernst Cassirer/ Jean Starobinski/ Robert Darnton, *Drei Vorschläge Rousseau zu lesen*, Frankfurt 1989, S. 104-114.

Daum, W.: *Wissenschaftspopularisierung im 19. Jahrhundert. Bürgerliche Kultur, naturwissenschaftliche Bildung und die deutsche Öffentlichkeit 1848-1914*, München 1998.

Delumeau, Jean: *Angst im Abendland*, Reinbek bei Hamburg 1989.

Derrida, Jacques: *Grammatologie*, Frankfurt/M. 1974.

Ders.: "Signatur, Ereignis, Kontext", in: ders., *Randgänge der Philosophie*, Frankfurt/M. 1976, S. 291-314.

Ders.: *Marx' Gespenster*, Frankfurt M. 1996.

Dilthey, Wilhelm: *Das natürliche System der Geisteswissenschaften im 17. Jahrhundert*, in: *Gesammelte Schriften* II, Stuttgart, Göttingen 1977.

Döcker, Ulrike: *Die Ordnung der bürgerlichen Welt. Verhaltensideale und soziale Praktiken im 19. Jahrhundert*, Frankfurt New York 1994.

Dünnebier, Hans: *Gottfried Keller und Ludwig Feuerbach*, Zürich 1913.

Ehmlich, Konrad: "Die Fremde als Spuk: Fontane", in: *Jahrbuch Deutsch als Fremdsprache* 24 (1998), S. 83-96.

Eisele, Ulf: *Realismus und Ideologie. Zur Kritik der literarischen Theorie nach 1848 am Beispiel des "Deutschen Museums"*, Stuttgart 1976.

Ders.: *Die Struktur ds modernen deutschen Romans*, Tübingen 1984.

Engelhardt, Ulrich: *'Bildungsbürgertum'. Begriffs- und Dogmengeschichte eines Etiketts*, Stuttgart 1986.

Ermatinger, Emil: *Gottfried Kellers Leben*, Zürich 1950[8]

Feuerbach, Ludwig: *Das Wesen des Christentums*. Werke in sechs Bänden (V), hrsg. v. Erich Thies, Frankfurt/M. 1976 (1841).

Ders., *Anthropologischer Materialismus. Ausgewählte Schriften I*, Frankfurt/M. 1967.

Ders., "Die Naturwissenschaft und die Revolution", in: *Anthropologischer Materialismus. Ausgewählte Schriften II*, Frankfurt /M. 1967, S. 212-230

Fink-Eitel, Hinrich: *Die Philosophie und die Wilden. Über die Bedeutung des Fremden für die europäische Geistesgeschichte*, Hamburg 1994.

Finsen, Hans Carl: "Texttheorie zwischen Philosophie und Rhetorik", in: *Deutsche Vierteljahresschrift für Literaturwissenschaft und Geistesgeschichte (DVjs)* 70 (1996), S. 198-211.

Fischer, Jens Malte/ Thomsen C. (Hrsg.): *Phantastik in Literatur und Kunst*, Darmstadt 1980.

Fluck, Winfried: *Das kulturelle Imaginäre. Eine Funktionsgeschichte des amerikanischen Romans, 1790-1900*, Frankfurt/M. 1997.

Fontane, Theodor: Theaterkritiken 1870-1874, Frankfurt/M 1979.

Foucault, Michel: *Überwachen und Strafen. Die Geburt des Gefängnisses*, Frankfurt 1976.

Ders.: "Das Denken des Draußen", in: ders.: *Schriften zur Literatur*, Frankfurt/M. 1988, S. 130-156.

Frank, Manfred: "Das 'fragmentarische Universum' der Romantik", in: Dällenbach (1984), S. 212-224.

Frege, Gottlob: "Über Sinn und Bedeutung", in: ders.: *Funktion, Begriff, Bedeutung. Fünf logische Studien*, hrsg. und eingeleitet v. Günther Patzig, Göttingen 1986, S. 40-65.

Frenzel, Elisabeth: *Motive der Weltliteratur*, Stuttgart 1980, "Verführer und Verführte", S. 720-737.

Freud, Sigmund: "Das Unheimliche", in: *Studienausgabe* Bd. IV, Frankfurt/M. 1970, S. 240-274.

Freund, Winfried: "Von der Aggression zur Angst. Zur Entstehung der phantastischen Novellistik in Deutschland", in: *Phaicon* III, 1978 S. 9-31.

Ders.: "Phantasie, Aggression und Angst - Ansätze zu einer Sozialpsychologie der neueren deutschen Literatur", in: *Sprachkunst* 11 (1980), S. 87-100.

Ders.: *Theodor Storm. Der Schimmelreiter*, Paderborn, München, Wien, Zürich 1984.

Ders.: "Der Bürger und das Grauen", in: *Theodor Storm und das 19. Jahrhundert*, hrsg. v. Brian Coghlan u. Karl Ernst Laage, Berlin 1989.

Ders.: *Literarische Phantastik. Die phantastische Novelle von Tieck bis Storm*, Stuttgart, Berlin, Köln 1990.

Frevert, Ute: *'Mann und Weib und Weib und Mann'. Geschlechterdifferenzen in der Moderne*, München 1995.

Gabriel, Gottfried: "Wie klar und deutlich soll Terminologie sein?", in: *Zur Terminologie der Literaturwissenschaften*, hrsg. v. Christian Wagenknecht, Paderborn 1988, S. 24-34.

Gauger, Hans-Martin: "Sprachbewußtsein im 'Stechlin' ", in: *Bild und Gedanke. Festschrift für Gerhart Baumann*, hrsg. v. Günter Schnitzler, München 1981, S. 311-323.

Geier, Manfred: *Methoden der Sprach- und Literaturwissenschaft*, München 1983.

Geppert, Hans Vilmar: *Der realistische Weg. Formen pragmatischen Erzählens bei Balzac, Dickens., Hardy, Keller, Raabe und anderen Autoren ders 19. Jahrhunderts*, Tübingen 1994.

Geßner, Salomon: "Brief über die Landschaftsmalerei", in: *Sämtliche Schriften III*, hrsg. v. Martin Bircher, Zürich 1974, S. 231- 273.

Ginzburg, Carlo: "Spurensicherung. Der Jäger entziffert die Fährte, Sherlock Holmes nimmt die Lupe, Freud liest Morelli, Die Wissenschaftler auf der Suche nach sich selbst," in: *Freibeuter*, 1980 Nr. 3, S.7-17 und Nr. 4, S. 11-36.

Girard, René: *Das Heilige und die Gewalt*, Frankfurt/M. 1992.

Gockel, Heinz: "Friedrich Schlegels Theorie des Fragments", in: *Romantik. Ein literaturwissenschaftliches Studienbuch*, Königstein/ Ts 1979, hrsg. v. Ernst Ribbat, S.22-37.

Goffman, Erving: *Wir alle spielen Theater. Die Selbstdarstellung im Alltag*, München 1969.

Goodman, Nelson: *Languages of Art*, Indianapolis 1976.

von Graevenitz, Gerhart: "Mythologie des Festes - Bilder des Todes", in: *Das Fest. Poetik und Hermeneutik XIV*, hrsg. v. Walter Haug und Rainer Warning, München 1989, S. 526-559.

Ders.: "Contextio und conjointure, Gewebe und Arabeske. Über Zusammenhänge mittelalterlicher und romantischer Literaturtheorie", in: *Literatur, Artes und Philosophie*, hrsg. v. Walter
Haug und Burghart Wachinger, Tübingen 1992, 229-257.

Ders.: *Das Ornament des Blicks. Über die Grundlagen des neuzeitlichen Sehens, die Poetik der Arabeske und Goethes 'West-östlichen Divan'*, Stuttgart Weimar 1994.

Ders.: "Literaturwissenschaft als Kulturwissenschaft. Eine Erwiderung", in: DVjs 73 (1999), S. 94-115.

Downing, David B./ Bazargan, Susan (Hrsg.): *Image and ideology in modern/postmodern discours*, New York 1991.

Grawe, Christian: "Crampas Lieblingsdichter Heine und einige damit verbundene Motive in Fontanes Effi Briest", in: *Jahrbuch der Raabe -Gesellschaft* 1982, S. 148-170.

Grimm, Dieter: "Bürgerlichkeit im Recht", in: *Bürger und Bürgerlichkeit im 19. Jahrhundert*, hrsg. v. Jürgen Kocka, Göttingen 1987, S. 149-188.

Gustafsson, Lars: "Über das Phantastische in der Literatur," in: *Kursbuch*, 15 (1968), S. 104-116.

Haselstein, Ulla: *Entziffernde Hermeneutik. Zum Begriff der Lektüre in der psychoanalytischen Theorie des Unbewußten*, München 1991

Haug, Walter: "Literaturwissenschaft als Kulturwissenschaft", in: *DVjs* 73 (1999), S. 63-93.

Ders.: "Erwiderung auf die Erwiderung", *DVjs* 73 (1999), S. 116-121.

Haustedt, Birgit: *Die Kunst der Verführung. Zur Reflexion der Kunst im Motiv der Verführung bei Jean Paul, E.T.A. Hoffmann, Kierkegaard und Brentano*, Stuttgart 1992

Helmstetter, Rudolf: *Die Geburt des Realismus aus dem Dunst des Familienblattes. Fontane und die öffentlichkeitsgeschichtlichen Rahmenbedingungen des Poetischen Realismus*, München 1998.

Hempfer, Klaus W.: *Gattungstheorie. Information und Synthese*, München 1973.

Heine, Heinrich: "Elementargeister", in: ders., *Sämtliche Schriften*, hrsg. v. Klaus Briegleb, Bd. III, hrsg. v. Karl Pörnbacher, S. 643-703.

Ders.: *Die romantische Schule*, Stuttgart 1976.

Helbig, Jörg: *Intertextualität und Markierung*, Heidelberg 1996.

Hörisch, Jochen: *Kopf oder Zahl. Die Poesie des Geldes*, Frankfurt 1996

vom Hofe, Gerhard: *Die Romantikkritik Soren Kiekegaards*, Frankfurt/M. 1972.

Hoffmann, Volker: "'Zum wilden Mann'. Die anthropologische und poetologische Reduktion des Teufelspaktthemas in der Literatur des Realismus am Beispiel von Wilhem Raabes Erzählung", in: *Jahrbuch der Deutschen Schillergesellschaft* 30 (1986), S. 472-492.

Ders.: "Theodor Storm. Der Schimmelreiter. Eine Teufelspaktgeschichte als realistische Lebensgeschichte", in: *Interpretationen. Erzählungen und Novellen des 19. Jahrhunderts Bd.2*, Stuttgart 1990, S. 333-370.

Homberger, Emil: "Die Aporien des Realismus" (1870), in: Plumpe (1985), S. 155.

Honneth, Axel: "Ein strukturalistischer Rousseau. Zur Anthropologie von Claude Levi-Strauss", in: *Merkur* 41 (1987), S. 819-833.

Horkheimer, Max/ Adorno, Theodor W.: *Dialektik der Aufklärung*, Frankfurt/M. 1971.

Hume, David: *Eine Untersuchung über den menschlichen Verstand*, mit einer Einleitung hrsg. v. Jens Kuhlenkampff, Hamburg 1984.

Imboden, Gabriel: *Gottfried Kellers Ästhetik auf der Grundlage der Entwicklung seiner Naturvorstellung. Studie zur Begründung der geometrischen Struktur in der Novellistik*, Frankfurt/M. 1976

Iser, Wolfgang: *Das Fiktive und das Imaginäre. Perspektiven literarischer Anthropologie*, Frankfurt/M. 1993.

Jackson, Rosemary: *Fantasy. The literature of subversion*, Methuen London New York 1981.

Jakobson, Roman: "Über den Realismus in der Kunst", in: *Texte der russischen Formalisten I.*, mit einer einleitenden Abhandlung hrsg. v. Jurij Striedter, München 1969.

Jankowitz, Wolf-Guenther: *Philosophie und Vorurteil. Untersuchungen zur Vorurteilshaftigkeit von Philosophie als Propädeutik einer Philosophie des Vorurteils*, Meisenheim am Glan 1975.

Jehmlich, R.: "Phantastik - Science Fiction - Utopie. Begriffsgeschichte und Begriffsabgrenzung", in: *Phantastik in Literatur und Kunst*, hrsg. v. Christian Thomsen u. Jens Malte Fischer, Darmstadt 1980, S.11- 33.

Jung, Werner: *Schöner Schein der Häßlichkeit oder Häßlichkeit des schönen Scheins*, Frankfurt/M. 1987.

Kaiser, Gerhard: "'Aquis Submersus' - eine versunkene Kindheit. Ein literaturpsychologischer Versuch über Theodor Storm", in: *Euphorion* 73 (1979), S.410-434.

Ders.: *Gottfried Keller. Das gedichtete Leben*, Frankfurt 1981.

Kierkegaard, Sören: "Das Tagebuch des Verführers", in: ders.: *Entweder/Oder,* Erster Teil. Band II, Gütersloh 1979.

Kinder, Hermann: *Poesie als Synthese: Ausbreitung eines deutschen Realismus-Verständnisses in der Mitte des 19. Jahrhunderts*, Frankfurt/M. 1973.

Kittler, Friedrich: "Draculas Vermächtnis", in: *Zeta 02. Mit Lacan*, Berlin 1982, S.103-136 (auch in: ders.: *Technische Schriften*, Leipzig 1993, S. 11-57).

Kobel, Erwin: "Die Angst der Effi Briest. Zur möglichen Kierkegaard-Rezeption Fontanes", in: *Jahrbuch des Freien Deutschen Hochstifts* 47 (1994), S. 255-288.

Köhn, Lothar: "Die Schrecken des Modernen. Fontanes Begründung realistischer Erzählprosa: Aus den Tagen der Okkupation (1871)", in: *DVjs* 70 (1996), S. 610-643.

Körber, Joachim (Hrsg.): *Bibliographisches Lexikon der utopisch-phantastischen Literatur*, Meitingen, 1984 ff.

Konersmann, Ralf: "Phantasma des Spiegels. Feuerbachs Umkehrung der Spekulation," in: *Archiv für Begriffsgeschichte* 28 (1984), S.179- 200.

Korte, Hermann: *Ordnung & Tabu. Studien zum poetischen Realismus,* Bonn 1989.

Koschorke, Albrecht/ Ammer, A.: "Der Text ohne Bedeutung oder die Erstarrung der Angst: Zu Stifters letzter Erzählung 'Der fromme Spruch' ", in: *Deutsche Vierteljahresschrift für Literaturwissenschaft und Geistesgeschichte* 61 (1987), S. 676-719.

Kremer, Detlef/ Wegmann, Nikolaus: "Wiederholungslektüre(n): Fontanes 'Effi Briest'. Realismus des wirklichen Lebens oder realistischer Text?", in: *Deutschunterricht* 47 (1995).

Kronauer, Ulrich: *Rousseaus Kulturkritik und die Aufgabe der Kunst,* Heidelberg 1978.

Kuchinke-Bach, Anneliese: "Gottfried Kellers 'Sinngedicht' - Logaus Sinnspruch, beim Wort genommen", in: *Euphorion* 86 (1992), S. 39-64.

Kühlmann, Wilhelm: "Das Ende der 'Verklärung'. Bibel-Topik und prdarwinistische Naturreflexion in der Literatur des 19. Jahrhunderts, in: Jahrbuch der Deutschen Schillergesellschaft,
30 (1986), S. 417-452.

Kurz, Gerhard: *Metapher, Allegorie, Symbol,* Göttingen 1988.

de Man, Paul: "Die Rhetorik der Blindheit: Jacques Derridas Rousseauinterpretation", in: ders., *Die Ideologie des Ästhetischen,* hrsg. v. Christoph Menke, Frankfurt/M. 1993, S. 185-230.

von Matt, Peter: " 'Die Geisterseher'. Gottfried Kellers Auseinandersetzung mit der phantastischen Literatur", in: *Gottfried Keller Gesellschaft, 48. Jahresbericht* (1979).

Laage, Karl Ernst: "Theodor Storm erzählt eine plattdeutsche Gespenstergeschichte", in: *Theodor Storm. Studien zu seinem Leben und Werk. Mit einem Handschriftenkatalog,* Berlin 1985, S. 122-130.

Ders.: "Der ursprüngliche Schluß der 'Schimmelreiter'-Novelle", in: ders.: *Theodor Storm. Studien zu seinem Leben und Werk mit einem Handschriftenkatalog,* Berlin 1985,S. 29-36.

Lachmann, Renate: "Die Zerstörung der schönen Rede. Ein Aspekt der Realismus-Evolution der russischen Prosa des 19.Jahrhunderts", in: *Poetica* 4 (1971), S.462-477.

Dies.: "Intertextualität als Sinnkonstitution. Andrej Belyjs *Petersburg* und die 'fremden' Texte", in: *Poetica* 15 (1983).

Dies.: "Die Schwellensituation. Skandal und Fest bei Dostoevskij", in: *Das Fest. Poetik und Hermeneutik XIV,* hrsg. v. Walter Haug und Rainer Warning, München 1989, S. 307-325.

Dies.: "Intertextualität und Dialogizität", in: *Gedächtnis und Literatur,* Frankfurt/M. 1990, S. 51-199.

Dies.: *Gedächtnis und Literatur,* Frankfurt 1990.

Dies.: "Dezentrierte Bilder. Die ekstatische Imagination in Bruno Schulz Prosa," in: *Psychopoetik. Wiener Slavistischer Almanach,* Sonderband 31, Wien 1992, S.439-461.

Dies.: "Das Leben - ein Idyllentraum. Goncarovs 'Son Oblomova' als ambivalentes Phantasma", in: *Compar(a)ison,* Bern 1993/2, S. 279-300.

Dies.: "Gedächtnis und Weltverlust. Borges memorioso - mit Anspielungen auf Lurijas Mnemonisten," in: *Memoria. Vergessen und Erinnern. Poetik und Hermeneutik. 15,* hrsg. v. Anselm Haverkamp und Renate Lachmann unter Mitwirkung von Reinhart Herzog, München 1993, S. 492-519.

Dies.: "Remarks on the Foreign (Strange) as a Figure of Cultural Ambivalence", in: *Russian Literature* 16 (1994), S. 335-346.

Dies.: "Exkurs: Anmerkungen zur Phantastik", in: *Einführung in die Literaturwissenschaft,* hrsg.

v. Miltos Pechlivanos u.a., Stuttgart 1995, S. 224-229.

Dies.: "Zum Zufall in der Literatur, insbesondere der Phantastischen", in: *Kontingenz, Poetik und Hermeneutik XVII*, hrsg. v. Gerhart v. Graevenitz und Odo Marquardt, in Zusammenarbeit mit Matthias Christen, München 1998, S. 403-432.

Dies.: *Phantomlust und Stereoskopie. Zu einer Erzählung aus dem Spätwerk Ivan Turgenevs*, in: *Mimesis und Simulation*, hrsg. v. Andreas Kablitz u. Gerhard Neumann, Freiburg im Breisgau 1998, S. 479-514.

Lehrer, Mark: *Intellektuelle Aporie und literarische Originalität. Wissenschaftsgeschichtliche Studien zum deutschen Realismus: Keller, Raabe und Fontane*, New York 1991.

Lessing, Gotthold Ephraim: *Hamburgische Dramaturgie*, Stuttgart 1986.

Locher, Kaspar T.: *Gottfried Keller. Der Weg zur Reife*, Bern 1969.

Loosli, Theo: *Fabulierlust und Defiguration. 'Phantastische' Spiele der Einbildungskraft im Prosawerk Gottfried Kellers*, Bern 1991.

Lovecraft, H.P.: *Die Literatur der Angst. Zur Geschichte der Phantastik*, Frankfurt/M. 1995.

Lukács, Georg: *Geschichte und Klassenbewußtsein*, Darmstadt Neuwied 1970.

Ders.: *Theorie des Romans*, Darmstadt Neuwied 1971.

MacCormack, Carol P.: "Natur, Kultur und Geschlecht: Eine Kritik", in: Rippl (1993), S. 55-87.

Mahlendorf, Ursula: "The Crime of Punishment: The Psychology of Child Abuse and the Meretlein Incident in Gottfried Keller's 'Der Grüne Heinrich'", in: *German Quarterly* 70 (1997), S. 247-260.

Manthey, Jürgen: *Wenn Blicke zeugen könnten. Eine psychohistorische Studie über das Sehen in Literatur und Philosophie*, München Wien 1983.

Martini, Fritz: *Deutsche Literatur im bürgerlichen Realismus: 1848-1898*, Stuttgart 1962.

Marx, Karl: *Das Kapital*. Band I. Volksausgabe Berlin 1959.

Ders.: "Feuerbach-Thesen", in: *Deutsche Ideologie* (1846), in: *Marx*, ausgewählt und vorgestellt von Oskar Negt München 1996.

Menke, Bettine: "Dekonstruktion - Lektüre: Derrida literaturtheoretisch", in: *Neue Literaturtheorien. Eine Einführung*, hrsg. v. Klaus Michael Bogdal, Opladen 1990, S. 235-264.

Mennemeier, Franz Norbert: "Fragment und Ironie beim jungen Friedrich Schlegel. Versuch der Konstruktion einer nicht geschriebenen Theorie", in: *Poetica* 2 (1968), S. 348-370.

Menninghaus, Winfried: "Romeo und Julia auf dem Dorfe. Eine Interpretation im Anschluß an Walter Benjamin", in: *Artistische Schrift. Studien zur Kompositionskunst Gottfried Kellers*, Frankfurt 1982.

Metzner, Joachim: "Die Vieldeutigkeit der Wiederkehr", in: *Phantastik in Literatur und Kunst*, S. 79-110.

Meurer, Thomas: "Das 'Meretlein'. Anmerkungen zu einem vernachlässigten Problem in Gottfried Kellers 'Grünem Heinrich'", in: *Wirkendes Wort* 44 (1994), S. 40-46.

Michaels, Walter Benn: "Romance and Real Estate", in: The American Renaissance reconsidered, hrsg. V. Walter Benn Michaels u. Donald E. Pease, Baltimore 1985, S. 156-182.

Müller, Klaus Detlef: „Die ‚Dialektik der Kulturbewegung'. Hegels romantheoretische Grundsätze und Kellers *Grüner Heinrich*," in: *Poetica* 8 (1976), S. 300-320.

Müller-Seidel, Walter: *Theodor Fontane: Soziale Romankunst in Deutschland*, Stuttgart 1975.

Mukarovsky, Jan: *Studien zur strukturalistischen Ästhetik*, München 1974.

Nipperdey, Thomas: *Deutsche Geschichte 1866-1918, Band I, Arbeitswelt und Bürgergeist,*

München 1994.

Nolting-Hauff, Ilse: "Die fantastische Erzählung als Transformation religiöser Erzählgattungen (am Beispiel von Th. Gautier, 'La Morte amoureuse'), in: *Romantik. Aufbruch zur Moderne*, hrsg. v. Karl Maurer, München 1991, S. 73-100.

Ortner, Sherry B.: "Verhält sich weiblich zu männlich wie Natur zu Kultur?", in: *Unbeschreiblich weiblich. Texte zur feministischen Anthropologie*, hrsg. v. Gabriele Rippl, Frankfurt/M. 1993, S. 27-54.

Paech, Joachim: "Vom Leben in den Bildern", Antrittsvorlesung an der Universität Konstanz, 5.11.1990, Manuskript.

Peischl, Margaret T.: *Das Dämonische*, Bern 1983.

Pfeiffer, K. Ludwig: "Nachwort", in: Luiz Costa Lima, *Die Kontrolle des Imaginären. Vernunft und Imagination in der Moderne*, Frankfurt/M. 1990, S. 349-360.

Piaget, Jean: *Das Weltbild des Kindes*, Frankfurt/M. Berlin Wien 1980.

Plumpe, Gerhard: "Die Praxis des Erzählens als Realität des Imaginären. Gottfried Kellers Novelle 'Pankranz der Schmoller'", in: *Wege der Literaturwissenschaft*, hrsg. v. Jutta Kolkenbrock-Netz u.a. Bonn 1985, S.163-173.

Ders.: *Theorie des Bürgerlichen Realismus. Eine Textsammlung*, Stuttgart 1985.

Pollet, Jean-Jacques: "Maisons hantées. 'Das öde Haus', 'Bulemanns Haus', 'Das unbewohnte Haus'", in: *Les songes de la raison. Mélanges offerts à Dominique Iehl*, Bern 1995.

Preisendanz, Wolfgang: *Humor als dichterische Einbildungskraft. Studien zur Erzählkunst des poetischen Realismus, München 1963*.

Ders.: "Gedichtete Perspektiven in Storms Erzählkunst", in: ders.: *Wege des Realismus*, München 1977, S. 204-216.

Ders.: *Der Schmied seines Glücks* nachgewiesen: Wolfgang Preisendanz, *Poetischer Realismus als Spielraum des Grotesken in Gottfried Kellers 'Der Schmied seines Glückes'*, Konstanz 1989.

Ders.: "Die geschichtliche Ambivalenz narrativer Phantastik der Romantik", in: *Athenäum. Jahrbuch für Romantik, 1992*, S.117-129.

Prinz, Alois: "Von einem, der auszog... Versuch, auf die Frage nach dem Verhältnis von Literatur und Wissenschaft mit Gottfried Keller eine Antwort zu finden", in: *Wozu Literaturwissenschaft*, hrsg. v. Frank Griesheimer und Alois Prinz, Tübingen 1991, S. 321-352.

Prutz, Robert: "Zur Geschichte der politischen Poesie in Deutschland" (1854), in: Plumpe (1985), S. 100-105.

Rainer, Ulrike: "*Effi Briest* und das Motiv des Chinesen. Rolle und Darstellung in Fontanes Roman", in: *Zeitschrift für deutsche Philologie* 101 (1982), S. 545-561.

Reichelt, Gregor: "Theodor Storms Bildgebrauch im Kontext des Zeitschriftenmediums", in: *Theodor Storm und die Medien. Zur Mediengeschichte eines poetischen Realisten*, hrsg. v. Gerd Eversberg u. Harro Segeberg, Berlin 1999, S. 81-102.

Reitemeyer, Ursula: *Philosophie der Leiblichkeit. Ludwig Feuerbachs Entwurf einer Philosophie der Zukunft*, Frankfurt/M. 1988.

Rieken, Bernd: "Die Spinne als Symbol in Volksdichtung und Literatur," in: *Fabula* 36 (1995), S. 187-204.

Ritter, Joachim (Hrsg.) : *Historisches Wörterbuch der Philosophie*, "Einbildung, Einbildungskraft", Bd. 2 Basel 1972, Sp.346-357; "Imagination"Bd. 4 (1976), Sp. 217-220, und "Phantasia", u. Bd 7. (1989), Sp. 516-535.

Rohe, Wolfgang: *Roman aus Diskursen: Gottfried Keller 'Der grüne Heinrich', erste Fassung, 1854/55* München 1993.

Rohse, Heide: "'Arme Effi'. Widersprüche geschlechtlicher Identität in Fontanes Effi Briest", in: *Freiburger Literaturpsychologische Gespräche. Bd. 17. Jahrbuch für Literatur und Psychoanalyse,* hrsg. v. Johannes Crimerius u.a., Freiburg 1998.

Rosenkranz, Karl: *Ästhetik des Häßlichen,* Leipzig 1990 (1853).

Rottensteiner, Franz/ Koseler, Michael (Hrsg.): *Werkführer durch die utopisch-phantastische Literatur,* Band 4, Meitingen 1989.

Rousseau, Jean Jacques: *Schriften zur Kulturkritik* (Die zwei Diskurse von 1750 und 1755), hrsg v. K. Weigand, Hamburg 1983.

Sartre, Jean Paul: *Das Imaginäre. Phänomenologische Psychologie der Einbildungskraft,* Hamburg 1971.

de Saussure, Ferdinand: *Grundfragen der allgemeinen Sprachwissenschaft,* Berlin 1967.

Schahadat, Shamma: "Intertextualität: Lektüre - Text - Intertext", in: *Einführung in die Literatur wissenschaft,* hrsg. v. Miltos Pechlivanos u.a., Stuttgart Weimar 1995, S.366-377.

Schampel, Jürgen: *Das Warenmärchen: über den Symbolcharakter der Ware im 'Kapital' von Karl Marx,* Königstein/Ts. 1982

Schasler, Max: "Ideal-Realismus" (1872), in: Plumpe (1985), S. 87-89.

Schemme, Wolfgang: "Vom literarischen Hunger nach Horror. Eine literaturdidaktische Besinnung auf ein umstrittenes Lektürefeld", in: *Deutschunterricht* Berlin, 49 (1996) H.12, S. 586-600.

Schiller, Friedrich: *Über naive und sentimentalische Dichtung,* Stuttgart 1993.

Schings, Hans Jürgen: *Melancholie und Aufklärung. Melancholiker und ihre Kritiker in Erfahrungsseelenkunde und Literatur des 18. Jahrhunderts,* Stuttgart 1977.

Schlaffer, Hannelore: *Poetik der Novelle,* Stuttgart, Weimar 1993.

Schlaffer, Heinz: Das Schicksalsmodell in Fontanes Romanwerk. Konstanz und Auflösung", in: *Germanisch-Romanische Monatsschrift* 47 (1996), N.F. 16, S.392-409.

Schlegel, Friedrich: *Über das Studium der griechischen Poesie,* Paderborn 1981.

Ders.: *Kritische Ausgabe,* hrsg. v. Ernst Behler, Paderborn München Wien 1958ff. II, Athenäums-Fragmente, S. 165-255

Schmidt, Alfred: *Emanzipatorische Sinnlichkeit. Ludwig Feuerbachs anthropologischer Materialismus,* München 1973.

Schmidt, Julian: "Die Reaktion in der deutschen Poesie", in: Plumpe (1985).

Ders.: "Die Verwirrungen der Romantik und die Dorfgeschichte Auerbachs" (1860), in: Plumpe (1985), S.108.

Ders.: "Die Reaktion in der deutschen Poesie" (1851), in: Plumpe (1985), S. 96f.

Schönert, Jörg: "Behaglicher Schauer und distanzierter Schrecken. Zur Situation von Schauerroman und Schauererzählung im literarischen Leben der Biedermeierzeit", in: *Literatur in der sozialen Bewegung. Aufsätze und Forschungsberichte zum 19. Jahrhundert,* Festschrift für Friedrich Sengle, in Verbindung mit Günter Häntzschel und Georg Jäger hrsg. v. Alberto Martino, Tübingen 1977, S. 27-92.

Schuster, Ingrid: "Exotik als Chiffre. Zum Chinesen in *Effi Briest*", in: *Wirkendes Wort* 33 (1983), S. 115-125.

Searle, John R.: "Literary Theory and its discontents", in: *New Literary History* 25 (1994), S. 637-667.

Segeberg, Harro: "Ferdinand Tönnies' 'Gemeinschaft und Gesellschaft' und Theodor Storms Erzählwerk. Zur literarischen Spiegelung eines Epochenumbruchs", in: *Deutsche Vierteljahresschrift für Literaturwissenschaft und Geistesgeschichte* 59 (1985), S. 474-496.

Ders., *Literarische Technik-Bilder. Studien zum Verhältnis von Technik- und Literaturgeschichte
im 19. und frühen 20. Jahrhundert,* Tübingen 1987, S. 55-106.

Ders., "Kritischer Regionalismus. Zum Verhältnis von Regionalität und Modernität bei Storm",
in: *Theodor Storm und das 19. Jahrhundert*, hrsg. v. Brian Coghlan u. Karl Ernst Laage,
Berlin 1989, S. 120-132.

Seiler, Bernd W.: *Die leidigen Tatsachen: von den Grenzen der Wahrscheinlichkeit in der deutschen Literatur seit dem 18. Jahrhundert*, Stuttgart 1983.

Siebers, Tobin: *The Romantic Fantastic*, London 1984.

Sklovskij, Viktor: "Der parodistische Roman. Sternes 'Tristram Shandy'", in: Striedter (1969), S.
245-299.

Sontag, Susan: *Über Fotographie*, München Wien 1978.

Spaemann, Robert: "Ähnlichkeit", in: *Zeitschrift für philosophische Forschung* 50 (1996),
S. 286-290.

Spurgat, Günter: *Theodor Storm im Film*, Lübeck 1987.

Steinecke, Hartmut: *Romanpoetik von Goethe bis Thomas Mann. Entwicklungen und Probleme
der "demokratischen Kunstform" in Deutschland*, München 1987.

Stemmler, Peter: "'Realismus' im politischen Diskurs nach 1848. Zur politischen Semantik des
nachrevolutionären Liberalismus", in: *Hansers Sozialgeschichte der deutschen Literatur.
1848-1890*, München Wien 1996, S. 84-107.

Stepelevic, Lawrence S.: "Stirner contra Feuerbach", in: *Ludwig Feuerbach und die Philosophie
der Zukunft*, hrsg. v. Hans Jürgen Braun u.a., Berlin 1990, S. 643-655.

Stern, Joseph Peter: *Über literarischen Realismus*, München 1983.

Storm, Theodor: *Neues Gespensterbuch. Beiträge zur Geschichte des Spuks*, hrsg. v. Karl Ernst
Laage, Frankfurt/M. Leipzig 1991.

Ders.: *Novellen. 1867-1880*, hrsg. v. Karl Ernst Laage, Frankfurt/M.: Deutscher Klassiker Verlag, 1987.

Strube, Werner: "Sprachanalytisch-philosophische Typologie literaturwissenschaftlicher Begrif
fe", in: *Zur Terminologie der Literaturwissenschaften*, hrsg. v. Christian Wagenknecht,
Paderborn 1988, S. 35-49.

Sutrop, Margit: "Prescribing Imaginings : Representation as Fiction", in: Scholz (1998), S.45-62.

Swales, Martin: *Epochenbuch Realismus. Romane und Erzählungen*, Berlin 1997.

Ders.: "Poetic (symbolic) Realism versus 'l' effet de réel?'", in: *Perspectives on german realist
writing, Eight Essays*, hrsg. v. Mark G. Ward, New York 1995.

Ders.: *Gottfried Kellers 'Romeo und Julia auf dem Dorfe'*, in: *Interpretationen zu Gottfried Keller*, hrsg. v. Hartmut Steinecke, Stuttgart, 1984, S.54-67.

Thomé, Horst: *Autonomes Ich und 'inneres Ausland'. Studien über Realismus, Tiefenpsychologie* und *Psychiatrie in deutschen Erzähltexten (1848-1914)*, Tübingen 1993.

Thormann, Michael: "Realismus als Intermezzo. Bemerkungen zum Ende eines Literatur- und Kunstprogramms", in: *Weimarer Beiträge* 42 (1996), S. 561-587.

Ders.: "Der programmatische Realismus der Grenzboten im Kontext von liberaler Politik, Philosophie und Geschichtsschreibung", in: *IASL 18 (1993)*, S. 37-68

Titzmann, Manfred: *Strukturale Textanalyse. Theorie und Praxis der Interpretation*, München 1977.

Todorov, Tzvetan: "Die Kategorien der literarischen Erzählung", in: *Strukturalismus in der Literaturwissenschaft*, hrsg. v. H. Blumensath, Köln 1972.

Ders.: *Poetik der Prosa*, Frankfurt/M. 1972 (b).

Ders.: "Poetik", in: Francois Wahl (Hrsg.): *Einführung in den Strukturalismus*, Frankfurt 1973, S.105-180.

Ders.: *Einführung in die fantastische Literatur*, Frankfurt 1992 (1976).

Torra, Elias: "Exkurs: Stilistik", in: *Einführung in die Literaturwissenschaft*, hrsg. v. Miltos Pechlivanos u.a. Stuttgart 1995, S. 112-115.

Utz, Peter: "Effi Briest, der Chinese und der Imperialismus. Eine 'Geschichte' im geschichtlichen Kontext", in: *Zeitschrift für deutsche Philologie* 103 (1984), S. 212-225.

Ders.: "Der Rest ist Bild. Allegorische Erzählschlüsse im Spätwerk Gottfried Kellers", in: *Die Kunst zu enden*, hrsg. v. Jürgen Söring, Frankfurt/M. Bern New York 1990, S. 65-77.

Vaihinger, Dirk: "Virtualität und Realität", in: *Künstliche Paradiese, virtuelle Welten. Künstliche Räume in Literatur -, Sozial- und Naturwissenschaften*, hrsg. v. Holger Krapp und Thomas Wägenbaur, München 1998, S. 19-43.

Vax, Louis: "Die Phantastik", in: *Phaicon* I, Frankfurt/M. 1974, S.11-43.

Vincon, Hartmut: *Theodor Storm*, Stuttgart 1973.

Vögeli, Dorothee: *Der Tod des Subjekts. Die Mystik des jungen Feuerbach, dargelegt anhand seiner Frühschrift 'Gedanken über Tod und Vergänglichkeit'*, Würzburg 1997.

Virilio, Paul: *Ästhetik des Verschwindens*, Berlin 1986.

Wagener, H. (Hrsg.): *Erläuterungen und Dokumente: Theodor Storm, Der Schimmelreiter*, Stuttgart 1991 (1976).

Wagner, Birgit: *Technik und Literatur im Zeitalter der Avantgarden. Ein Beitrag zur Geschichte des Imaginären*, München 1996.

Weil, C./ Seeßlen, G.: *Kino des Phantastischen*, München 1976.

Weinreich, G.: *Theodor Storm. Der Schimmelreiter*, Frankfurt/M. 1988.

Welsch, Wolfgang: *Vernunft. Die zeitgenössische Vernunftkritik und das Konzept der transversalen Vernunft*, Frankfurt/M. 1994.

Wertheimer, Jürgen: "Effis Zittern: ein Affektsignal und seine Bedeutung", in: *Zeitschrift für Literaturwissenschaft und Lingusitik* 26 (1996), S. 134-139.

Widhammer, Helmuth: *Realismus und klassizistische Tradition. Zur Theorie der Literatur in Deutschland. 1848-1860*, Tübingen 1972.

Wilpert, Gero v.: *Die deutsche Gespenstergeschichte. Motiv- Form- Entwicklung*, Stuttgart 1994.

Wittgenstein, Ludwig: *Philosophische Untersuchungen*, Frankfurt/M. 1984.

Wörtche, Thomas: *Fantastik und Unschlüssigkeit*, Meitingen 1987.

Wünsch, Marianne: "Eigentum und Familie. Raabes Spätwerk und der Realismus", in: *Jahrbuch der Deutschen Schillergesellschaft 31 (1987)*, S. 248-266.

Dies.: "Vom späten 'Realismus' zur 'Frühen Moderne': Versuch eines Modells des literarischen Strukturwandels", in: *Modelle des literarischen Strukturwandels*, hrsg. v. Michael Titzmann, Tübingen 1991, S. 187-204.

Dies.: *Die fantastische Literatur der frühen Moderne* (1890-1930), *Definition – denkgeschichtlicher Kontext - Strukturen*, München 1991.

Dies.: "Experimente Storms an den Grenzen des Realismus. Neue Realitäten in 'Schweigen' und 'Ein Bekenntnis'", in: *Schriften der Theodor Storm Gesellschaft* 41 (1992), S. 13-22.

Zeller, Rosemarie: "Realismusprobleme in semiotischer Sicht", in: *Begriffsbestimmung des litera rischen Realismus*, hrsg. v. Richard Brinkmann, Darmstadt 1987, S.561-587.

Zgorzelsky, A.: "Zum Verständnis phantastischer Literatur", in: *Phaicon* II, S. 33-53.

Ziolkowski, Theodore: *Disenchanted Images*, Princeton, New York, 1977.